西方三大师
——苏格拉底、柏拉图、亚里士多德

汪子嵩 著

2020年·北京

图书在版编目(CIP)数据

西方三大师：苏格拉底、柏拉图、亚里士多德／汪子嵩著．— 北京：商务印书馆，2016（2020.2重印）
ISBN 978－7－100－11630－5

Ⅰ．①西… Ⅱ．①汪… Ⅲ．①苏格拉底（前469～前399）－哲学思想－研究②柏拉图（前427～前347）－哲学思想－研究③亚里士多德（前384～前322）－哲学思想－研究 Ⅳ．①B502.231

中国版本图书馆CIP数据核字（2015）第237621号

权利保留，侵权必究。

西方三大师
—— 苏格拉底、柏拉图、亚里士多德
汪子嵩　著

商　务　印　书　馆　出　版
（北京王府井大街36号　邮政编码 100710）
商　务　印　书　馆　发　行
三河市尚艺印装有限公司印刷
ISBN 978－7－100－11630－5

| 2016年1月第1版 | 开本 640×960　1/16 |
| 2020年2月第3次印刷 | 印张 20 |

定价：60.00元

目 录

在苏格拉底的审判庭上
　　——读董乐山译《苏格拉底的审判》 …………………… 1

柏拉图谈辩证法 ……………………………………………… 13

亚里士多德 …………………………………………………… 35

"人是万物的尺度"
　　——柏拉图和亚里士多德对于普罗泰戈拉的批判 ……… 88

亚里士多德关于本体的学说 ………………………………… 109

亚里士多德论哲学和哲学的对象 …………………………… 131

亚里士多德提出的哲学问题 ………………………………… 148

亚里士多德和分析
　　——读苗力田主编《亚里士多德全集》中译本 ………… 180

亚里士多德《形而上学》Γ书的结构（译义） …………… 198

王太庆译《柏拉图对话集》"前言" ……………………… 226

王晓朝译《柏拉图全集》"序" …………………………… 244

亚里士多德——陈康——苗力田
　　——兼论西方哲学的研究方法和翻译方法 ……………… 260

要重视对亚里士多德的研究 ………………………………… 280

在苏格拉底的审判庭上
——读董乐山译《苏格拉底的审判》

《读书》编者给我送来董译《苏格拉底的审判》一书译本。在闷热的天气里捧读董乐山兄明畅舒美的译文,像一服清凉剂令人忘暑。该书作者旁征博引,从荷马的《伊利亚特》和《奥德赛》(以下译名概从董译)、希腊的悲喜剧以及柏拉图的《对话》直到《圣经》中的一个个故事,都用来作为他分析论证的根据。比起常看的那些充满引证和注释,板起脸孔讲话的学术著作来,实在引人入胜得多。他不断提出新颖的问题和独创的见解,使我开了眼界,也开了心窍,思想不由得要跟着他自由飞翔起来。

感谢董兄在《译序》中介绍了作者 I. F. 斯东和此书的写作背景。这篇序言已载于《读书》1992年第8期138页,我这里就不征引了。了解了此书背景和写作动机,我对斯东这本书的写法就产生了新的视角;他确实是发挥了一位老新闻工作者(自然是西方的)所有的用来揭发议员政客,从他们所说的字里行间中挑精剔肥的手法,用来揭露苏格拉底,要将他钉在"与民主政治作对"的罪恶榜上。他也不亚于一位老练的律师,在苏格拉底的审判庭上以搜罗到的大量人证物证,用犀利的言辞历数被告罪状,用以证明苏格拉底的死确是咎由自取。

本来，对于两千多年前的这件事实，从古以来就有种种不同的记载和看法，后来的学者可以各取所需，选用适合自己口味的材料而将不适合的弃之不顾，由此做出各自不同结论。在古希腊的研究者中，颂扬苏格拉底的固然是大多数，但也有反对他的。苏联以及十五年前在中国流行的"以阶级斗争为纲"的观点，给苏格拉底扣上"反民主的反动奴隶主贵族思想家"的帽子（那时候我自己就不止一次这样写过）的那种极左思潮且不去说它，大家都已认识到那是荒谬的。现代西方学术界中我们所知就有美国学者 A. D. 温斯皮尔（A. D. Winspear）与 T. 西尔弗伯格（T. Silverberg）著《苏格拉底是谁？》（1939 年）和 A. H. 克鲁斯特（A. H. Chroust）著《苏格拉底：人与神话》（1957 年）等书认为苏格拉底是反对雅典民主制的。英国哲学家波普尔（K. R. Popper）的名著《开放社会及其敌人》中竭力攻击柏拉图是开放社会（即自由社会）的死敌，但却赞扬苏格拉底是"为思想自由和自我尊严献身"的人。我们是不能同意斯东的观点和结论的，在拙著《希腊哲学史》第二卷中阐述过我们的看法。现在不自量力，想充当一下被告苏格拉底的辩护律师，到审判庭上和斯东先生辩驳一番。

首先，斯东先生将苏格拉底和雅典民主制之间产生矛盾的原因完全归咎于苏格拉底个人方面，说是在几个根本问题上苏格拉底的思想不符合雅典的民主制度，一再责备苏格拉底只知道抽象的定义而蔑视具体的实际情况，把苏格拉底说成是一个只信"天上的理想"而没有时间"把眼睛朝下看一看人间琐事"的人。

我说：斯东先生，您似乎忘记了您自己所说的他们之间的第一个分歧之点，即人应该是 polis（城市）的公民。苏格拉底这个具体的人是雅典那个具体城市（这里我想还是从一般译"城邦"为好）的公民，他在那个时候所做的事情是和那个时候雅典的具体情况有关的。您为什么不去看看雅典的实际情况，从雅典民主制方面也去找找原因呢？雅典的民主制并不是天上的理想，它也是有具体的发展变化过程的。苏格拉底是在公元前399年被处死的，离伯罗奔尼撒战争（公元前431—前404年）结束才五年，而这场希腊诸城邦间的争霸战是以斯巴达战胜雅典告终的。研究这段历史的人都会究问一下：以民主和文明著称的雅典怎么会被野蛮落后的斯巴达所战败呢？应该说这个问题是和苏格拉底为什么会被处死的问题同样值得研究的，它们本来是两个有密切关系的问题，只有解决了雅典为什么被战败的问题才能说清楚苏格拉底为什么会被处死。但是斯东先生对前一个问题毫无兴趣，在他书中几乎没有提到伯罗奔尼撒战争，雅典失败似乎不是历史上存在过的事实。为了辨明历史真相，我不得不要求斯东先生，请你将眼睛朝下看一看当时的历史。

要了解这段时间雅典的历史情况，有两本著名的希腊原著：一本是修昔底德（约公元前460—前400年）年写的《伯罗奔尼撒战争史》，作者不但是这场战争全过程的目击者，而且他自己还担任过雅典方面的将军，这部书被公认为记载详尽和态度客观，它和希罗多德所著《历史》并列为古希腊最杰出的历史名著，他们两人可以说是西方"历史学之父"。令人惊奇的是，斯东书中很少提到修昔底德的名字和他这部书，他引证文学作品中的故事远远超过历史。另一本是19世纪末在埃及新发现的亚里士多德的《雅典的宪法》，据说他让学生们收集了一百五十多个城邦的法制历史变迁情况，作为他研究政治学的资料，我们现在能见到的只有这一种。它对雅典的民主政治的发生和发展做了系统的历史叙述,被公认为可靠的史料。斯东虽然引用其中一些材料,却没有利用它来研究雅典民主政治的实际情况。除这两种重要的古代史书外,近现代学者研究古希腊史的重要著作如剑桥大学出版且不断重新修订的多卷本《剑桥古代史》,以及格罗特(G. Grote)编写的十二卷本《希腊史》都是学者们经常参考引用的历史书籍,在斯东书中根本找不到它们的影子。

根据这些比较可靠的史料,我们可以为雅典民主政治的演化做极简略的概述。大约在公元前7世纪初雅典开始由古代贵族王制向民主制转化,从公元前6世纪著名政治家梭伦实行民主改革以后,几代政治家不断完善民主制度,到公元前5世纪雅典已成为希腊世界中最完善的民主制城邦。在公元前492—前449年的希波战争中,它和斯巴达一起领导希腊诸城邦战胜了强大的波斯帝国。公元前477年成立的提洛同盟原是希腊城邦为反抗波斯而建立的,雅典是它的盟主;但在同盟内部雅典实际上成为霸主,视同盟各邦为它的附庸,规定各邦应缴纳的赋税及应提供的舰只和兵力;同盟金库成为雅典的国库,它利用这大笔财富在雅典建筑卫城和许多宏伟建筑。雅典控制了大小两百多个城邦,向它们派遣官员,干涉它们的政治和司法,因此不断遭到盟邦的反抗,它就用武力镇压。修昔底德书中记载的这类事件有好多起。伯罗奔尼撒战争前夕由著名政治家伯里克利斯担任执政官时期(公元前443—前429年)是雅典在民主政治、军事、经济和文化等方面的全盛时期,他在阵亡将士国葬典礼上的演说真是气壮山河的民主宣言,他宣称雅典是"全希腊的学校",但也公然自认雅典是个"帝国"。他说雅典拥有大量财富,除了国家收入的商业税、矿产税等赋税外,还有提洛同盟各邦每年交纳的贡赋600塔兰特,还有贮存于神庙中的金银,单是雅典娜神像身上的金片就有纯金40塔兰特,(古希腊货币,据《牛津古典辞典》,一塔兰特等于现在的38.8公斤)银子,库存6000塔兰特银币,其他有未铸成的金银不下500塔兰特。而雅典当时拥有的各兵种总数达4.2万人;雅典的各种官吏、议员、陪审官和卫士约二万人,他们都是靠城邦发给的薪资和津贴过活,不从事生产活动的。《剑桥古代史》计算,当时雅典有15万—17万公民,8万—12万没有公民权的奴隶。可见有几乎近半数公民都靠庞大的城邦财富养活。战争爆发以后这种情况就改变了:首先是雅典的主要经济支柱海外贸易被阻断,商业、手工业、矿业一蹶不振;支付了庞大的军费开支却屡次战败,盟邦的贡赋自然收不到了;斯巴达人几次攻到雅典城下,将周围的乡村洗劫一空,地主和农牧民多逃入城内,田园荒芜。战争期间雅典政治上的党派斗争越演越烈,到战争末期民主派和寡头派的斗争表现为主战和主和的斗争十分激烈,发生了斯东所说的"三次地震"即由僭主的独裁统治暂时代替了民主制。当时国库空虚,城市无法养活这么多无业游民。在这种情况下人们丧失了以前那种政治热情,他们参加公民大会和陪审法庭是为了取得津贴作为维持生活的手段;为此当时的当政者曾两次提高津贴费,从每天一个俄勃尔(obol,雅典辅币)提高到三个。这样的群众参加举手呐喊和表决会产生什么后果是可以想见的,而这就是苏格拉底受审判时雅典民主的实际情况。喜剧家阿里斯托芬在剧本《骑士》中将demos(平民)描写为"糊涂而任性的老头子","最爱听花言巧语,最爱人阿谀奉承,所有空话浮词都听得满心欢喜的人"。

向他们阿谀奉承的就是当时一批政治野心家，被称为demargogue、蛊惑者、煽动家。这样的政客代替了原来的梭伦、伯里克利斯那样的真正的政治家，凭借他们能言善辩，采取欺骗和煽动手段激起民众的偏激情绪，达到自己的贪欲和野心目的。修昔底德在书中再三抨击这种"冒充为公众利益服务，实际为自己谋私利"的人。他描述了不少具体事实，说明在许多关键时刻由于蛊惑者的煽动，使公民大会做出错误的决定以致造成雅典遭受失败的事情。限于篇幅，这里只举两件斯东提到的事例，也是对他所提出的物证的检验。控诉苏格拉底的罪状之一是说他的学生中有坏人，其中有个叫阿尔西比亚德的人，斯东常举这个人。修昔底德对他有几段详细的记载。阿尔西比亚德原来是个有野心的青年将军，在战争后期发表长篇演说煽动雅典出动大批海军由他率领远征西西里，公民大会通过了。出征前夕雅典突然发生一件"神秘祭祀"大案，一夜之间城市中所有赫耳墨斯神像的面部都被毁了，告密者说有些年轻人在私下举行神秘的祭祀庆祝。一些觊觎政权的人将它和推翻民主政治的阴谋联系起来，许多显要公民被逮捕，互相诬攀，阿尔西比亚德也被牵连在内。他要求审明事实真相以后才出征，但当政者是他的政敌，认为如果他留在雅典将不利于他们的计划，逼他先行出征；当远征围攻叙拉古正获得进展时雅典却来人召他回去受审。阿尔西比亚德中途叛逃投奔斯巴达，建议斯巴达乘机大败远征西西里的雅典海军，他自己还参加围攻雅典，洗劫阿提卡地区。但到公元前411年雅典发生反民主的四百僭主专政，雅典海军反对他们，和阿尔西比亚德谈判取得协议，让他回到雅典担任将军，他率领雅典舰队几次战胜斯巴达海军，雅典又恢复了民主政治。公元前407年阿尔西比亚德凯旋，雅典为他举行了盛大的欢迎会。但不久又被斯巴达战败，他被撤职后逃到波斯被杀。阿尔西比亚德诚然是个朝秦暮楚的人，雅典当政者对待他的办法也很有问题，而对后一方面，斯东却绝口不提。另一件事情是关于苏格拉底自己的。公元前406年雅典民主派执政时，它的海军战败斯巴达舰队，但雅典海军也损失了25艘舰只和4000名海军，按照雅典习惯是必须将阵亡将士尸体打捞起来安葬的，但由于海上暴风雨而未能完成。雅典当政者竟以此审判对此事负责的十位将军，那天适值轮到苏格拉底担任主席，一些人在会场上鼓噪胁迫协议员判处这些将军死刑，并威胁苏格拉底如果他不赞同也要对他起诉。所有议员都被胁从了，只有苏格拉底一人坚决反对，他认为不能违反正义以满足群众的要求，不能在威胁之下委曲求全。后来是第二天不再由苏格拉底担任主席时，这些将军还是被判处死刑。这件事情斯东提到了，但将它说成只是一个审判程序问题的争论，还说苏格拉底"他没有因抗拒多数意见而受到惩罚"，真是雅典民主的"宽宏大量"！

因此苏格拉底说自己是叮着雅典的"牛虻"。但在这个问题上斯东又使用巧妙的手法将苏格拉底对雅典的态度做了修改。原话出自柏拉图写的苏格拉底《自辩词》中一段话："雅典人啊，现在并不是像有些人想象的是为我自己申辩，而是为了你们；你们不要滥用神赐给你们的礼物给我判罪，如果你们处死我，将找不到人来取代我。用粗鄙可笑的话说，我是神特意赐给本邦的一只牛虻，雅典像一匹硕大的骏马，日趋懒惰，需要刺激。神让我到这里来履行牛虻的职责，整天到处叮着你们，激励、劝说、批评每一个人……"斯东将这段话处理为：" '如果你们把我处死，你们就不再能轻易地找到一个——用有些荒谬可笑的话来说——像叮住一匹马的牛虻一样把自己叮住这个城市的人'。他又补充说，这是匹'懒惰'的马，需要不时对他'叮嘱'一下，这样才对他有好处。这就是后来在我们的时代有些贬意地用于批判和激进的新闻记者的套语（'牛虻'）的起源。但是苏格拉底这只牛虻在最需要它叮嘱的时候似乎总是不在。在他生前，议会要做出命运攸关的决定时，他从来没有在议会中发表过意见。"这段希腊原文的几种英译略有不同，我们根据的是现在常用的普林斯顿版《柏拉图对话全集》中 H. 特里德尼克（H. Tredenniek）的译文，和斯东的译文（董的中译文）基本一致，但斯东没有译出后一句话，却用"他补充说"的转述方式将两处原意做了改变。一处是将原来说雅典是一匹"硕大的骏马"（a large thoroughbred horse）一词中的形容词完全去掉了；另一处是将原来说它"日趋懒怠"（is inclined lazy）简单地改为"懒惰"。这样就将苏格拉底原来是因为雅典这匹骏马日趋懒怠，"恨铁不成钢"所以要去叮它，变成苏格拉底就是要去叮雅典这匹懒惰的马了。斯东经常用这种巧妙的手法"落实"苏格拉底的罪状。苏格拉底说他作为牛虻的任务是要"激励、劝说、批评每一个人"，而斯东却一定要他到议会去发表意见，因为苏格拉底没有这样做，便说他没起牛虻的作用，甚至把他说成是"无用废物"（idiotes）。

针对当时公民会议的这种情况，当苏格拉底的一个学生说他自己不敢参加议会的辩论时，苏格拉底列举参加议会的是"漂洗羊毛的，做鞋的，盖房子的，打铁的，种田的，做买卖的"，批评这个学生怎么会"不好意思在一批笨蛋和傻瓜面前讲话"。斯东抓住苏格拉底这句话，说它是"对雅典民主充满蔑视的话的后面隐藏着一个毫无疑问的社会势利鬼的嘴脸"，他还因此接下去追查苏格拉底的阶级成分和阶级背景。他将这一章的标题定为"苏格拉底的偏见"。我要问：究竟是苏格拉底的偏见还是斯东自己的偏见？请看他自己是怎么描述当时雅典的民主政治生活的："提出的法律建议都在议会中做辩论和表决。在苏格拉底时代，识字是很普遍的，法律就张贴在相当于今天的市政布告牌上。在雅典，你不需要请个律师来了解法律。在这个意义上，没有一个雅典人能声称不知什么在法律上是'对'的或是'错'的。说实在的，说他这方面无知他肯定还感到不高兴呢。"真是一个美丽迷人的民主天堂！两千多年前雅典人的民主政治水平远远超过当代任何一个民主国家的人民，这难道是真实情况吗？由此斯东得出结论说："苏格拉底的真正过错在于他用过分简单化的方法，哲学上的简单化的前提来攻击雅典城市，它的领袖和民主政体。"我想：斯东在长期的记者生涯中一定也写过不少揭露批评和讽刺挖苦美国政坛丑事的文章，如果有人将这些话收罗起来，对他说："您的真正过错在于用过分简单化的方式来攻击伟大的美利坚合众国，它的领袖和民主政体。"能认为这是公平的吗？

古代雅典的民主制是人类文明史上的骄傲，当然应该充分肯定它。但是正确的态度绝不是去片面美化它，将坏事也说成是好事；而是应该实事求是地研究它，从中找出历史教训作为我们现在的借鉴。这个工作柏拉图就开始做了。他所写的最后一篇对话《法律篇》中将雅典民主制和波斯帝国做对比，认为波斯的政治制度是绝对专制没有自由，而雅典民主制正好相反，是极端自由没有权威；他说这两种极端都不好，最好在这二者中间找到合适的比例，后来亚里士多德就强调"中道"。柏拉图还提出不能给统治者以过分庞大的权力，因为任何人都不能避免权力的诱惑，权力过大不免干许多蠢事使国家遭殃。他认为斯巴达政制的优点便在于将统治权力在两个王和二十八个长老间适当分散,彼此互相监督限制。

柏拉图和亚里士多德当然不可能提出具体的解决办法,这是要到两千年以后经过英国和法国的革命以及许多启蒙思想家的努力,才提出"三权分立"这种分散统治权力的办法,成为现代民主制的基石。但单是领导层的"三权分立"还是不够的,如果由某一个政党实行统治,它要领导一切,再加上官官相护,还有什么监督可言?最重要的还应该是来自下层的人民的监督。既然承认人民是国家的主人,至少应该允许人民有说话的自由,有批评"公仆"的自由。所以民主政治最根本的基石还应该是言论自由、新闻自由和出版自由。现代国家不像古希腊城邦那样只有几万公民,可以随时召开公民大会让愿意出席的人都来参加讨论和表决。现代实行代议制只有少数议员才能在议会上发言,一般人既不能在议会发表意见,如果只是几个朋友在私下议论也不能让公众听到,因此必须通过舆论工具。人民雇用的"公仆"是不是忠于他们的职守,是不是做了错误的决定,有没有以权谋私?人民选出的议员或代表在议会中讲了些什么话,能不能代表人民的意见?这里首先需要作为牛虻的新闻记者将事实(那是政客议员要竭力保密的)揭露出来,这就是增加透明度。人民(当然首先是斯东这样的评论家)根据了解的事实发表意见,对政治家的种种决策和各种政治事件加以评论。这种评论意见当然五花八门,永远不会有什么"舆论一律"。但正因为有不同意见,当政者和人民都可以择善而从,赞成自己认为是合理的意见,反对不合理的;这种选择当然也可能是错误的,那就可以再讨论,还可以进行各种专门的讨论和研究，互相辩论再供选择。这种新闻自由的舆论工具可以说是现代人学习民主政治的大学校，它能够鼓舞起人民的政治热情，发挥当家做主人翁的积极性。可惜的是这种学校太少了，或者根本没有。

古代希腊人表面上有完全的言论自由，在公民大会上任何公民只要放下一根包着羊皮的橄榄枝就可以在会上发言。但那时没有印刷术，用手抄写在纸草上的书只有少数人才能有。是不是像斯东所说的"当时雅典人普遍都识字"是可以怀疑的，当时希腊人用作教材的是荷马的史诗，而这是由吟咏诗人口头背诵传授的，没有听说有中、小学校的普及教育，只有少数名门子弟可以请教师或付学费听课；当时著名的教师是诡辩派（智者），他们专门传授讲演和雄辩术，收费很高（这是苏格拉底和他们争论的一个问题），也只有名门子弟才能向他们学习。少数掌握了雄辩技术的人在公众集会上发表长篇大论，煽动群众实际上也就操纵了政治；其中好的便是对人民立功的政治家，坏的则是谋私利的蛊惑者。雅典民主政治一直由这样的人当权，到亚里士多德时代雅典政治实际上由亲马其顿的伊索克拉底和反马其顿的德摩西尼斯这两位著名的雄辩家交替掌握，他们之间势力的消长决定了雅典的历史命运。当时没有报刊杂志，没有舆论力量可以对他们实行批评监督，人民实际上并没有真正的言论自由。斯东先生怎么能不顾这种历史事实，用现代民主制的眼光和要求去苛责两千多年前的苏格拉底呢？

斯东先生对苏格拉底个人的控诉，从他的阶级成分到他的使命和思想等所提出的不少证据，在我看来是不能成立的。本应继续为他辩护，但文章已经太长，再写下去必惹读者讨厌，只能就此打住。

言论自由和学术自由的根本原则是让不同的意见平等地讨论争辩。苏格拉底是反对民主制还是拥护民主制的争论已经存在了千百年，今后还会无限期争论下去，除非有一天新发掘出某项古代历史资料能使双方完全心服，解决争论。我在这里用我们掌握的资料和看法反对斯东先生的观点，绝不是说我一定对、他一定错，相反，我认为这是一本雅俗共赏的好书，专门研究苏格拉底的人固然应该读它，一般对古希腊的文学、哲学、历史有兴趣的人也值得一读。我也算是斯东先生的同行，曾当过二十多年报纸理论版的编辑，深知理论文章或书籍要提高读者的兴趣，最好的办法莫过于发表不同意见和商榷性的文章，引起广泛注意。

1994 年 8 月初
（原载《读书》1994 年第 11 期）

柏拉图谈辩证法

1944年暑假后，我是西南联大哲学系四年级学生，第一次选修贺先生的"黑格尔哲学"课程。所以，在贺先生的学生中，我已经属于比较年轻的后辈了。那时同班同学记得只有五个人：邓艾民（可惜他已经作古了）、曹贞固（石坚）、杨中慎、高崇学（这两位后来一直没有联系）和我。我们是在晚间到北门街贺先生家里上课。贺先生讲课时允许我们提问，互相讨论甚至争辩；有一次师生争得面红耳赤，下星期去上课时，师母还专门做点心给我们吃。1985年12月我去昆明参加"一二·一"学生运动40周年纪念活动时，几次走过北门街，看到贺先生住过的那座小楼还在，现在已经改成粮店了。当时上课的情况还历历在目。1945年暑假，我考取北大文科研究所研究生，因为导师陈康先生常在重庆中央大学授课，隔一年才来北大，所以我的研究生入学考试，以及后来陈先生不在北大时对我的考察，汤用彤先生都交给贺先生管，同时让我在贺先生主持的"西洋哲学名著编译会"兼一点工作。因此，我有机会读贺先生翻译的黑格尔《小逻辑》的部分手稿。黑格尔说："此外，辩证法在哲学上并不是什么新东西。在古代，柏拉图被称为辩证法的发明者。就其指在柏拉图哲学中，辩证法第一次以自由的科学的形式，亦即以客观的形式出现而言，这话的确是对的。"[①] 我想，简单地介绍柏拉图在他的《对话》中是如何谈论辩证法的，用来祝贺自昭师的学术活动，也许是比较合适的。

一

古代希腊哲学家中，谁是第一个将"辩证法"当作专门的哲学术语使用的？

在第欧根尼·拉尔修的《著名哲学家的生平和学说》一书中就有不同的记载。它有两处（第八卷第五十七节和第九卷第二十五节）提到："亚里士多德在《智者篇》中说，芝诺是辩证法的发明人。"《智者篇》据说是亚里士多德早年写的一篇对话，现已不存，这句话被收辑在《亚里士多德残篇》中。在塞克斯都·恩披里可的《反逻辑学家》第一卷第七节中也有类似的记载，说芝诺是"辩证法"的发明人。但是，拉尔修在同上书第三卷第二、四节中，又说柏拉图是"第一个在哲学讨论中使用'正反'、'元素'、'辩证法'、'性质'、'长方数'、'在界限中'、'平面面积'，还有'神意'的人"。在第三卷第五、六节中，拉尔修又说道：正像悲剧经历过三个发展阶段一样，"哲学也是，最初它只讨论一个主题——自然，苏格拉底加上第二个——伦理，柏拉图又

---

① 黑格尔：《小逻辑》，贺麟译，商务印书馆1954年版，第178页。

加上第三个——辩证法。这样，哲学就完善了"。

大家知道，苏格拉底是经常进行辩证讨论的哲学家。色诺芬在《回忆苏格拉底》第四卷第五章第十二节中记载："苏格拉底说，必须这样，才能成为最高尚、最幸福和最有辩证能力的人。他认为，'辩证法'这个词就是由人们聚在一起，共同讨论，按事物的本性进行分辨。他认为这是每个人的职责，于是他献身于这种技艺，全力研究它。依靠辩证法的帮助，可以成为最高尚的、能指导别人的、敏于讨论的人。"

亚里士多德在《形而上学》第一卷第六章论述柏拉图哲学时，讲到毕达哥拉斯学派将"数"和"一"同事物分离开来，苏格拉底寻求事物的定义，柏拉图由此引入"理念"时，插了一句话："更早的思想家们没有辩证法的气息。"[①]《形而上学》第十二卷第四章中讲到哲学家在变化的事物中寻求永恒的东西，苏格拉底寻求定义也就是寻求事物的本质时，说："因为当时人们还没有辩证的能力，可以没有本质的认识也能思考相反的东西，以及探讨是否用同一门学问研究相反的东西；有两点应当归于苏格拉底——归纳论证和普遍的定义，这二者是科学的出发点。"[②]亚里士多德的意思似乎是说：直到苏格拉底时，人们才有辩证的能力，哲学才开始有辩证法的气息。

这样，在芝诺、苏格拉底和柏拉图这三位哲学家中，究竟谁是辩证法的发明人，似乎成为问题了。其实，只要不死抠字眼，便可以看到：芝诺由于提出悖论即矛盾的论证，实际上开创了辩证的思维；不过他没有自觉地认识这一点，没有使用"辩证法"

---

① 亚里士多德：《形而上学》，987b31。
② 同上书，1078b25—30。

这个术语。苏格拉底可以说是最早自觉地使用辩证的讨论方法的哲学家，但是他自己没有写下著作。因此，从现在我们能看到的文字资料说，第一个将"辩证法"当作哲学专门术语写在著作中的还是柏拉图。柏拉图在《对话》中不仅阐述了苏格拉底的思想和方法，并且将"辩证法"确定为最高的学问——哲学，还进一步探讨了辩证法的具体内容。由此可见，正像黑格尔说的，"柏拉图被称为辩证法的发明者"，"这话的确是对的"。

二

从 19 世纪末开始，西方哲学史家和古文字学家对柏拉图的《对话》做了比较科学的研究。他们根据 30 篇左右《对话》的写作先后，分为早期、中期、后期三个阶段。它们在内容上的不同，表示柏拉图的哲学是发展的，经历了不同的阶段。现在学者中多数意见认为：柏拉图早期《对话》基本上是阐述苏格拉底的思想的，被称为"苏格拉底对话"；中期《对话》以《国家篇》（即《理想国》）为代表，柏拉图建立起他自己的理念论哲学体系；后期《对话》则对他原来的体系做了若干重要的补充和修正。

"辩证法"（Dialectic）一词，希腊原文就是由一个介词前缀词 dia（通过）和名词 lektike（谈话）复合成的。它的基本含义就是使用语言进行交谈、讨论、争辩。古代希腊的哲学家也像古代中国的哲学家一样，经常在师生朋友之间会谈讨论，研究哲学问题。特别在公元前 5 世纪，以雅典为中心，出现了大批智者，他们就是用对话的方式向学生传授伦理和政治知识，教授论辩术和修辞术。苏格拉底使用的也是这种方法，当时人们也将他看成为一位智者，不过他的思想却是和别的智者针锋相对的。柏拉图的哲学著作也是使用这种谈话讨论的方式，所以叫作《对话》（*Dialogue*）。他的早期《对话》，一般认为是比较忠实地记录了苏格拉底和智者及其学生们的对话。当然，所谓"忠实"，并不是说他一字一句不差地记录了他的老师和别人的谈话，只是说他在这些《对话》中比较客观地阐述苏格拉底和别人讨论的主要问题及其基本思想。自然也不能说在这些《对话》中的苏格拉底口中说出的每个思想都属于苏格拉底本人，其中有哪些是属于苏格拉底的，哪些是柏拉图引申发挥的，现在很难分辨了。

在柏拉图的早期《对话》中，讲到"辩证法"问题的主要是《攸德谟斯篇》和《曼诺篇》。这都是他早期较后的著作，代表他由早期过渡到中期的思想，《曼诺篇》已经提出比较系统的理念论，有些哲学史家将它列为中期的《对话》了。

攸德谟斯据说是和苏格拉底同时代的一位智者。《攸德谟斯篇》讨论的是苏格拉底和智者们经常争辩的那个主题：知识是否可教？正当苏格拉底用问答的方法驳斥了别的一些智者的诡辩时，攸德谟斯站出来说：如果让我用同样的方法问你，也可产生同样的结果，将你驳倒。于是由他提问，苏格拉底回答。在回答过程中苏格拉底反提问题，要求他说明；攸德谟斯被激怒了，说苏格拉底不应该唠唠叨叨，应该听从他，只回答问题。苏格拉底让步了，他不无讽刺地说："在这种（问答的）方法上，你比我熟练，是比我更好的辩证法家。"[①]

---

① 柏拉图：《攸德谟斯篇》，295E。

这里，柏拉图是在当时一般的意义——即问答的方法——上使用"辩证法"这个词的，甚至连智者的诡辩也被称为辩证法，智者也被认为是辩证法家。

但是在同一篇对话的另一处，柏拉图却给予"辩证法"以另一种意义。在讨论中，苏格拉底将知识（技艺）分为两种：制造的知识和应用的知识。二者不能分离，但是有区别的。苏格拉底指出：制造竖琴的人不一定能演奏琴，打猎的人获得了猎物也不是自己享用的，将军领兵攻陷了城邦却还得交给政治家去治理。正像他们一样，"几何学家、天文学家、数学家——他们也是猎人，他们不仅造出图像，而且发现了事物的实在——也是只知道如何取得猎物，不知道如何去使用，只能将他们的发现交给辩证法家去应用"①。

在这里，"辩证法"已经不再是一般意义的问答方法了，而是一门学问，它高于几何学、天文学和数学（这些乃是当时希腊公认的较高级的学问）。因为几何学家、天文学家和数学家虽然在各自的领域内发现了事物的实在，但是他们对自己的发现有什么用处以及如何使用，却是不知道的；只有辩证法家才能利用他们的发现，得出更高的知识，这就是辩证法。所以，辩证法是高于一切科学的学问。但辩证法究竟是什么样的知识，有什么内容？在这篇对话中并没有进一步说明。

在《曼诺篇》中，苏格拉底和曼诺讨论什么是"形"的问题，苏格拉底提出一个答案："形"是那总和颜色在一起的东西。曼诺说：如果有人说他不知道"颜色"是什么，岂不又要发生同样的

---

① 柏拉图：《攸德谟斯篇》，290B—C。

困难了。苏格拉底回答说:"如果向我提问题的人是好辩论和好争吵的,我便会对他说:我已经提出了我的说法,你的任务就是来考察和反驳它。但是,如果像你和我一样,我们是朋友,而且愿意在一起讨论,我们就要心平气和地,以更适合辩证法的方式来回答。我以为,更为辩证的方式乃是不仅要做出正确的回答,而且要用使提问题的人能够承认的前提来答复,这正是我现在企图和你讨论的。"①

柏拉图在这里是想将辩证法和当时智者们使用的辩论术区别开来。二者同样是采用问答讨论的方法,但辩论术互相打岔,找毛病,有点蛮不讲理,充满诡辩;而辩证法应该是心平气和地讲道理,使对方能够接受和信服的方法。柏拉图在《对话》中不止一处想将苏格拉底的问答方法和智者们的诡辩区别开来,但像这样只从表面态度上找二者间的不同,当然不能解决问题。这个问题只有到亚里士多德认真地分析论证的形式,找出它们的规律,创立了形式逻辑时才能初步解决。

三

柏拉图的中期《对话》本来是以《斐多篇》至《国家篇》为中心,建立他自己的理念论哲学体系的阶段,但在《斐多篇》中柏拉图并没有直接论及辩证法,本文仅介绍《克拉底鲁篇》、《国家篇》和《斐德罗篇》这三篇对话中有关"辩证法"的论述。

---

① 柏拉图:《曼诺篇》,75C—D。

《克拉底鲁篇》讨论的主题是：名称、语言是如何构成的，它们是天然生成的，还是人为（习惯）形成的？这个问题在当时有时代背景：在雅典盛行的民主制度下，各种人都要维护自己的利益，掌权者根据自己的需要制定法律制度。智者们宣扬"人是万物的尺度"，认为名称、语言、道德和法律都是人为的，是主观规定的，并没有客观的依据，陷入相对主义。在这点上，苏格拉底和智者是针锋相对的，苏格拉底主张有绝对的客观的真理。因此，名称、语言、道德、法律都是天然的，有客观的根据。这个根据就是事物的本性，即eidos（理念或形式）。《克拉底鲁篇》中的苏格拉底说了这样一个道理：木匠制造织梭，无论是用来织麻还是织毛的，他们总不能根据自己的意愿任意制造，而只能根据梭的本性即它的eidos来制造；同样，立法者为事物定名或制订法律时，也只能根据事物的本性。他又进一步提出问题：由谁来判断这造成的梭是否符合它的客观本性呢，是那制造梭的木匠，还是那使用梭的纺织工人？回答是只有使用梭的织工才能判断木匠所造的梭的好坏。同样的道理，只有使用竖琴的演奏者才能判断琴造得好或不好；只有航海的人才能判断船造得好或不好。他又提出：使用的人也就是善于提出问题和回答问题的人。"而懂得如何提出问题和回答问题的人，不就是你称为辩证法家的人吗？"木匠造船舵，这舵是不是好的，只有水手才能判断；同样，"立法者定名的工作做得好不好，也要由辩证法家来判断"。因此，定名并不是像人们所想象的只是一件小事；因为名称属于事物的本性，只有注视每件事物的本性，能够通过问答认识它们的eidos的人才能发现它。①

《克拉底鲁篇》主要辨别字义，在讨论"英雄"这个词时，柏拉图指出：从字义上说，"英雄"也是"善于提出问题的，精于修辞术和辩证法的人"②。

柏拉图在《克拉底鲁篇》中虽然仍旧认为辩证法是问答的方法，但是这种问答已经不是通常一般的问答，而是要求认识事物的本性，即它们的 eidos。所以，辩证法是以认识理念为目的的，这样的辩证法也就是他的理念论了。

在《国家篇》中，柏拉图建立了他自己的理念论哲学体系，给辩证法以至高无上的地位。

《国家篇》第六卷结尾处，柏拉图继承巴门尼德，将客观实在分为两大部分：一部分是可见的现实世界即感觉认识的对象，是低级的存在；另一部分是可知世界即理性认识的对象，是高级的存在。可见世界还可以分为两个部分：第一部分是现实世界的具体事物，第二部分只是具体事物的影子，如水中的映象。可知世界也可以相似地分为两个部分：第一部分相当于哲学的对象（柏拉图在这里并没有叫它哲学），第二部分则是数学、几何学等科学的对象。柏拉图指出这二者的区别有两点：第一，科学是从假设出发。数学和几何学先要假定偶数和奇数、各种图形、三种角等，以这些假设作为自明的（不再需要说明的）东西；由它们出发通过推理达到结论。它们必须依靠假设，不能超越假设向上达到第一原理。而哲学却以假设仅仅作为假设，以它们作为起点，还要追究它们的根据，上升达到绝对的第一原理，然后才能向下

---

① 柏拉图：《克拉底鲁篇》，389C—391A。
② 同上书，398D。

达到结论。第二，在科学研究中，必须利用在它们下面的那一部分即可见世界中的具体事物作为基础；而在哲学研究中不依靠任何感性事物，只使用理念；从理念出发，通过理念，最后归结到理念。柏拉图将相当于哲学的这部分和辩证法联系起来，说这部分知识就是"逻各斯凭着辩证能力而达到的知识"，他称之为"理性"（"努斯"）；说他所做的这种区分就是"将辩证法所研究的知识和实在同那些将假设当作原理的所谓技艺的对象区分开来"①。在这里，柏拉图实际上是将哲学和科学区分开来，认为它们的区别在于以上两点。他所说的"辩证法"相当于后来亚里士多德所说的"第一哲学"。

《国家篇》第七卷讨论理想国中的教育问题时，柏拉图又进一步阐述了这个思想。他说：要学习数学、几何学、天文学等学科。但这些学科只能算是真正学习的导论，它们对实在虽然有了某种认识，却是如梦境一样；他们使用了假设而不能说明，就不能清醒地认识实在。因为，如果前提是不知道的东西，结论和达到结论的中间步骤也是不明白的，怎么能是真正的知识呢？②一个人只有靠辩证法通过推理，而不靠感官知觉，达到事物本身（事物的本质），并且坚持靠思想达到绝对的善时，才达到可知世界的顶峰。③他说："因此，辩证方法是一门唯一的学问，它能不依靠假设而一直上升到第一原理本身，在那里找到可靠的根据。"④"一个能正确论证每个事物的真实存在的人，才能被称为辩证法家。"⑤在柏

---

① 柏拉图：《国家篇》，510A—511D。
② 同上书，533B—C。
③ 同上书，532A—B。
④ 同上书，533C。
⑤ 同上书，534B。

拉图开列的课程表中,辩证法是最后最高的学习课程。当人学习到20岁时,要求他们将以前分散学习的各门课程加以综合,研究它们的相互联系以及它们和事物本质的关系。这才是获得永恒知识的唯一途径。"它也是考察有没有辩证法天赋的主要试金石,因为只有能在联系中看事物的人才是辩证法家。"[1]

综合起来,柏拉图在《国家篇》中:第一,明确规定了辩证法的地位,认为它是最高的学问,只有它才能认识真实的存在、事物的最高本质。第二,指出辩证法和其他学科的区别,主要在于其他学科必须依靠假设推出结论,而对假设本身是不明白不知道的;辩证法却要穷根究底,探究假设的根据,直到最高的第一原理。因此,其他学科必须依靠感性的现实事物,只有辩证法不需要感性事物,只是做理性的,理念和理念之间的推论。第三,对于辩证法本身,他只是抽象地说它是理性的推理;要从理念出发通过理念,最后归结为理念;以及要认识理念的相互联系、事物的本质、最高的善,等等。对于这些内容,他只是使用了像太阳等比喻的说法,并没有正面做出具体的说明。因此,"辩证法"的具体内容是什么,在柏拉图哲学中成为一个需要进一步探讨的问题了。

一般学者都认为,《斐德罗篇》和《国家篇》的写作大体同时或略后。在《斐德罗篇》中,柏拉图开始探讨"辩证法"的内容。他提出,有两个重要的原则,即综合和分析。综合的原则是将分散的杂多统一在一个理念之下,比如为"爱"下定义,将杂多的爱统一到一个理念之下,无论是否正确,总可以将讨论引到明白

---

[1] 柏拉图:《国家篇》,537C。

一致的方向上去。分析的原则是将事物按照它的客观的"种"来划分,分成若干理念;如果不按照自然的"种"划分,便是笨拙得像屠夫一样将事物胡乱砍碎。前者是将"多"综合为"一",后者是将"一"分析为"多"。柏拉图说:"我自己是爱好这种分析和综合的过程的,因为这样可以有助于说话、讨论和思想。如果有人能分辨这样的'一'和'多',我将他当作神来追随他。对于这样的人,我就称他为辩证法家。"①可见他认为用综合和分析研究"一"和"多"的关系,是"辩证法"的内容。

这里所说的"按照客观的'种'划分",柏拉图在同一篇对话中又做了解释。他说"要能按照'种'划分事物,并且将众多个体置于一个普遍的理念之下"②。你要知道事物的本性和真理,必须能对它们下定义;而你要下定义,"必须知道如何将它们划分为'种',直到不能再分为止"③。他在这里所说的"种",有时用eide,有时用genea,都是指普遍的"类";作为和"个别"相对立的"一般","种"和"理念"并没有明确的区别。将许多个理念综合为一个理念,或者将一个理念分析为许多个理念,就其为理念来说,它们同是普遍的一般的理念;但在分析和综合中,有上一层的理念和下一层的理念的区别。用后来亚里士多德的术语说,如果将上一层的理念叫作"种",下一层理念就是"属";如果上一层理念是"属",下一层理念就是"次属"。所以,各种不同的理念有上下或并列的关系,辩证法便要研究这些关系。这样,柏拉图的理念论就向后期过渡了。

---

① 柏拉图:《斐德罗篇》,265D—266C。
② 同上书,273D—E。
③ 同上书,277B—C。

四

《巴门尼德篇》、《智者篇》、《政治家篇》和《费莱布斯篇》都属于柏拉图后期《对话》，在这几篇《对话》中，柏拉图都直接谈到"辩证法"的问题。

《巴门尼德篇》内容包括两个部分。在前一部分里，主讲人巴门尼德批评了少年苏格拉底的理念论。这种理念论的特点是：个别事物和理念是分离的，这就是说理念也像个别事物一样，是独立存在的。巴门尼德批评他说：如果理念是这样的存在，个别事物便不能分有它；如果理念和个别事物是绝对分离的，人根本不能认识理念。这样的理念论当然失去了存在的根据。

巴门尼德所批评的少年苏格拉底的理念论是不是柏拉图自己的学说？哲学史家中还有争论。我们以为，这两种理念论至少在某些基本点上是有相似之处的：不但个别事物和理念之间有分离的问题，而且在理念和理念之间也有分离的问题，即认为理念和理念之间，特别是在相反的理念之间是不能彼此结合、相互分有的。柏拉图原来的理念论，如在《斐多篇》中认为理念是绝对的、永恒不变的，因而也是孤立的。"美的理念"就是绝对的美，不包括其他性质，更不能存在丝毫的丑。"美的理念"和"丑的理念"是彼此分离，不能相互结合或分有的。这样便产生了一些无法解决的问题。柏拉图正是因为发现了他原来理念论中存在的这些弱点，才要补充和修正它。

少年苏格拉底的理念论被驳倒以后，巴门尼德说了一段话鼓励他："苏格拉底呵，这是因为你在训练自己以前，就从事分辨美、正义、善等理念。我前天在这里听到你和别人的辩证（谈话），注意到你的（辩证）论证有很大进步，这是高贵的，神圣的。当你还年轻时，你应该借着那看来是无用的，被称为闲谈的方法（辩证法）训练你自己，不然真理便将避开你。"[1]以下便转入这篇对话的第二部分，巴门尼德以八组假言推论来训练苏格拉底。可见这些推论就是"辩证法"的训练，柏拉图认为这才是达到真理的正确方法。

巴门尼德提出的这八组极复杂的假言推论，实际上论证了一个问题：如果"存在"和"一"这两个最普遍的理念不能相互结合，便不能和其他任何相反的理念相结合。最后，"存在"既不存在，也不能被认知。因此，只能承认相反的理论才是真理：如果"存在"和"一"可以相互结合，便可以和其他任何相反的理念结合；"存在"既是"一"又是"多"，既可以"变动"又可以"静止"，既是"同"又是"异"，等等。这样的"存在"既可以存在，又可以被认知。这个结论告诉我们：理念不再是绝对的、彼此分离的，而是可以相互结合和分有的，即使相反的理念也是如此。所以，"美的理念"不再是绝对的美，而是可以分有"丑"了。这样就有了后来辩证法所说的对立面互相联系的意义。柏拉图对原来的"辩证法"做了重要的修正，向现代的辩证法靠近了一大步。

虽然在当代哲学史家中对于《巴门尼德篇》的解释，以及对柏拉图后期理念论的看法，还存在很大分歧，但是有一点是多数学者比较同意的，即认为在前期对话中，柏拉图主要探讨的是个别事物和理念之间的关系；而在后期有几篇《对话》中，他比较

---

[1] 柏拉图：《巴门尼德篇》，135C—D。

更重视探讨理念和理念之间的关系了。

这种说法可以从另一方面得到证明。已经公认为写作时期仅略后于《巴门尼德篇》的《智者篇》，它的一个主要内容就是讨论最普遍的"种"即理念是可以互相联结即分有的，被称为"通种论"。

柏拉图在《智者篇》中提出，普遍的"种"和"种"之间的关系只有三种可能：或者是所有的"种"彼此全能联结，或者是全不能联结，或者是有些能联结，有些不能。他认为前两种不可能，只有第三种才是真正可能的。如同字母一样，母音和子音有些可以结合拼成音节，有些不能；也像音调，高音和低音有的可以结合成为和音，有的不能。既然承认普遍的"种"有些可以相互结合而有些却不能，便必须有一门专门的学问来研究它们：是不是有贯穿一切的使它们能够互相分有（联结）或互相分离（不联结）的原因？柏拉图认为这是一门最大的学问。我们给它什么名称呢？这就是哲学（《智者篇》原来探究什么是智者，要发现智者的定义。对话的主角——来自爱利亚的客人说："我们还没有发现智者，倒发现了爱智者——哲学家。"），这也就是辩证法。他说："按'种'划分，不以'异'为'同'，不以'同'为'异'，这是属于辩证法的。"只是善于使用辩证法的人才能清楚认识那贯穿于多中的"一"，以及彼此分离的"多"，能够分辨哪些可以结合，哪些不能。"只有精通哲学的人才能掌握这样的辩证法。"[①]

接着，柏拉图选择了三对最普遍的对立的"种"："存在"-"非存在"，"动"-"静"，"同"-"异"，详细讨论了它们相互之间

---

① 柏拉图：《智者篇》，253A—E。

联结和不联结的情况。这就是所谓"通种论"。从《巴门尼德篇》以假言推论的形式说明"一"和"存在"的结合，可以推论出和其他各对对立的理念相互结合，到《智者篇》以推理的形式说明这六个最普遍的"种"之间如何结合又如何不结合的情况，说明柏拉图这一时期注意的重点已经转移到如何以抽象的推理形式研究理念和理念之间的关系了。这种以推理形式组成的理念关系的网，被有些哲学史家称为"辩证的网"。柏拉图说："只要我们将他圈在论证的网上，他就再也逃不掉了。"①这种"辩证的网"大概可以说是黑格尔的"逻辑"的最初形式。

柏拉图后期原来计划写一组三篇对话，分别讨论什么是智者、政治家和哲学家，为他们各自下定义。现在只存《智者篇》和《政治家篇》，我们更感兴趣的《哲学家篇》可能没有写成（据说亚里士多德早年也写过一篇对话《论哲学》，现在也只留下一些残篇了）。柏拉图在为智者和政治家下定义时，主要采用的是"二分法"，即将事物分为"甲"和"非甲"（或"子"），再将"甲"分为"乙"和"非乙"（或"丑"），"乙"又分为"丙"和"非丙"（或"寅"），如此类推。然后将"甲"、"乙"、"丙"等综合起来便成为某物的定义。比如将事物分为"生物"和"无生物"，又将"生物"分为"动物"和"植物"，将"动物"分为"两足的"和"四足的"，等等，这"两足的动物"便是"人"的定义。《智者篇》便是采用这种方法为智者下定义的。

柏拉图在《政治家篇》中对这种"二分法"做了比较认真的讨论。他指出：必须在合适的"点"（也是"种"）上划分，才

---

① 柏拉图：《智者篇》，235B。

能得到正确的结果。他举的例子：将"动物"分成"两足的"和"四足（多足）的"并不能得出"人"的特征，反而将人和鸟分到同一类去了，必须将"两足动物"再分为"有翼的"和"无翼的"，只有"无翼的两足动物"才是"人"的定义。① 而且，不能只从事物的一个方面划分，还要考虑它的其他方面。比如，只说"政治家"是"统治人的"，还不足以说明政治家的特征；必须将"统治"也分为"依靠暴力"和"根据自愿"的两种，依靠暴力进行统治的是暴君，只有根据自愿统治的才是真正的政治家——王者。② 所以，这种划分不仅要选择正确的"种"，而且要从不同角度选择不同的"种"。柏拉图将这种方法和纺织术相比：必须选择合适的经线和纬线才能将羊毛织成织物。而且，纺织虽然是将不同的纤维组合起来，但在组合以前必须先行划分，梳洗羊毛就是将纤维划分开来。纺织必须有划分和组合这两道工序。③ 只有能正确理解并掌握这种划分和组合的方法，才能探讨事物的定义。

为了强调这种方法的重要性，柏拉图指出：那些自以为博学的人往往不能在正确的"种"上把握事物，不恰当地进行划分和综合。他认为正确的方法应该是："一个人如果开始看到许多事物的统一性时，不要停下来，还要继续探索，直到发现包含在其中的，形成不同的'种'的所有一切不同之点；反之，当他在多数事物中看到所有的不同时，也不要停下来，直到把握住它们的相似性，能将它们综合在一个单一的实在'种'之中。"只有这

---

① 柏拉图：《政治家篇》，266A—E。
② 同上书，276D—E。
③ 同上书，281A—282B。

样,"才是辩证法家"①。这就是说,辩证法既要能从"一"中看到"多",又能从"多"中看到"一",将"一"和"多"统一起来。他又特别指出,有些人往往忘记了:实在的事物的相似性是很容易看到,很容易掌握的;但是,那最伟大最高贵的"种"的相似性却是人们看不到的,只有理性的讨论才能认识它们。因此,必须训练我们自己对存在的东西能做出理性的说明。②柏拉图做出结论说:对我们来说,最重要的是这种方法,它能够按照真正的"种"划分事物,这才是"真正的辩证法,它能够使人更好地通过理性发现真理"。③

《费莱布斯篇》的讨论主题又是伦理问题:"善"究竟是快乐还是智慧?这是柏拉图早年《苏格拉底对话》中经常讨论的题目,但《费莱布斯篇》的思想和早期有明显的不同。它不像早期对话那样简单地得出知识就是道德的结论,而对快乐、知识、道德都做了认真细致的分析。他开始就指出:如果说"善"就是快乐,可是快乐是多种多样的,其中有的还是互相反对的,比如:不节制欲望可以引起身体的快乐,而节制也是一种快乐。柏拉图指出:快乐虽然是多种多样的,但就它们同是快乐说,又是同一的。这就是"一"和"多"的问题。在具体的对象中,说"一"和"多"同时存在,是没有困难的;但对没有产生和毁灭的东西(抽象的一般),如"人"、"牛"、"美"、"善",说它们既是"一"又是"多",便有困难了。他认为,这是只有思想才能做到的。思想如何认识"一"和"多"同时存在,这就是我们应该研

---

① 柏拉图:《政治家篇》,285A—D。
② 同上书,285D—286A。
③ 同上书,286D—287A。

究的问题。①

柏拉图又利用希腊神话，说这种知识是神经过普罗米修斯，和火同时传给人类的。他说，古老的传统就说"一"和"多"同时存在，就是有限和无限的结合。柏拉图强调说，这种结合"乃是安排世界的秩序"②。怎么样认识这种"一"和"多"呢？他说：对于每一个东西，我们要先找出它的一个理念；找到这一个以后，再找第二个；如果不只是两个，就找第三个或更多的数目。然后再对每一个进行分析，依此分下去，直到最后，我们看到开始的那个"一"既是"多"，又是"无限"，它又有一定的数（"有限"）。而且，在我们找到介于"一"和"无限"之间的所有一切数以前，决不要将"无限"直接归于"多"；只有当我们发现了"一"和"无限"之间所有的中介，才能放心让"一"进入"无限"。柏拉图说，这就是神教给我们的学习和研究的方法。他说：现在有些人很快地从"一"直接到"多"，忘记了中间的东西。"这就是辩证法和论辩术的区别。"③他在这里对辩证法和论辩术所做的区别，显然比以前深刻了。他指出：虽然辩证法和论辩术都是探究"一"和"多"的关系，但论辩术是简单地直接将"一"归为"多"，或将"多"归为"一"；而辩证法却应细致地探究"一"和"多"之间的各个中间环节，真正认识"一"和"多"之间的复杂关系。

柏拉图在这些《对话》中所说的"一"和"多"，至少有两方面含义。一是科学的分类，用后来亚里士多德规定的说法：在

---

① 柏拉图：《费莱布斯篇》，12B—16B。
② 同上书，16C—D。
③ 同上书，16D—17A。

上一级的"种"可以分析为下一级的几个"属","属"又可以分为更下一级的几个"次属",可以继续分到许多级次,直到最后是一个一个的个体。在个体以上的都是一般,这种一般有无限级次,它们的关系是相对的:上一级是下一级的"种",下一级便是上一级的"属";"种"加"属差"便是"属"。我们只有认识这个"种"、"属"系列,也就是为事物分了类,才能为事物规定定义,认识它的本质。另一种是哲学上的意义,"一"和"多"的关系就是一般和个别的关系。理念和个别事物的关系就是一般和个别的关系。柏拉图在前期理念论中,只说一类个别事物分有一个共同的理念。这种"一"和"多"的关系便是简单的、直接的。在后期《对话》中,他补充和修正了原来的看法。《巴门尼德篇》论述了理念和理念之间互相联结的复杂关系;《智者篇》和《政治家篇》更看到在定义的二分法中还存在理念和理念的上下层关系。理念和理念的关系结成无限复杂的网,在"一"和"多"之间存在无限中介过程,决不能简单化。研究这个复杂的结构("安排世界的秩序")才是真正的辩证法。

这样我们才可以理解为什么在柏拉图的这几篇后期对话中花了那么多篇幅,反复讨论综合和分析的方法,读来使人觉得冗长琐碎。原来是柏拉图在努力探索如何正确理解"一"和"多"的方法,也是他企图发现这个被安排得有秩序的世界结构。柏拉图自己并没有得出满意的结果,但影响了他的学生亚里士多德向这个方向发展,以后一直到黑格尔都是循着这条道路前进发展。

《费莱布斯篇》的后一部分,柏拉图又对辩证法的性质做了一个说明。他说:有两种数学,一种是普通人的数学,一种是哲学家的数学。普通人的数学是计算那些单位并不相等的具体事物的,比如两群军队、两头牛，或者大大小小的现实的事物；而哲学家计算的东西，它们的单位是彼此绝对相同的。前者如建筑术或贸易中的计数，后者如哲学的几何学或数学（柏拉图所说的"哲学"含义很广，数学、几何学都可以包括在内）。前一种学问是不纯粹的，后一种学问是纯粹的。其他任何学问都可以分为这样两种，连快乐、智慧都有纯粹和不纯粹之分。纯粹的数学在精确性上远远高于那不纯粹的，但如果将这类纯粹的学问说成是最精确最高的知识，必然要遭到辩证法的抗议。那么，什么是辩证法呢？柏拉图回答说："我相信，任何有理性的人都会承认：辩证法是一种关于存在、实在，以及同一和不变的知识，是一种真实的、最正确的知识。"[①] 柏拉图重复了他原来的看法：辩证法是高于一切其他科学（包括纯粹的数学在内）的，是关于真实存在的最正确的知识。在这个根本点上，柏拉图是始终坚持的。

以上简单介绍的，仅仅是柏拉图自己直接提到"辩证法"这个术语的有关章节。因为柏拉图是将"辩证法"当作最高的哲学的，所以他的哲学即理念论所包含的一切内容都可以说是他的辩证法。有的哲学史家就以"柏拉图的辩证法"为题论述他的哲学思想，像回忆说、心灵转向以及自然哲学都包含在内。本文不做这样广泛的论述，只是从他直接论述"辩证法"的有关章节，企图为柏拉图哲学思想的发展勾画一个简单的轮廓：在早期"苏格拉底对话"中，他还是一般地认为辩证法是问答讨论和认识真理的方法。到中期对话建立理念论体系时，他认为辩证法是高于其他任何学科的一门学问，能认识理念以至最高的"善"。但对这门

---

① 柏拉图：《费莱布斯篇》，56D—58A。

学科的具体内容,他并没有深入探讨。在后期对话中他认识到原来理念论的弱点;看到"一"和"多"的复杂联系,探讨理念和理念的关系,企图发现它们的秩序结构(对于这些问题的详细论述,留待他日)。这样,他就为"辩证法"奠定了初步的基础。

1987 年 7 月

(原载《会通集——贺麟生平和学术》,生活·读书·新知三联书店 1993 年版)

亚里士多德

矛盾重重的亚里士多德的学说

亚里士多德（Aristotle，公元前384—前322年）生于公元前384年，出生在爱琴海西北岸色雷斯地方的希腊殖民城邦斯塔吉拉，当时色雷斯已经处在马其顿的统治之下。亚里士多德的父亲尼科马可是马其顿王腓力的御医，可能从小就给他培养了研究医学、解剖学、生物学等自然科学的兴趣。他十七岁到雅典，进入柏拉图的学园，成为柏拉图的学生，后来又担任教师，据说是讲授修辞学的。他在学园里学习和研究了20年，一直到公元前347年柏拉图死后才离开。据说，这是因为柏拉图指定他的侄子斯彪西波作为继承人，而亚里士多德和他的意见不合。他对柏拉图学派逐渐采取批判的态度：在他早期的著作中，他自称"我们柏拉图学派"，后期的著作就改称"他们"——柏拉图学派——了。

公元前342年，亚里士多德应马其顿王腓力的邀请，去担任干子亚历山大的教师。亚历山大（公元前356—前323年）就是后来征服小亚细亚、腓力基、埃及、波斯和印度，建立起跨欧、非、亚三洲的大帝国的著名皇帝。公元前336年腓力被刺，亚历山大继位，亚里士多德回到雅典吕克昂地方建立学校讲学，据说因为他常在当地林荫道上和学生一同散步，同时讨论学问，所以被称为"逍遥学派"。那时马其顿事实上已经征服了希腊各邦，雅典等城邦经过长期抵抗失败而屈服了。公元前334年，亚历山大率领马其顿和希腊的军队向东方远征。亚里士多德虽然是亚历山大的老师，但历史上却没有关于他参加当时政治活动的记载；在他的著作中也没有直接和亚历山大有关的论述，他在《政治学》中讨论的都是希腊城邦的政治制度。古代的记载只提到亚历山大东征时曾命令部下：凡是发现有新的动植物等材料，都要提供给亚里士多德研究。亚里士多德的一些科学著作中所以能拥有这样丰富的材料，可能是得力于他这位弟子的帮助。公元前323年亚历山大突然逝世，雅典的反马其顿力量抬头，亚里士多德被迫离开雅典，第二年就在优卑亚岛上逝世。

在古代希腊所有的哲学家中，亚里士多德留下的著作可以说是最多的，甚至超过了柏拉图。但是亚里士多德的著作能够保留到现在，经过了许多离奇曲折，很不容易。这位最博学的学者生前虽然写下了大量的著作，其中包括许多讲义、讲稿和材料，但在他生前，这些著作似乎没有由自己整理和公开流传过。据说他早期在柏拉图学园时，曾经写过一些和柏拉图相似的对话，但现在都已经佚失了，只留下一些残篇。传说在亚里士多德死后，他的大量手稿由吕克昂学园的第一代继承人特奥弗拉图斯请人带到小亚细亚。为了怕被官方征收，手稿被藏在一个地窖里，一直埋藏了130年，才被人发现，已经有许多破烂混乱了。这批手稿送回雅典以后，又被罗马帝国搬到罗马，其间又经过几次由缺乏专门知识的人做了弥补和抄写。直到公元前40年左右，学园的第十一代继承人安德罗尼可才将这些手稿分门别类的加以整理，编纂成书。这就是说，直到亚里士多德死后将近三百年，他的著作才有正式的版本流传。根据两千年来，特别是近一百多年来许多研究亚里士多德的学者考证，认为现存的亚里士多德的许多著作，都不是他当初有计划有系统地写下来的原作，许多是将他在不同时期写下的不同的著作（其中包括讲稿、讲授提纲、学生听讲的笔记，还有一些则可能是别人的著作，也有后来编书的人增补的）拼凑编纂在一起而成的。因此，有的次序混乱，有的有头无尾，有的真伪混杂，给后来的读者造成许多困难。所以，从公元2世纪开始，就有许多学者考证注释，积累了大量的材料。现在我们所看到的亚里士多德的著作，都是根据1830-1870年柏林研究院校印的《亚里士多德著作集》，通称为"贝克尔标准本"。许多重要著作的先后次序及真伪辨别等问题，经过科学的研究，也大体得出比较接近的意见。这样，我们现在研究亚里士多德的著作，就具有比前人更为方便的条件。

亚里士多德的学说在历史上的遭遇，比他的著作的命运更为曲折。亚里士多德死后，他的著作被湮没，尽管吕克昂学园一直存在，但似乎主要只是对某些具体的自然科学和逻辑学、修辞学等方面进行研究。后来虽然亚里士多德的著作被发现并逐渐整理出来了，但在罗马时期在哲学上占主要地位的还是柏拉图学派、毕达哥拉斯学派以及原子论唯物主义者伊壁鸠鲁等的学说，亚里士多德的哲学并没有受到应有的重视。

中世纪的欧洲宗教经院哲学占绝对统治地位，凡是被认为是违反宗教教义的哲学都要受到排斥。早期的经院哲学是以柏拉图的唯心论作为理论基础的。公元6世纪初，拜占庭皇帝查士丁尼认为亚里士多德哲学是违背教义的，下令禁止研究。从此，对亚里士多德学说的研究向东方转移，先传播到波斯、叙利亚和非洲北部，以亚历山大城为中心，亚里士多德的著作被译成叙利亚文流传。后来，阿拉伯世界的伊斯兰教哲学发现和利用了亚里士多德的哲学，公元10世纪以后的阿拉伯著名哲学家阿维森纳和阿威罗伊等都研究、解释和发挥亚里士多德的学说，成为当时的权威。亚里士多德的著作又被译为阿拉伯文，在阿拉伯世界流行。这时候，欧洲基督教的经院哲学也发现他们可以利用亚里士多德的哲学。当时欧洲早已不流传亚里士多德的著作了，他们又将阿拉伯文的亚里士多德著作转译为拉丁文。到12世纪，由于十字军东征，东西方交通频繁，欧洲又重新出现了亚里士多德著作的希腊文原本。著名的经院哲学家托马斯·阿奎那利用亚里士多德哲学解释宗教教义，论证上帝的存在，创立了具有庞大和烦琐系统的经院哲学。从此，原来被教会排斥为"异端邪说"的亚里士多德哲学，又一变而成为教会的官方哲学，亚里士多德的著作不但被用为学校的主要教本，而且他的学说被奉为不可违背的绝对权威。

　　欧洲的文艺复兴提倡解放思想，主要的一个方面就是要摆脱被经院哲学歪曲解释过的亚里士多德的权威的束缚。当时的自然科学家运用科学的实验方法，打破了长期以来被奉为绝对权威的亚里士多德的某些错误结论。比如伽利略通过比萨斜塔的实验，推翻了亚里士多德的"物体落下的速度和重量成比例"的定律。又如地球中心说也是由亚里士多德确定以后，长期被教会认为是不可动摇的真理；哥白尼为了推翻它，奋斗了一生，布鲁诺为此而被烧死。虽然如此，近代欧洲的哲学家和科学家们在推翻亚里士多德的一些错误结论的同时，并没有全盘否定亚里士多德的功绩。在将披在亚里士多德学说上面的神学外衣剥掉以后，人们不得不承认亚里士多德在人类哲学和科学发展史上做出的巨大贡献。许多分门别类的自然科学和社会科学家，如生物学、心理学、逻辑学、伦理学、政治学和经济学家等，都承认亚里士多德是他们这门学科的重要创始人和奠基者。近代欧洲哲学无论是经验派或理性派，直到康德和黑格尔，也都各自从亚里士多德的哲学中吸取了对他们有用的东西。而对亚里士多德做出很高评价的，不是别人，恰恰是马克思主义的经典作家们。马克思在《资本论》中称亚里士多德是"古代最伟大的思想家"①，又说："这位研究家最早分析了许多思维形式、社会形式和自然形式，也最早分析了价值形式。他就是亚里士多德。"②恩格斯在《反杜林论》中说："古希腊的哲学家都是天生的自发的辩证论者，他们中最博学的人物亚里士多德就已经研究了辩证思维的最主要的形式。"③在《自然辩证法》中，他又说："辩证法直到现在还只被亚里士多德和黑格尔这两个思想家比较精密地研究过。"④列宁在《哲学笔记》中摘录了亚里士多德《形而上学》等书的重要内容，分析了他的成就和矛盾，指出："亚里士多德对柏拉图的'理念'的批判，是对唯心主义，即一般唯心主义的批判。"⑤又说："亚里士多德外外都把客观逻辑和主观逻辑混合起来，而且混合得处处都显出客观逻辑来。对于认识的客观性没有怀疑。对于理性的力量，对于认识的力量、能力

---

① 《马克思恩格斯全集》第23卷，人民出版社1972年版，第447页。
② 同上书，第73—74页。
③ 《马克思恩格斯全集》第20卷，人民出版社1971年版，第22页。
④ 同上书，第383页。
⑤ 《列宁全集》第38卷，人民出版社1959年版，第313页。

和客观真理性抱着天真的信仰。并且在一般和个别的辩证法，即概念与感觉得到的个别对象、事物、现象的实在性的辩证法上陷入稚气的混乱状态，陷入毫无办法的困窘的混乱状态。"①

由以上所述，可以看出：亚里士多德的学说确实存在着重重矛盾。

他是柏拉图的学生，但他公然宣称：吾爱吾师，吾尤爱真理。无情地批判了柏拉图和柏拉图学派的学说；而在最根本的问题上，他又是柏拉图学说的真正继承人。

他的确有许多唯物论的思想，在许多方面是坚持了唯物论的观点的，在他批判柏拉图的唯心论时，还破坏了唯心论的基础；但他自己却又终于陷入了唯心论，不能自拔。

他是古代世界的黑格尔，曾经比较精密地研究了辩证法的主要形式；但是他又在一般和个别的辩证法上陷入混乱状态，产生了僵死的形而上学。

他是许多门科学的创始人和奠基者②，在人类科学的发展史上有不可磨灭的功绩，但他的学说又可以被经院哲学奉为教条，用来宣传迷信，束缚和限制了科学的发展。

他的学说曾经被反动的宗教教会奉为权威，却又可以被革命的马克思主义经典作家给予很高的评价。

如何解释这重重的矛盾呢？这绝不是用简单地摘引他的几句话所能够解释的，必须比较全面地分析他的思想，找出他思想中的矛盾变化和发展，才能做出说明。本文试图做一些初步的简单

---

① 《列宁全集》第38卷，第416页。
② 亚里士多德对许多具体科学有专门的著述，本文不能一一论述；特别是他的逻辑学说，对哲学史和逻辑史的巨大影响是公认的，本文限于篇幅，也略去了。

的粗浅的尝试。

从唯物论转向唯心论的本体学说

世界上第一个将哲学当作一门独立的学科,将它和其他科学区别开来,并且给予最高的地位的人,是亚里士多德。他认为哲学(他叫作"第一哲学")的对象是"作为存在的存在"。正是在这点上,他用来将哲学和其他科学加以区别。

"存在"原义就是"有"或"是"。凡我们可以说"这是什么"的东西,它就是"存在"。因此,不但一切客观实在的东西,即使是只能在思维中出现的东西,也都可以说是"存在"。在这个意义上,西方哲学中一般讲的"存在"和辩证唯物论用作与意识对立的"存在",含义是不同的。古希腊爱利亚学派最早提出这样的"存在"概念,巴门尼德认为"存在"是唯一的本体,除它以外没有仟何别的东西,"非存在"是绝对不存在的。他们实际上是将万事万物的种种特殊性都抽象掉,只留下一个最一般最普遍,也就是最空洞的"存在"。用这样的"存在"当然不能说明任何东西,但它却是人类认识过程发展中的必经阶段,表明由个别上升为一般的一大进步。这样抽象的"存在"在当时引起了种种争论,亚里士多德对它加以分析,实际上就是将这个最一般的"存在"拉回到个别中来。他是最擅长分析的,他分析"存在"是有各种各样,各门各类的特殊性的。将每一类"存在"割裂出米,进行单独的研究,便可以成为一门独立的学科。例如,研究关于数的存在的,就是数学;研究关于医疗的存在的,就是医学;研究有关语言的存在的，就是修辞学。正是根据这个原则，他专门研究和逻辑有关的存在，便是逻辑学；专门研究和道德有关的存在，便是伦理学；专门研究和政治有关的存在，便是政治学。所以他成为许多门科学的创始人。

他认为，除了这样的各门各类的存在以外，还有一类"存在"，它不属于哪一门哪一类，却是哪一门哪一类存在都不可少的，是研究各门具体科学的前提，这就是"作为存在的存在"。亚里士多德将它和最一般的"公理"——他主要指的是形式逻辑的排中律和矛盾律——相提并论，认为每一门科学虽然不研究这些公理，但必须以它们为前提，不能违背它们。同样，"作为存在的存在"和其他各类具体的存在之间，也存在相似的关系。我们可以将"作为存在的存在"区别为本体、性质、数量等等范畴，任何具体的存在都可以区分为这些范畴，可是每一门具体的科学虽然都以此为前提，却又不专门研究它们，只有哲学才深入研究它们。由此可见，"作为存在的存在"实际上就是最一般的存在，是抛开了生物、天文、伦理、政治等具体特性以外的一般存在。这种最一般的存在，亚里士多德又将它分为两类：一类是运动着的"存在"以及和运动有关的东西如时间、空间、有限、无限，等等，他认为这是"第二哲学"研究的对象，他关于这类存在的著作，后来被人编成《物理学》一书。还有一类，他认为是不变的"存在"，是"第一哲学"研究的对象。他关于这类存在的著作，被后人编在《物理学》以后，即现在的《形而上学》一书。

对于"作为存在的存在"，亚里士多德进行了分析的研究。在《范畴篇》中，他将单词分为本体（通译"实体"）、数量、性质、关系、地点、时间、姿态、状况、活动、遭受这样十个范畴。这既是逻辑上词的分类，也是本体论上"存在"的分类。在这十个范畴中，他认为只有本体是中心，其他的范畴都是附属于本体的，是本体的数量，本体的性质，等等。"因为除了本体以外，没有一个别的范畴能独立存在，所有别的范畴都被认为只有本体的宾词。"①因此亚里士多德常将别的范畴统称为"属性"，因为它们是不能离开本体而独立存在的。在亚里士多德以前，哲学家分不清本体和属性的区别，有些哲学家将属性当作本体，如毕达哥拉斯学派认为"数"是唯一的本体。柏拉图也常将性质、数量、关系等与本体搅在一起，以至分不清哪一些东西才有"理念"。亚里士多德将本体和属性区别开来，认为只有本体才是中心，这就开创了西方哲学史上以存在和本体为主要讨论对象的本体论问题。我们要了解亚里士多德的哲学，也必须首先探讨这个有关本体的问题。

亚里士多德是首先在《范畴篇》中提出这个本体问题的。在那里，他为本体规定了几个主要的特征。除了认为本体是主词，别的属性都是它的宾词，是表述它的，是不能离开它而存在的，此外，还有一个重要的特征：本体是一个"这个"，即它是一个具体的、能独立（可以分离）存在的东西。因此，他认为一个个具体的事物，如苏格拉底这个人，在我面前的这匹马等，才是本体。除了这类本体以外，还有另一类本体：苏格拉底这个具体的东西是人，是动物。这里的"人"（属）和"动物"（种），并不是性质或数量等属性，也是本体。不过这类本体不是具体的，个别的，而是抽象的，一般的。这样，就得承认有两类本体：个别的本体和一般的本体。在《范畴篇》中，他明确肯定个别事物是"第一

---

① 亚里士多德：《物理学》，185a32—33。

本体"，而一般的本体则是"第二本体"。因为在这里他是以个别性（"这一个"）作为主要标志的，所以他认为个别事物是第一本体，而在一般的本体中，"属"（人）的本体性又高于"种"（动物）的本体性。个体——属——种的本体性是依次递减的，只有个别的具体事物才是第一性的本体。一般依靠个别而存在，这本来是健全的合乎常识的看法，就是古代的朴素唯物论的思想，亚里士多德在《范畴篇》中是坚持了这种唯物论思想的。这不但表现于他关于本体的学说上，而且也表现于他关于认识的学说上。在《范畴篇》第七章中，他明确承认：知识的对象是先于知识而存在的，感觉的对象也是先于感觉活动而存在的。

《范畴篇》被公认为亚里士多德早期的著作，其中贯彻着唯物论的思想。在他较后的著作《物理学》和《论灵魂》（这是他专门论述认识论的著作）中，虽然有了一些变化，但大体上可以说：唯物论的倾向还是占据主要地位的。这就是说：亚里士多德哲学本来的出发点，是站在唯物论的立场上的。

使得亚里士多德逐渐放弃唯物论观点的，主要是由于两个问题：一个是关于运动根源的问题。亚里士多德和一切旧唯物论者一样，不懂得运动的根源在于物质本身，他要在运动着的物质以外去寻找运动的原因，终于找到"不动的动者"——神，即理性。另一个是他在一般和个别的问题上摇摆不定：先是认为个别先于一般，后来又认为一般（形式）先于个别，将《范畴篇》中"第一本体"和"第二本体"的说法颠倒过来了，终于陷入唯心论。

亚里士多德在《物理学》中讨论了运动、时间和空间、有限和无限等问题，得出了许多辩证的思想和结论。他认为就一个一个有生有灭的具体事物的运动说，当然是有始有终的；但就整个世界的运动变化说，它是不生不灭的，永恒的。任何个别事物的运动都是既被别的事物所推动，自己又推动了别的事物的；所以，任何个别事物都是既能动又被动。将推动事物的原因无穷地倒推下去，必然要推出有一个第一推动者，它本身只推动别的东西，它自己是不动的。它是一种完全的能动性（现实性）。这种思想实质上就是认为推动具体事物运动的最后原因不在物质本身，要从物质以外去寻求最后的动因。

在《形而上学》第十二卷（现在西方的专家大多认为这一卷写作的时间较早于《形而上学》主要诸卷，与《物理学》写作的时间比较接近）中则是这样论证的：既然运动是永恒的，就必然有永恒的本体。而一切具体事物都是有生灭的，不是永恒的；所以，永恒的本体不能是具体的事物，只能是另外一类本体。亚里士多德认为这就是阿那克萨戈拉所提出的"努斯"（理性）。"努斯"的对象就是"善"，这是万物所努力追求要达到的目的。"善"是至高无上、完善无缺的，它本身是完全的现实性，是没有任何运动和变化的，所以是不动的；但它吸引了万事万物，它们都为了要达到这个目的（善）而运动。这就是"不动的动者"，万物的最高目的，也就是万物的第一推动者。"努斯"的对象是善，"努斯"自身也是最好的，也就是善。从"努斯"和它的对象同为善这一点说，思维（理性）和它的对象是同一的。这样的善或"努斯"也就是神。所以《形而上学》第十二卷后面几章就被称为亚里士多德的神学。

用"善"——目的去解释万物的存在、生成和变化，这是古代人在无法科学地说明世界时所不得不采用的办法；正像更古老的人类对自然现象无法解释，便虚拟出神来，将一切归因于神。

唯心论的目的论和宗教神学总是伴随在一起的。在古希腊哲学中，不但毕达哥拉斯学派和爱利亚学派的学说中，都有这方面的因素，就是主张朴素唯物的自然哲学家，也不免受到这方面的影响。但将目的论思想系统地阐述的，大约是始于苏格拉底，而由柏拉图集其大成的。柏拉图在《斐多篇》中借苏格拉底之口，说他原来寄希望于唯物论，后来感到失望，对阿那克萨戈拉的"努斯"发生兴趣，又嫌他不能贯彻到底。这一段话是代表唯心论的目的论向唯物论者的公开挑战。它当然是荒谬的，但其中也包含一点合理的因素，它说明：无论用朴素的唯物论还是机械的唯物论都不能科学地说明世界，从而给唯心论以可乘之机。柏拉图在《理想国》和《蒂迈欧》等篇对话中，更系统地发展了目的论的思想。亚里士多德虽然尽量用科学事实来说明世界，但在他当时的历史条件下，对许多问题实际上是不能做出科学的解释的。亚里士多德也不得不接受目的论的思想，承认目的是"四因"之一。在他的科学著作中，对一些经验事实无法做出科学解释时，往往用目的论来搪塞。他的哲学体系，主要表现在形式即现实性的问题上，也明显是采用目的论的思想的。这些都表明他不能摆脱柏拉图的影响。但是，他终究比柏拉图更加重视理性的分析和推理，企图尽可能多地用经验事实和比较科学的方法说明世界。所以，在他的著作中，系统地论述"第一动者"的地方并不多，除《物理学》有一部分外，主要只是在《形而上学》第十二卷做了论述。

但是，正是亚里士多德的这部分学说，完全被后来的经院哲学和唯心论者所利用了。托马斯·阿奎那利用了亚里士多德的这些论证，去证明上帝的存在。后来黑格尔在《哲学史讲演录》中论述亚里士多德《形而上学》中的思想时，也完全突出了第十二卷的思想，称之为"最高的唯心论"，因为亚里士多德的这些思想和黑格尔自己的唯心论是非常合拍的。

但是，这些思想实际上并不是亚里士多德自己最主要的思想。亚里士多德在《形而上学》中讨论的中心问题是关于本体的问题，主要也就是关于一般和个别的关系问题。他在该书第三卷（《形而上学》第一卷是对历史的评述，第二卷本属于另一著作的导言，被误插于此的，第三卷才是全书正式的开始）中提出了十几个问题，他认为这些是第一哲学需要讨论解决的问题。《形而上学》全书实际上主要就是讨论这些问题的。他提出的这些问题大都涉及一般和个别的关系。这些问题是：只有可感觉的本体存在，还是在它们以外另有别的本体？所有的本体都由一门学问去研究，还是由不同的学问研究？只研究本体，还是也要讨论它们的属性？事物的基本原则是组成它们的元素（这是属于个别的物质方面的）呢，还是它们的一般的"种"或类？如果一般的"种"或类是基本原则，那应该是最高的"种"（指最普遍的范畴——"一"和"存在"），还是直接表述个体的"属"（如表述苏格拉底的"人"）？数、点、面、体这些数学对象是不是本体？"一"和"存在"是不是本体？他认为最困难而又必须解决的问题乃是：在个别事物以外，还有没有别的东西存在？如此等等。

这些就是亚里士多德认为哲学应该加以讨论解决的问题。实际上这些就是从古希腊哲学开始到他当时在哲学界普遍争论的问题，由他概括出来的。古代希腊哲学是以探讨"万物的本原究竟是什么"这个问题开始的。对于什么是万物的本原，显然出现了两种根本对立的说法：一种认为本原就是组成事物的元素——从水、火、土、气到"根"、"种子"一直到原子，这是唯物论的回答；另一种认为本原应该是一般的原则，如毕达哥拉斯学派讲的数，爱利亚学派讲的"存在"和"一"，还有柏拉图讲的"理念"，这就是唯心论的回答。亚里士多德将范畴加以区别以后，所谓本原的问题，实际上就变成了何者是真正的本体的问题。具体的一个一个的个别事物当然是本体，但在它们以外，是不是还有别的本体呢？在《范畴篇》中，亚里士多德承认一般的"属"（人）和"种"（动物）也是本体，当时的柏拉图和柏拉图学派认为"理念"、数学对象以至最普遍的范畴"一"和"存在"也是本体。所有这些东西都是和个别相对立的一般。所以，亚里士多德在这里提出来的，即当时哲学界普遍争论的问题，实际上可以归结为一般和个别的关系问题。这一点，列宁在《亚里士多德〈形而上学〉一书摘要》中指出："在《形而上学》的开始部分，最具有特色和最有趣的地方就是同柏拉图的论战以及因唯心主义的胡说而发生的绝顶天真的'困惑的'问题和怀疑。而所有这一切又在关于基本的东西，即概念和个别东西这个问题上陷入毫无办法的混乱。"[1]

在《范畴篇》中，亚里士多德认为本体有：个别事物（苏格拉底这个人）"属"（人）和"种"（动物）。前一个是个别，后两个是一般。他在那里明确认为个别事物是第一本体，一般只是第二本体。他是坚持唯物论的。

但在《形而上学》中，他的看法有了明显的改变。他认为有三类本体：质料、形式，还有个别事物（这就是由质料和形式二者组合而成的）。在《范畴篇》中，个别事物是单一的本体，而现在，个别事物乃是组合物，是由形式和质料这两个部分组成的；

---

[1] 《列宁全集》第38卷，第416页。

亚里士多德认为部分先于整体,所以个别事物就失去了它的优先地位。亚里士多德的这个看法在《物理学》中已经形成了。他在那里提出的"四因说",是总结了他以前的哲学家关于本原问题的种种说法而得出来的。所谓四种原因——质料因、形式因、动因、目的因——本来就是对本原的四种不同的说法。他又将后面三种——形式、动因、目的归为一类即形式。这样就得出了质料和形式,亚里士多德认为它们是组成具体事物的两个不可缺少的因素。

亚里士多德所说的质料,本来就是在他以前的唯物论者所说的物质性的元素,从具体的水、火、土、气到比较一般的"种子"、"原子"。但他认为,即使是最小的、不可再分的原子,也还不是纯粹的最后的质料,因为原子无论多么小,小到不可再分,它也还是占有空间,具有一定的形式的。他认为,将具体事物的各种形式,也就是它的各种规定性一一剥掉以后,最后才得出无形式的纯粹的质料。比如一座铜的雕像,将它的雕像形式去掉,剩下它的质料——铜;再将铜的形式去掉,剩下质料——土和水(当时认为铜是由水和土组成的);再将水和土的形式去掉,剩下的质料就只是占有一定的空间即具有一定的长、宽、高的东西;再将这长、宽、高的空间形式也去掉,最后剩下的才是没有任何规定性的纯质料。亚里士多德所说的纯质料就是这样的没有任何规定性的东西。"质料"这个字就是物质,所以这也可以说是亚里士多德为物质下的最早的定义。有人将它译为"物质",但看来还是译为"质料"较好,因为亚里士多德是将它当作"形式"的对立面使用的。而且亚里士多德还认为有一种非物质性的质料,如在"人"的定义——"两足的动物"中,他认为:"动物"("种")

是质料,"两足的"("属差")是形式。所以最好还是将他所说的"质料"和一般所说的"物质"区别开来。

从上述例子可以看出:在亚里士多德的哲学系统中,形式和质料都具有相对性。一个具体事物,对它上一层的事物说,是它的质料;对它下一层的事物说,就是它的形式。如铜是雕像的质料,却又是水和土的一种形式。所以任何具体事物都既是形式,又是质料。但推到最后,他认为有不带任何形式的质料即纯质料,也有不带任何质料的纯形式即努斯——第一动者。

什么是形式?在亚里士多德的著作中是有不同的说法的。如铜像是以铜为质料,按一定的形式(如赫尔米斯的像)雕刻出来的,这赫尔米斯的形象就是这个铜像的形式。又如砖瓦和木石按照一定的形式(一层或两层、圆形或方形)组合起来成为房屋,这一层或两层、圆形或方形就是它的形式。但亚里士多德又将动力和目的也看成形式,这样就有几种意义的形式。比如房屋,砖瓦和木石组合的形式是这所房屋的形式;而这种形式必先存在于建筑师的头脑中,通过建筑师的活动来实现它,因此建筑师的活动作为动力,也可以说是房屋的形式;而房屋是用来作为"遮蔽人和财富的场所"的,这是房屋的目的,亚里士多德说它也是房屋的形式。房屋可以有这几种意义的形式,有时亚里士多德特别强调最后这一种——房屋是遮蔽人和财富的场所,他认为这才是能说明房屋之所以为房屋的本质的。

亚里士多德在《形而上学》第七、八卷讲形式和质料。他在那里讲的形式,主要是指事物的本质,即决定这个事物之所以成为这个事物的,究竟是什么?或它到底是什么?他先区别了事物的本质和偶性。比如,说苏格拉底是丑的,是有教养的,这"丑"

和"有教养"只是苏格拉底的偶性；如果苏格拉底不是丑的，不是有教养的，苏格拉底仍不失其为苏格拉底。但我们说苏格拉底是人，是两足的动物，这就是他的本质；如果苏格拉底不是人，不是两足的动物，则苏格拉底也就不成其为苏格拉底了。所以，"人"——这是最接近个别事物的"属"，就是事物的本质。亚里士多德认为：最普遍的范畴如"存在"和"一"不能是本体，因为它们不能是任何事物的本质。如果亚里士多德只讲到这一步，他就只是照抄柏拉图，并没有超出他。柏拉图为许多个别事物肯定了一个同名的理念，这就是个别事物的本质。张三、李四这样的个别的人的本质就是"人的理念"。在希腊文中，"理念"、"属"、"形式"是同一个字：eidos。但是，亚里士多德超出了柏拉图，他不只是空洞地提出了一个没有内容的"人"作为形式，而且为它下了一个定义：人是两足的动物。在《形而上学》第七卷中，他强调说明：事物的本质是用公式做出的定义来表达的，"两足的动物"就是公式；公式或定义就是希腊文"逻各斯"，但他在这里讲的"逻各斯"没有像以前赫拉克利特所讲的"规律"的意义，他说的只是定义。

这里我们可以看到人类的认识总是这样一点一滴地前进的。最早寻求事物的定义的是苏格拉底，但是他只是消极地从对话中发现对方的矛盾，并没有积极地求得普遍的定义。柏拉图找到了同名的"理念"。他认为：一切美的事物之所以成为美的，是由于它们占有了"美的理念"。这个美的理念究竟是什么？柏拉图并没有做出任何实在的说明，它只是个空洞的名词。所以亚里士多德说：正像一个人要计数，看到被计数的事物太多了，数不过来；他又提出另一类东西，将要被计数的事物加了一倍，这又有什么用呢？亚里士多德就是要给柏拉图那个空洞的名词以内容，他的形式（也就是理念）是有内容的，那就是定义。"人的理念"就是"两足的动物"，这是人的本质，就是将人和其他事物区别开来的本质特征。当然，"两足的动物"难道就是人的本质吗？在不同的场合下，亚里士多德对于人的本质是有不同的说法的。在《论灵魂》中，他认为人和其他动物的区别在于人是有理性的，所以，人是理性的动物。在《政治学》中，他说，人是政治的（实际上就是社会的）动物。究竟什么是人的本质？这个问题是直到马克思主义才做出科学的回答的，上距亚里士多德提出这个问题的时间，已经有两千多年了。"本质"这个概念，并不是亚里士多德第一个提出来的，但从哲学上详细论证本质的意义，并且提出探寻事物的本质乃是各门学科最重要的任务，这却是亚里士多德最初提出来的。从此，关于本质的问题，一直是西方哲学和科学的主题。由此也可以看出亚里士多德在人类认识发展史上的重要地位了。

在《范畴篇》中，亚里士多德对于个别事物、属、种这三类本体分别了高低，认为就它们的本体性说，个别事物是第一本体，属和种是第二本体，其中，属的本体性又高于种。这就是说：越是一般的，它的本体性也就越低。

在《形而上学》中也有三类本体：质料、形式，以及由这二者组成的个别事物。亚里士多德也要比较这三者的本体性的高低。在第七卷第三章中他就此做了论述。他说：如果就本体作为基质（即在现象背后的支持者）来说，应该承认质料是最后的本体，因为再没有别的在它背后的东西了。一切别的范畴都可以表述质料，而质料却不表述任何别的东西。但是，他说：作为本体，它还有个更重要的特征,那就是它的个体性,它是个别的、独立(分离)存在的。按照这个特征,质料就不算本体,因为质料是没有任何规定性的东西,它既不是这一个,又不是那一个,你根本不能将它和别的东西区别开来。所以,就本体的个体性这个特征说,个别事物和形式才具有个体性,它们比质料更是本体。那么,个别事物和形式又怎样比较呢?亚里士多德只简单地说了一句:"由形式和质料组合起来的本体可以不谈,因为显然,它在本性上就是在后的。"[①]亚里士多德认为具体事物是在后的,形式在先。为什么他得出这个结论?我们稍加分析,就可以明白。个别事物当然是具有个体性的,能够独立存在,这个人可以和那个人,和一切其他事物分离存在。但个别事物的这种个体性是从哪里来的呢?个别事物是由形式和质料二者组合而成的,而质料不具有个体性,所以个别事物的个体性不能来自质料,只能来自形式。正是由于形式,才使个别事物不同于其他事物,才能将它和其他事物区别开来。所以从本体的个体性特征说,只有形式才是第一本体,个别事物是在后的。亚里士多德在《形而上学》中是多处这样讲的。

在《范畴篇》中,个别事物是第一本体,一般的"属"和"种"是第二本体。现在次序颠倒过来了:一般的形式是第一本体,个别事物反属于第二本体。为什么会发生这样的变化呢?因为在《范畴篇》中,亚里士多德主要从逻辑上考虑,他没有分析个别事物是如何组成的,以及它和属、种有什么关系。在《物理学》中,他就分析出个别事物是由形式和质料组合而成的。他在这里说的"形式"实际上就是《范畴篇》中所说的"属";只有

---

① 亚里士多德:《形而上学》,1029a31—32。

"质料"是他在《范畴篇》中没有提到，而是在《物理学》和《形而上学》中新提出来的。哲学史家称此为"质料的发现"。亚里士多德发现了质料，认为具体事物是由形式和质料组合而成的。而决定事物的本质的，亚里士多德认为不是质料（物质），而是一般的形式。

正是在这点上，亚里士多德又回到柏拉图的唯心论去了。亚里士多德的"形式"和柏拉图的"理念"本来是同一个字，同一个东西；不过在柏拉图，它只是一个空洞的名词，亚里士多德赋予它以实在的内容。在《范畴篇》中，亚里士多德已经将个别事物提到第一位，将理念（属）降到第二位了；为什么现在又将理念（形式）提到第一位，将个别事物降到第二位呢，这是因为亚里士多德虽然批判了柏拉图的理念论，但是他的批判并不彻底。在《形而上学》第一卷第九章以及第十三卷中，亚里士多德批判了柏拉图的理念论。他的批判主要集中在这一点上：柏拉图将一般的理念当作在个别事物以外独立分离存在的事物，使一般又变成个别的存在物了。列宁在《亚里士多德〈形而上学〉一书摘要》中指出："原始的唯心主义认为：一般（概念、观念）是单个的存在物。这看来是野蛮的、骇人听闻的（确切些说：幼稚的）、荒谬的。可是现代的唯心主义，康德、黑格尔以及神的观念难道不正是这样的（完全是这样的）吗？"[①]将一般当作个别的存在物，这至少是一切宗教神话和客观唯心论的共同的认识论根源。所以列宁说：亚里士多德对柏拉图理念论的批判，是对一般唯心论的批判，是破坏了唯心论的基础的。

---

① 《列宁全集》第38卷，第420—421页。

亚里士多德批判了柏拉图认为理念是在个别事物以外独立存在的看法，他自己的形式是在个别事物之中，是个别事物的一个组成部分。他有时也说形式可以独立存在，但那只是说人们在思想中可以将形式从具体事物中抽象出来而独立存在；形式只能在思想中分离存在，而不是在实际上它可以分离存在。所以，在"一般在个别之中"，还是"一般在个别之外"这个问题上，亚里士多德纠正了柏拉图的错误。但是，仅只在这点上是正确了，还不能保证他不重犯唯心论的错误。因为，即使承认了一般在个别之中，一般和个别仍有何者在先，何者在后，即谁决定谁的问题。是一般先于个别，决定个别呢，还是个别先于一般，决定一般？前一种主张是唯心论，后一种主张才是唯物论。中国哲学史中的宋明理学中的唯心论者，就是主张"理"（一般）在"事"（个别事物）先的，王船山、戴东原以"理在事中"去反对"理在事先"，他们是用唯物论的观点去反对唯心论的观点的。而亚里士多德却是以"一般在个别之中"去反对"一般在个别之外"，在这点上他虽然是对的；但他又认为在个别事物之中的一般是先于个别，决定个别的。正是在这点上，他重新陷入了唯心论，表明他终究还是柏拉图的学生。

形式先于质料，这可以和亚里士多德关于现实和潜能的学说结合起来考察。亚里士多德认为质料只是潜能的存在，形式才是现实的。

所谓"潜能"，亚里士多德说明它有三种含义：首先，它是一种"能"，即具有能成为某种东西的能力，如大理石具有能成为雕像的能力。第二，它是一种可能性，即可能成为这样，也可能不成为这样，大理石可能成为雕像，也可能不成为雕像。第三，因此，它才能为潜能，即它只是一种潜在的可能的能力，而不是现实的能力；大理石只是潜在的雕像，它自己不能够成为现实的雕像，所以它只是雕像的质料，只有由在它以外的形式，才能使它成为一座雕像。因此，在亚里士多德看来，质料是只能被动，而不是主动的。因为亚里士多德所说的质料，就其基本意义说，就是我们唯物论者所说的物质。这就是说，亚里士多德认为物质只是一种潜能，一种可能性，它只是被动的，没有主观能动性。

所谓"现实"，亚里士多德用了两个词："埃奴季亚"（energeia）和"隐得来希"（entelechia）。前一个词指活动；它不是潜能的、被动的，而是主动的能力。后一个词则包含了达到目的的意思，是目的的实现。所以在亚里士多德看来，主动性完全在于形式：形式作用于质料，质料接受了形式，大理石变成为雕像，也就是达到了目的。

亚里士多德在《形而上学》第九卷第八章专门讨论了现实先于潜能的问题。他指出，现实先于潜能，可以从三种意义上说：第一，从公式和定义上说，凡潜能的定义中必然包含了它的现实，比如，我们说砖瓦是"能建筑的"，在这个定义中，现实——"建筑"已经先在了；物体是"能看到的"，在这个定义中，现实——"看到"已经先在了。公式和定义就是"逻各斯"，定义在先也就是后来唯心论哲学家常说的"逻辑在先"。他们说：从逻辑上说，总是先有飞机之理，然后才能有飞机；这个飞机之理是先验的，在还没有世界和人类之先，它早就永恒地存在着了。这就叫"逻辑在先"。第二，从时间上说，好像是潜能先于现实。总是先有作为种子的谷粒，才能长出谷穗来；但亚里士多德又指出：从另一方面说：如果不先有谷穗，又从哪里来作为种子的谷粒呢？所以还是现实在先。这个问题，和我们通常说的"是先有鸡，还是先有蛋？"是同样的问题。亚里士多德要强调现实在先，就说从时间上看也是先有鸡才能有蛋。第三，从本体上说，作为现实存在的东西，因为它已经完全实现了形式，所以在本体性上是高于潜能的。成人具有"人"的完全的形式，在本体性上就高于小孩，小孩只是潜能的成人。亚里士多德从这三个方面论证现实先于潜能，也就是形式先于质料。

形式先于质料，相当于中国哲学中所说的"理在事先"。亚里士多德将活动的能力、主动性、现实性都归于形式；在他看来，质料（物质）只是一种消极被动的可能性。这就是使得他在批判了柏拉图的唯心论以后，自己仍旧陷入唯心论的根本原因。

辩证法中有僵死的东西

对于恩格斯说的：亚里士多德已经研究了辩证思维的最主要的形式，我们怎样理解？本文试图从以下几个方面加以说明。

第一，亚里士多德哲学体系的核心是本体即形式和质料的学说。形式和质料是对立的，但是这种对立具有相对性，比如砖瓦，对于房屋说，它是质料；但对于构成它的泥土说，它又是形式。任何具体事物，对于比它更高一层的事物说，它是质料；但对比它更低一层的事物说，它又是形式。因此，从整个世界说，从质料到形式，是一个一层一层不断发展的系列。特别是亚里士多德又用现实和潜能这一对范畴来说明形式和质料的关系。质料仅是一种能，只是被动的，是可能性，是潜在的能力；它要使自己得到实现，获得形式，达到自己的目的。形式是运动，是主动的能力，它要实现自己，完成自己的目的。因此，潜能总是趋向现实，现实也总是在潜能中完成。潜能不能离开现实，现实也不能离开潜能。潜能和现实二者是有区别的，但在具体事物中它们又是密切而不可分的：潜能就是还没有实现的现实，现实则是已经实现了的潜能。潜能不断向现实转移，从潜能到现实，是一个不断运动变化的发展过程。所以，亚里士多德的哲学体系是一个运动变化的发展的体系。恩格斯在《自然辩证法》中指出："两个哲学派别：带有固定范畴的形而上学派，带有流动范畴的辩证法派（亚里士多德、特别是黑格尔）。"①

　　恩格斯给亚里士多德这样高的评价不是偶然的。我们知道，在古代希腊的哲学家中，赫拉克利特是辩证法的奠基人，但是他并没有留下比较完整的著作，而且按他所处的时代的思维水平看，他也不可能具备比较完整的说明运动和发展的哲学体系。此外，无论是从泰勒斯到德谟克利特的唯物论哲学，还是从毕达哥拉斯到柏拉图的唯心论哲学，即使其中包含了或多或少的辩证法因素，但是它们所使用的范畴大多数是固定的，而不是流动的。用像"潜能"和"现实"这样本身是流动的范畴来构筑哲学体系的，在人类思想的发展史上，亚里士多德可以说是第一个人。他的这种思想，对于以后西方哲学和科学的发展影响是不小的。我们看到：亚里士多德关于形式和质料的学说，直接影响到康德的哲学；而在黑格尔的体系中也明显地可以看到潜能和现实的思想痕迹。以后，凡是接受和运用类似这样的流动的范畴的哲学，也

---

① 《马克思恩格斯全集》第20卷，第545页。

就是辩证法的因素比较多的。

但是,亚里士多德自己并没有将辩证法的思想贯彻到底。从潜能向现实的发展过程本来应该是没有终点的,他却设置了最后的终极,肯定最后有一个没有质料的纯形式,不带任何潜能的纯现实即"不动的动者"。这就是他的辩证法中的僵死的东西,以后不但被经院哲学和僧侣主义抓住了,而且也被唯心论者黑格尔利用来构成他的"绝对观念"。

第二,亚里士多德不但是第一个系统地运用了流动和发展的范畴的人,而且是第一个对于"对立"的范畴进行分析研究的人。古代希腊从一开始就在"对立"和"矛盾"的问题上产生种种疑难和困惑。最初泰勒斯提出"水"是万物的本原,但马上就发生问题:水是冷和湿的,如果它是万物的本原,怎么解释热和干的事物的产生呢?因此阿那克萨戈拉要提出一个没有任何规定性的"无限"来,说它是万物的本原,目的只是为了解决上述这个矛盾。我们翻开希腊哲学家的残篇和著作,就可以发现:关于对立的问题一直是他们探讨的中心问题之一。有些哲学家认为事物是由对立的因素组成的,有些则否认;有些哲学家认为决定事物的是一对对儿对立的原则,如毕达哥拉斯归纳得出的十对对立;而爱利亚学派却企图根本否认对立,他们只承认有一个不动的"存在";但正是在芝诺为论证这种观点而提出的反驳中,却从反面证明了对立是客观存在,不能抹煞的。尽管以往的哲学家都在探讨这种种关于对立的问题,却还没有人对"对立"这个范畴本身进行研究。亚里士多德是最擅长分析的,他对当时经常使用的范畴逐个进行分析,分析每一范畴的各种不同的含义。《形而上学》第五卷分析了30个范畴,是人类最早出现的一本"哲学辞典",

其中第十章就是专门讨论"对立"的，其他如《范畴篇》第十、十一两章和《形而上学》第十一章中也都讨论了关于"对立"的问题。几处的说法虽各有不同，但大体上他认为"对立"有四种不同的意义：

（1）相关的（相对的）。如半与倍，半是倍的半，倍是半的倍，它们是彼此相对地存在的。亚里士多德还认为感觉和被感觉者、知识和被知识者也都是彼此相关而存在的，离开了这一个便无所谓那一个，离开了那一个也无所谓这一个。没有知识的对象便无所谓知识（这种朴素的唯物论观点是古希腊哲学家普遍接受的看法）；反之，没有知识，也便不是知识的对象。

（2）"有"和"缺失"。"缺失"是亚里士多德常用的术语，它指原来（自然地）应有的东西，现在却没有了。如"能看"和"盲"，"盲"就是视觉的缺失。这和相关的不同。"有"是自然有的，"缺失"乃是由于偶然的原因才丧失的，并不是每一个"有"都必然和"缺失"相联系。

（3）相反的。如善与恶、冷与热等。

（4）矛盾的。如"这是白的"和"这不是白的"，"他坐着"和"他不坐着"。他指出：相反的和矛盾的二者的区别，在于相反的二极之间可以存在有中间的状态。如善与恶可以有程度的不同，也可以有不善不恶的东西；而在矛盾的二者之间，却只能是非此即彼，不能有第三者，中间的东西。事物如果不是白的就是非白的；不是存在的就是非存在的。当亚里士多德将后者概括为形式逻辑的"矛盾律"时，他又给它加上许多限制：对同一事物，在同一时间和同一方面，不能说它是存在又非存在的。

关于"对立"有几种含义，以及这些含义是如何区别的，亚里士多德自己的说法是各处有不同的，可见对这个问题他也还在探索之中，所以经常修改他自己的看法。我们今天也无须接受他的观点，照抄他的看法，但是，亚里士多德为什么要区别"对立"的各种含义呢？这也是因为他看到：当时虽然大家都在讲"对立"，但各人说的"对立"的意义实际上是有不同的，正因为对于这样的范畴（概念）的意义不确定，各人用法不同，因而引起一些误解和争论。即使在我们现在，"矛盾"和"对立"有人认为是同义词，有人也想将它们区别开来（当然，我们辩证唯物论讲的矛盾与亚里士多德讲的形式逻辑中的矛盾是不同的）。将不同的含义明确区别一下，是不是也有必要和好处呢？至少，如果要写"辩证法史"，我们也应该研究亚里士多德有关这些方面的论述。

亚里士多德关于对立的思想是怎样运用于他的哲学体系中的呢？他所说的形式和质料、现实和潜能都是对立面。古希腊哲学认为运动和变化就是从对立的这一端变为那一端，如冷变为热就是性质的变化，大变为小就是数量的变化。亚里士多德将运动变化归为四种：本体的变化即生成（从无到有）和毁灭（从有到无），性质的变化，数量的增减和位置的移动，这些都是由对立的这一面到那一面的变化。其中值得注意的是关于本体的变化，所谓生成，他当然不是认为是从绝对的无（非存在）变为存在，所谓毁灭也不是从存在变为绝对的非存在。他认为任何事物都是由形式和质料组成的，当形式和质料相结合就是生成，形式和质料相分离就是毁灭。因此，有时他认为形式和质料是不能生成和毁灭的，只有具体事物才是有生成和毁灭的。当然，这种意义的形式和质料，只是抽象的，具体的形式和质料仍是有生成和毁灭的。但是亚里士多德有时候（如《物理学》和《形而上学》第十二卷）

又认为具体事物是由三种因素组成的：形式、缺失和基质（即在运动背后的支持者，也就是质料）。他认为具体事物的运动变化就是这种基质从形式变为它的对立面——缺失，或从缺失又变回到形式的变化。由此可见，他所说的形式和缺失实际上都是形式，不过是一对对立的形式而已；比如，由有视力的人变为盲人（缺失），"有视力的"和"盲的"都是"人"这个基质的一对对立的形式。所以，在亚里士多德看来，对立只存在于形式之中，不存在于质料里。在古希腊哲学中，有些哲学家认为对立存在于物质性的元素中，但是许多哲学家，包括原子论者德谟克利特在内，却认为物质性的原子是没有矛盾和对立的，它们的矛盾和对立只存在于它们的形式之中。亚里士多德也是这样主张的。在这点上，倒是柏拉图提出过和德谟克利特、亚里士多德等不同的主张。他在《蒂迈欧篇》中认为形式是"一"，质料（接受者）是"不定的二"即"大和小"，就是认为对立是存在于质料方面。当然，柏拉图所说的"接受者"是一种抽象的几何体——三角形，并不是物质。可是，亚里士多德将质料（物质）认为是没有任何规定性的，因而是没有内在的对立的东西，这终究也是使他脱离了辩证法，陷入形而上学的一个重要原因。

第三，亚里士多德的辩证法还有一个重要的特点，即他研究问题的方法，处处是尊重事实，寻求，探索，排除简单化的独断论（亦可译为教条主义）的。他经常分析名词、范畴的各种含义，为的是说明在什么条件下这个范畴说明的是什么意义。我们可以举出他在《形而上学》开始部分（第三章）提出的问题为例。在那里他提出了十几个问题，他认为是"第一哲学"必须研究讨论的问题是研究工作中的"结"，不解开它们便无法前进。这些问题，从我们今天来看，许多确实是天真的，也可以说是幼稚的，然而却是亚里士多德从他以前和当时的思想史中总结出来的。古希腊的哲学家们在这些问题上发生混乱，争论不休。亚里士多德将这些问题提出来，试图在《形而上学》书中加以解答。他以自己的思辨方法提出这些问题，无论提出问题或是解答问题的方法，都是辩证的。他提出问题时，是全面地考察了正反两个方面，申述了各自的理由，在形式上也很像后来康德的"二律背反"，各有正题和反题，这样就可以避免片面性，显露出事物本来的客观辩证法来。

亚里士多德提出这些问题时的辩证法因素，历来为哲学史研究者所忽视。对它们给予重视，加以评述的，不是别人，正是列宁。列宁在《亚里士多德〈形而上学〉一书摘要》中，一方面指出他的缺点，说亚里士多德提出这些问题是由于"唯心主义的胡说而发生的绝顶天真的'困惑的'问题和怀疑"。指出这是"关于基本的东西、即概念〔即一般——引者注〕和个别东西这个问题上陷入毫无办法的混乱"①。可是，另一方面，列宁又指出："亚里士多德的逻辑学是寻求、探索，它接近于黑格尔的逻辑学，但是，亚里士多德（他到处，在每一步上所提出的问题正是关于辩证法的问题）的逻辑学却被变成僵死的经院哲学，它的一切探索、动摇和提问题的方法都被抛弃。而这些提问题的方法就是希腊人所用的那一套试探方式，就是在亚里士多德学说中卓越地反映出来的质朴的意见分歧。"②

我们现在从这十几个问题中取一个做例子，用来说明亚里士

---

① 《列宁全集》第38卷，第416页。
② 同上书，第417页。

多德是怎样辩证地思考和提出问题的。亚里士多德提出了一个他认为是最难而又是最有必要加以考察的问题,那就是:在一个个具体事物以外,是不是还有别的东西存在(罗斯将此列为第八个问题,见《形而上学》第三卷第四章)?对于这个问题,可以有正反两方面的解答。正题:要承认在具体事物以外,还有别的东西存在。亚里士多德列举的理由是:(1)如果在个别事物以外,没有别的东西存在,那么,我们便不可能有关于事物的知识。因为个别事物是无限多的,我们要认识无限多的个别事物,只能通过普遍存在于个别事物中的统一性,才能获得关于它们的知识。如果不承认这种普遍的统一性,我们便只可能有关于个别事物的感觉或知觉,而不可能有关于个别事物的知识。(2)如果在个别事物以外,没有别的东西存在,那就没有什么永恒的和不动的东西了。因为任何个别事物都是在运动中的,都是有生成和毁灭的。对任何生成和毁灭的事物都可以寻求其根源,而这种寻求却不能是无穷倒退的,总得有一个极限。任何一个具体事物总是从另一个具体事物(作为它的质料)产生出来的,这一个又从另一个具体事物产生,这样倒退到最后,归根到底,任何具体事物都是从那个没有任何规定性的纯质料(从这个意义上说,它就是永恒不动的)产生出来的。同样地,任何一个具体事物都是由于某个原因(目的、本质、形式)产生的,如果不承认本质、目的即形式的永恒存在,也是不行的。所以,在个别事物以外,总得承认还有一种永恒不动的形式和质料的存在。但是,亚里士多德认为,这个问题还有另外一个方面,即它的反题:不能承认在具体事物以外还有别的东西存在。因为,我们不能假定在个别的房屋以外,还有另一个一般的房屋存在。最后,亚里士多德又指出:个别的事物是"多",一般的东西是"一"。如果说,许多个别事物的本体是"一",这是荒谬的;但如果说它们的本体是"多",也是不合理的。因此,对这一问题的解答就处于两难之中。

亚里士多德就是这样提出问题和探讨问题的。这里我们可以看到:他所探讨的问题实际上就是一般和个别、一与多、理性认识和感性认识的关系问题,是辩证法的核心问题。亚里士多德在《形而上学》一书中反复讨论这个问题,像列宁说的"陷入毫无办法的困窘的混乱状态"。最后他还是得出比较正确的结论:这种抽象的一般,只有在我们的思想中才能单独分离地存在。在亚里士多德的时候发生这种情况是毫不奇怪的,因为在人类认识的发展史上,古希腊哲学正是人类从认识个别上升到认识一般的早期阶段。人类认识了一般以后,这一般和个别之间究竟是什么关系?成为古希腊哲学特别在柏拉图的理念论中一直探索的问题。亚里士多德是第一个对此做出比较正确的解答的人。对于这个辩证法的核心问题,经过两千多年,一直到马克思主义哲学产生,才做出正确的解答。我们注意到,列宁的著名论文《谈谈辩证法问题》(正是在这篇文章中,列宁全面系统地论述和解决了"一般"和"个别"的关系)的写作时间和他的《亚里士多德〈形而上学〉一书摘要》几乎是同时(1915年),它们是互相紧接的;列宁正是在这篇论文中引述了上引亚里士多德的话:"因为当然不能设想:在个别的房屋之外还存在着一般的房屋。"[1]由此可以看出亚里士多德这方面辩证思想的重要性,可惜这问题至今还没有引起人们的重视。

---

[1]《列宁全集》第38卷,第409页。

第四，最后还要指出一点：亚里士多德在他的科学著作中讨论了许多辩证法的形式。其中最集中的是《物理学》，他在这里讨论了运动和运动的形式、有限和无限、时间和空间、必然和偶然、原因和目的等辩证法的范畴。

亚里士多德的《物理学》原义就是自然。它是以自然界——运动变化着的现实世界作为研究对象的，所以他也称为"第二哲学"。自然界是运动变化着的，运动变化的根源应该就是自然本身；运动总是事物的运动，他认为离开了事物，就无所谓运动。所以他对于运动的理解，基本上是站在朴素的唯物论的立场上的。他认为运动的形式有：本体的生灭、性质的变化、数量的增减和位置的移动。凡是存在的东西，不是潜能的，就是现实的。变化就是从存在到非存在，或者从非存在到存在；但这不是从有到绝对的无，或者从绝对的无到有，而只是从潜能的存在到现实的存在。这样意义的"非存在"，就是潜能的、还没有现实的存在。所以他给运动下了这样一个定义：运动是从潜能到现实的变化，也就是作为潜能的事物的实现。能够生成的（潜能的）东西在生成，能够变换性质、数量、位置的（潜能的）东西在变换，这就是运动。所以，运动是一种实现，但是尚未完成的实现；当它完全实现时，运动也就结束了。在现实和潜能二者中，现实是主动的，所以，现实是运动的本原和动因。他说：现实的人使潜能的人（可能成为人的种子）成为人。

亚里士多德指出：要否认无限是有困难的，因为时间不能设想为有始有终的，数量也是无限可分的，事物的产生和灭亡也是无穷无尽的。而且，如果事物不是无限的，而是有限的，它由什么东西来限制呢？还是只能由事物本身来限制，不能由事物以外的别的东西来限制。而说事物由事物来限制，就事物作为事物的整体说，它就是无限的。亚里士多德指出，思想家们都看到：因为我们的思想不能想象任何限制，所以只能承认无限的存在。但是，另一方面，亚里士多德又指出：如果承认无限，也要发生许多问题。比如，无限是什么？它是不是本体？如果像毕达哥拉斯学派那样认为无限是可以脱离具体事物而存在的本体，也是不可能的。因为无限必然是没有部分，不可分的；而任何现实的本体却总是有一定的量的，因此，亚里士多德认为毕达哥拉斯学派将无限当作现实的本体，是错误的。亚里士多德由此得出结论：只有潜能存在的无限，没有现实的无限。

亚里士多德在《物理学》第四卷开始时指出：既然运动的一种最基本的形式是空间的位移，我们就得承认空间是存在的。例如，水从某个容器中流走时，空气就进去了。这就说明：有一个既不是水，又不是空气的空间存在着。但是，空间是什么呢？空间虽然有长、宽、高，它是以这些来限定一切物体的；但空间却不是物体，它并不是在水和空气以外的另一种本体。如果空间也是本体，那么在同一个空间内就会有两个不同的本体同时存在了，而这是不可能的。空间当然不是物质性的元素，亚里士多德认为它又不是事物的形式（亚里士多德意义的"形式"）和质料；因为无论是形式或质料，都是在事物之中，不能与具体事物相脱离，而空间却是可以和具体事物相脱离的。那么，空间究竟是什么呢？亚里士多德认为空间的特性是：它是事物的直接包围者、限制者，而不是事物的部分，也不是事物的形式或质料；空间既不能大于也不能小于它所包容的事物；但空间并不是它所包容的事物，它可以和它所包容的事物分离开来。亚里士多德接着又讨论

"虚空"的问题。他说,那些主张有虚空的人(原子论者)看起来好像是有理的,因为如果空间都是实的,没有空无一物的虚空,怎么可能有空间方面的移动呢?但是,另一方面,亚里士多德又指出:所谓虚空,通常被理解为里面是什么都没有的绝对的空间,就是可以和任何事物相分离的独立存在的空间。他认为这样的虚空是不存在的。因为这样的虚空中没有任何差异,没有这一部分和那一部分的区别,而空间的运动是从这一点到那一点,如果存在没有任何差异的虚空,就不可能有任何运动。这里,我们可以看到亚里士多德实际上已经认识到:空间可以和一个个具体事物及其运动相分离,但是又不能和一般的事物及其运动相分离。

亚里士多德接着讨论时间。什么是时间的本性,它是不是存在的呢?他认为:时间的一部分——"过去"——已经存在过,现在却已不再存在了;还有一部分——"将来"——有待产生,现在尚未存在。这样,好像又不能说时间在现在是存在的。但是,他又承认一切存在的事物都是在时间中存在。他说,最流行的看法就是将时间当作一种运动和变化。但是,时间和运动变化又有不同,变化总是或快或慢,而时间却没有快慢,快慢是用时间来衡量的,所谓快就是时间短而变化大,慢就是时间长而变化小。可是时间总不能用时间本身来衡量,可见时间和运动是有不同的。但是时间和运动又不能脱离,任何一种运动发生以后,总已经有一段时间和它一起过去了。因此,亚里士多德说:时间不是运动,而是使运动成为可以计数的东西,我们总用时间来判断衡量运动的多和少。可是,我们不仅用时间来计量运动,而且也用运动来计量时间,时间只能用天体的运动来计量,以年、月、日、时等为单位。所以,时间和运动是相互衡量的,时间不仅是运动的尺度,而且也是静止的尺度。一切存在的事物都存在于时间里,只有不存在的事物不存在于时间里。万物都在时间里产生和消灭,但是它们并不是被时间消灭掉的,消灭事物的不是时间本身,而是和时间一起发生的运动和变化。亚里士多德实际上已经发现了时间和运动的辩证关系:时间是运动的存在方式,是计量运动的单位。

到此为止,我们看到亚里士多德对于运动、有限和无限、空间和时间等问题基本上都是做了辩证的分析的,他的思辨达到了古希腊哲学的高峰。但是到最后,当他探讨运动的永恒性时,在他的辩证法中又出现了僵死的东西。一方面,他承认时间是永恒的,运动也应该是永恒的,但另一方面,在以下这三种说法中他是同意第三种说法的:(1)所有的事物都永远静止;(2)所有的事物都永远运动;(3)有些事物运动,有些事物静止。他认为,在运动的系列中,每一个具体的事物都既是推动者,又是被推动者。一切无生命的事物都是不能自己推动的,只能被其他的事物所推动,但在它们被推动以后又可以推动其他事物运动。一切有生命的事物如动物,看起来是能自我运动的,但实际上使它们运动的原因还是外来的事物,而不是动物自身。因此,整个运动的链条是一个一个无限数的事物,每一个都是既被推动又能推动别的。运动的根源既然不在事物本身,而是外在的;所以,这个运动的链条最后要有一个终结,必然要有一个第一推动者,而且第一推动者本身是不动的。因为,如果它运动,它又得被别的东西所推动,它就不能是第一动者了。

亚里士多德所说的"不动的第一动者",是我们现代人难以理解的概念。他自己在几处不同的著作中的说法也是有不同的。在

《物理学》中,他最后归结为圆周的运动,这也是古希腊流行的观点,认为圆周运动是单一的最完全的运动。在《形而上学》第十二卷第八章(有人认为这一章是后来写成的,甚至可能不是亚里士多德自己写的)中,他又归结为47个或55个天体,认为它们是不动的动者;但在同卷的第六、七、九、十章中,他主要强调的不动的推动者是努斯——理性、神。应该说,最后这种说法是最能代表亚里士多德的思想的,这也就是他的目的论的思想。善是万物追求的目的,它本身不动,却能使万物为了追求它,从而发生运动。这种目的论思想是当时的唯心论者反对唯物论的最后武器。当用物质的原因无法解释事物的存在和运动时,就只能用最贫乏无力的"目的因"来搪塞。亚里士多德在《物理学》前两卷中讨论必然与偶然,认为它们都是有原因的;但是他又将目的也当作原因。他问:为什么自然的事情不是为了目的(这样做比较好些)呢?比如天下雨,为什么说它只是由于必然——空中的蒸汽冷却而变成水,而不是为了(目的)使谷物生长呢?为什么将人的牙齿的生长只说成是偶然的原因,而不说门齿锐利,是为了便于撕咬,臼齿宽大,是为了便于咀嚼呢?燕子做窝、蜘蛛结网既出于自然,也是有目的的;植物长叶子是为了保护果实,根往下生长是为了吸取养分等。正像恩格斯在《自然辩证法》中指出的:按照这种目的论,"猫被创造出来是为了吃老鼠,老鼠被创造出来是为了给猫吃,而整个自然界被创造出来是为了证明造物主的智慧"[①]。目的论思想是亚里士多德辩证法中的僵死的东西,所以他要在承认运动永恒性的同时又要肯定最后有一个不动的第一

[①] 《马克思恩格斯全集》第20卷,第365页。

推动者。这是古代希腊哲学家在运用朴素的辩证法的时候，又无能力科学地解释自然现象的产物。正是这种僵死的东西，后来被宗教神学和唯心论大大利用与发展了。直到达尔文创立进化论，才冲破被神学利用的亚里士多德的囚笼，对自然界中这些现象开始做出科学的解释。

尊重经验事实的伦理政治思想

一般哲学史著作中对亚里士多德的伦理政治思想下过许多论断，比如说他是主张"中庸之道"的，他是"代表奴隶主中产阶级利益的"，等等。这些结论是否合理？我们还是得研究亚里士多德自己对这些问题是如何论述的。如果我们同意学习哲学史的目的是为了提高我们的理论思维能力，那么，对我们来说，更为重要的并不在于得出几个具体的结论，而是探讨前人的思维方式，可以从中得到经验教训。亚里士多德思想的一个最显著的特点，就是他十分重视经验事实。他对自然科学的研究，如上节所述在《物理学》中对运动、无限、空间和时间的研究，都是建立在对经验事实的分析概括的基础上的，所以虽然是不自觉的，他却能得出许多合乎辩证法的结论。在伦理和政治学的研究中，他也是以大量经验事实为根据（当然是以他当时所能理解的经验事实为根据），然后概括出结论来；许多地方甚至没有得出明确的结论，而是让不同的论证留在那里等待后人去解决。正因为这样，亚里士多德在思想方法上避免了简单化的独断论，具有较多的辩证法因素和朴素唯物论的观点。列宁引用了黑格尔在《哲学史讲演录》

中的话:"亚里士多德是一个经验论者,然而是一个有思想的经验论者。"①亚里士多德是许多门独立科学的创始人。从科学发展到今天来看,他的学说中无疑地包括了许多幼稚的、错误的东西;但由于他使用的方法是比较科学的,能够给后来的研究者以大可发展的余地。正是这一点,亚里士多德对近代和现代西方科学的发展,是起了重大作用的。在欧洲科学思想的发展史上,亚里士多德占有独特的地位,是其他任何古希腊的思想家所不能比拟的。在上一节中,我们已经讲到一些他关于自然科学的思想;在这一节里,我们简单地分析他在伦理政治方面的思想。

亚里士多德在《伦理学》(他的伦理著作有三:《尼科马可伦理学》、《欧德穆伦理学》和《大伦理学》,通常主要只讲《尼科马可伦理学》,本文也以此书为限)书中一开始就指出:一切技术、研究、行为都是以"善"为目的的:医药以达到健康为目的,造船以造好船为目的,战争以取得胜利为目的,经济以获得财富为目的。但他认为,在所有这些目的中,有一个高于一切的目的,那就是要达到人类的至善。个人的生活以及国家的政治生活的目的都应该是这个至善,它们的目的是相同的,但只对个人有价值的总不如对国家有价值的,所以国家的善比个人的善更大更完全。亚里士多德认为政治学——治理国家的技术乃是最高的统治的技术,因为只有它才能表现最高的善。

但是亚里士多德接着就指出:恰恰正是政治学,它不能像数学那样精确地论证。因为政治学研究的是:什么是对国家和个人的正义的行动?正是在这个问题上,不同的人往往有不同的看法,

---

① 《列宁全集》第38卷,第316页。

通常认为是善的东西，例如勇敢和财富，往往可以被人用来做坏事。所以在关于什么是正义的问题上，实际上有各种不同的意见，每个人可以有自己的不同的看法。当时的智者们正是根据这个理由，认为道德法律都是由习惯造成的，是人为的，而不是天然如此的。智者们的这个意见，在当时希腊奴隶主民主制盛行时期，是反映了进步的民主派要求改革旧的传统的规章制度的意见，是有进步意义的。亚里士多德在这点上是继承苏格拉底和柏拉图的思想，反对智者派的。他们认为法律、规章制度不能只是主观的，还是应该具有客观的标准的。从政治上看，他们的这种思想和当时智者派的思想相比较，是属于保守的一派的；但从哲学思想看，智者派认为确定法律制度以及道德等都是主观的，没有客观的标准，最著名的智者普罗泰戈拉提出"人是万物的尺度"的口号，虽然在政治上是起进步作用的，而从哲学思想说却终究是主观唯心论，当时柏拉图和亚里士多德都对他提出了批评。他们的批评还是有道理的，是有利于唯物论的。关于这个问题，只能另外写文章说明。

从苏格拉底开始想为伦理问题寻求一个普遍的定义；柏拉图得到了"美的理念"、"善的理念"，是一般的存在物，但是空洞没有内容的。亚里士多德也想寻求一般的善——善的形式，他提出了一个客观的标准，将善或目的分为"为它的"和"自为的"。他说，有些善虽然本身也是目的，但并不是最后的目的，它还要以别的目的为目的。比如，人们追求荣誉和财富，在他看来，荣誉和财富本身并不是自身的目的；人们为什么要追求荣誉和财富呢？是为了有了荣誉和财富以后，人生活才有幸福。所以，荣誉和财富只能说是"为它的"，而不是"自为的"、最后的目的。只有最后的目的——得到幸福，才是自为的目的。

但究竟什么才是真正的幸福呢？在当时希腊有两种截然相反的看法：一种以为只要在名誉、地位、财富等物质欲望上获得满足，人生就幸福了；另一种则极端鄙视这些物质欲望，认为只有摒弃它们，苦行绝欲，才能得到真正的精神上的解脱，才是真正的幸福。对于这两种意见，亚里士多德都是反对的。他认为前一种人生观对物质欲望的要求是太过分了，而后一种人生观对物质欲望的要求正好相反，太不足了。亚里士多德在伦理学上提出了一个一般的原则，他认为是一个最重要的原则，那就是不要"过"或"不及"，这就是通常说的，亚里士多德主张的"中庸之道"。

在亚里士多德的《伦理学》中，对许多道德范畴都列举了它们的"过"和"不及"的方面。例如，在情绪方面的道德是勇敢，它的不及是懦怯，过就是鲁莽；在欲望方面的道德是节制，它的不及是寡欲，过就是纵欲；在钱财方面的道德是慷慨，它的不及是吝啬，过就是浪费；在仪态方面的道德是大方，它的不及是小气，过就是粗俗；和荣誉有关的道德是高傲，它的不及是自卑，过就是虚夸；和社交有关的道德是友谊，它的不足是乖僻，过就是吹捧；人都应有正当的理想，没有进取心和有野心就是它的不足和过；人都应该有好脾气，毫无脾气和脾气太大就是它的不足和过；如此等等。他说，毕达哥拉斯学派将正确的道德称为善，过和不及都是恶，认为它们是一对对立。亚里士多德却分析指出，这里有许多对立：正确的道德和它的不足构成一对对立，和它的过也构成一对对立；不及和过虽然都是恶，但它们本身又构成一对对立。所以，他指出，这种情况是很复杂的。

将道德做这样的区分，可以说完全是从常识、从经验事实中概括出来的，看起来似乎没有多大价值；但如果我们看到，从苏格拉底以来，一直在寻求为这些道德范畴下定义。可是究竟能下什么样的定义呢？亚里士多德提出来的方法：既不能不及，又不能过分，而是要找出它们中间的适当的度来，才是正确的道德。这可能还不失为一个比较适当的为一般的道德下定义的方法。

有人将亚里士多德的"中庸之道"理解为在两极端之间取其中间的平均数。这恰恰不是亚里士多德自己的意思，他反复论证要根据每个人的实际情况来确定适合于他的中间的度。他指出：道德的这个中间点并不等于数学上的中点。在数学上，十是大（希腊人以十为完全的数），二是小（他们认为一是单位，不是数，计数从二开始），它们的中间数是六。但如谈到吃东西，吃十斤太多，吃二斤太少，是不是要求每人也都吃六斤呢？那就不一定了，因为各个人的食量要求是不同的，对一个瘦小的人说，吃六斤还是太多；而对一个大力士说，吃十斤可能还嫌少。道德也是这样，要根据具体情况考虑，要考虑恰当的对象，恰当的人，也要考虑正确的动机和正确的方法，才能找到适合于各个人的中间的度，才能算是好的道德品格。

亚里士多德在《伦理学》中，对于这些道德问题，进行了许多具体的分析。例如他分析：懦怯、害怕是勇敢的反面，是恶；但对懦怯也要具体分析，看他害怕的是什么：人们可以害怕丢脸，害怕贫穷与疾病，害怕死亡。可是，如果有人不害怕丢脸，反而是可耻的；对于贫穷和疾病，因为产生它们的条件各有不同，对它们不感到害怕的人并不见得都是勇敢的人。勇敢的人当然应该不怕死，但也要看他面对什么样的死亡：在大海中遇到飓风，或者突然遭到地震，对这样的灭顶之灾，除非是疯子才会不感到害怕；亚里士多德认为只有在战场上不怕死的，才是最高的勇敢。当然，从我们今天看这个问题，还需要进一步究问：是哪一类战争——正义的还是非正义的？只有在正义的战争中不怕死，才是真正的勇敢。在亚里士多德的时代，当然不可能要求他达到这样高度的认识的。

由此可见，要区别道德领域中这种种复杂的现象，必须有判断力，首先是要有知识。从苏格拉底到柏拉图和亚里士多德的伦理思想，都是理智主义的，他们认为理性——知识是判断道德的最高原则。不过，亚里士多德虽然也强调道德中的理性因素，他认为只有哲学的沉思才能认识最高的善。但是他并没有将这一点夸大到极端，由于他尊重经验事实，他看到在实际生活中道德问题的复杂性，他并不认为理性——知识是决定伦理道德的唯一标准。他不同意苏格拉底的意见，苏格拉底认为：如果人有了知识，能判断什么是好和坏，他就不会去做像纵欲那样的坏事；如果他纵欲，必然是由于他无知。亚里士多德指出：问题并不那么简单，因为对于同一个问题并不是每一个人都会做出同样的判断来的。即使大多数人认识到纵欲是坏的，也可以有些人认为纵欲是有益的，这些人是从别的方面来论证这点的。因为决定人的行为动机的，不单是知识——理性，还有情绪和欲望等，它们也是决定人类道德的不可缺少的因素。从满足欲望的角度来看，有些人认为纵欲并不完全是坏事。最后，亚里士多德还指出：理论和实践并不完全是一回事，一个人即使认识到了，也不见得一定都能够做到。

就像这样，亚里士多德在他的伦理学说中对各种道德范畴和问题做了许多具体的分析。他反复说明，伦理问题是个复杂的问题。后世伦理学中一直争论的许多问题：动机和效果、理论和实践、道德和认识等，他多以思辨的、经验的（不是独断的）形式提出来了。

亚里士多德又是政治学的创始人。所谓政治学（Politics），源出希腊字 polis，后者是指希腊当时的城邦国家。亚里士多德和当时许多科学家一样，认为人类社会是由简单向复杂，由不完善向完善发展的。他认为人类最初由于两性的区别结合成为家庭，后来由若干家庭组合成为村社，最后发展成为城邦国家，才是完善的社会，能够实现至善。他的一句名言"人天生是政治的动物"，这"政治"就是指城邦国家、社会集体；他的意思不过就是说：人不能单个独立生活，只能在社会中合群生活，所以是社会的动物。马克思在《资本论》第一卷中说："这是因为人即使不像亚里士多德所说的那样，天生是政治动物，无论如何也天生是社会动物。"他还给这里的"政治动物"加了一个注："确切地说，亚里士多德所下的定义是：人天生是城市的市民。这个定义标志着古典古代的特征，正如富兰克林所说的人天生是制造工具的动物这一定义标志着美国社会的特征一样。"在马克思的遗稿[①]（《1857—1858 年经济学手稿》）《导言》中，又直接解释为："人是最名副其实的政治动物（引者注：马克思在这里用了一个希腊字，中译本编者注为'社会动物'，实际上原字木为'政治动物'），不仅是种合群的动物，而且是只有在社会中才能独立的动物。"[②]因为一个孤立的人是不能自足自给生活的，只有共同集合在社会——城邦国家中，才能满足各自的需要。所以这是合乎人的本性的，人天生是政治的动物——确切些说，是社会的动物。

---

① 马克思：《资本论》第一卷，人民出版社 1975 年版，第 363 页。
② 《马克思恩格斯全集》第 46 卷（上），人民出版社 1979 年版，第 21 页。

亚里士多德当然是奴隶主的思想家,他认为,只要成为一个社会,就必然有统治者与被统治者的区别。他论证:人类所以高于其他的动物,就在于人有理性,能够辨别善恶与正义。就个人说,应该是灵魂统治肉体,理性统治情欲。在社会上,也应该是有理性的、懂得治国之道的人进行统治,凡是只具有体力能担任劳务的人只能被统治。这和中国孟子说的"劳心者治人,劳力者治于人"是一样的。它反映了当时社会阶级分化已经完成,有一部分人完全脱离体力劳动成为不劳而食的剥削者,他们要论证他们的统治是合理的,当然是一种剥削阶级的理论。

亚里士多德又提出:任何人凡是要完成他的工作,必须有一定的工具,工具又可以分为有生命的工具和无生命的工具两种,比如航海的船主,船和舵是他的无生命的工具,掌舵的水手就是他的有生命的工具。正是在这样的意义上,亚里士多德说:"奴隶是有生命的(或会说话的)工具。"他认为,凡是缺乏理智,只能从事体力劳动的人只能成为奴隶;而那些生性优美,适于从事政治活动的人应该成为主人。但是,他也不得不承认,在现实生活里,并不是所有的奴隶都是体格卑下的,有些奴隶也具有自由人的灵魂,不过他将这说成只是"例外的情况"。亚里士多德在《政治学》中也提到:当时有些人(可能是有些智者)反对这种主人和奴隶的划分,认为这是违反自然的;因为主人和奴隶天生并没有差异,他们的区别仅是由法律规定的,是违反天性的,所以是不正义的。亚里士多德也不得不承认,主张这种理论的人也是有理由的。他认为不能根据力量的强弱来划分主人与奴隶,像在战争中胜利的一方俘虏战败者为奴隶,他以为是不正义的。他认为只能以德行为标志划分主人与奴隶,不能以强力为标志。

亚里士多德还在政治关系背后看到经济的关系。他是第一个提出产品有两重性的人。他说：货物可以有两种用途，一种是本来固有的用法，一种是非固有的用法。比如一双鞋子，它可以穿在脚上，这是它固有的用途；但也可以用来交易，那就不是正常的用途，因为制造鞋子的原意，并不是为了交易。他说，在早期社会中，一家的人共同使用一切财物，显然不需要进行交易；后来社会扩大了，物物交易逐渐发展起来，然后就产生了货币。亚里士多德看到：因为生活用品往往是笨重而难于运输的，需要有一种本身有用又便于携带的货物做交易的中间媒介之用，人们因此发现铁、银、金等金属适于用作货币。这样就改变了交易的方法，从物物交换变成使用货币的买卖；而货币本身是可以无限制地获得和积聚的，于是人们就贪婪地聚敛财富，以致致富成为人生的最后目的了。对于亚里士多德的这个发现，马克思在《资本论》中做出了评价："这位研究家最早分析了许多思维形式、社会形式和自然形式，也最早分析了价值形式。他就是亚里士多德。"[1]同时，马克思也指出：亚里士多德不能够看到，在商品价值形式中，一切劳动都表现为等同的人类劳动，是抽象的人类劳动，这是因为希腊社会是建立在奴隶劳动的基础上的。"亚里士多德在商品的价值表现中发现了等同关系，正是在这里闪耀出他的天才的光辉。只是他所处的社会的历史限制，使他不能发现这种等同关系'实际上'是什么。"[2]正因为亚里士多德尊重经验事实，所以他能看到一些他同时代的人还不能看到的真理，然而他又受到他的时代历史条件的限制，有他不可避免的局限性。

---

[1] 《马克思恩格斯全集》第 23 卷，第 73—75 页。
[2] 同上书，第 76 页。

亚里士多德在政治学上的主要贡献是他分析研究了当时希腊各个城邦的各种政治制度，指出其利弊，做出了评价。据说亚里士多德曾广泛地搜集了希腊（包括它的殖民地）各城邦的政治法律制度及其历史沿革。古代的书目记载说一共有158种之多，可惜都已经佚失了。幸运的是：1880年在埃及沙漠中发现了几页古代书写的纸草，据研究认为这就是亚里士多德的158种中最重要的一种——《雅典政制》的抄本。这本书记载了雅典的政治演变历史，从早期的军事执政官开始直到亚里士多德晚年时期止，还阐述了当时雅典的法律和选举制度等，是我们了解当时雅典政治历史的重要资料。由这本书可以看出：正是因为亚里士多德大量深入地研究了希腊的历史材料，他才能在《政治学》中做出比较科学的理论概括。

亚里士多德将政体分为六种：(1)君王制；(2)贵族制；(3)共和制；(4)民主制；(5)寡头制；(6)僭主制。它们的高低优劣就是按这次序排定的，亚里士多德认为君王制最好，贵族制次之，照排下来，最坏的是僭主制。过去有人根据"古希腊的主要矛盾是奴隶主贵族和奴隶主民主派之间的矛盾"这个公式，看到亚里士多德将贵族制摆到民主制以上，便下结论说"亚里士多德是站在反动的奴隶主贵族一边的"。如果我们看看亚里士多德是怎样阐述这些问题的，就可以知道不能做出这样简单的结论。

在这六种政体中，亚里士多德实际上是将它们分为两类：前三种是一类，他认为它们都是好的、正常的、理想的政体；后三种是另一类，都是坏的、变态的，也是现实的政体。每一类中所以会区别为三种，只是由于统治者人数有多寡的不同而已：君王制和僭主制是由一人或两人统治的，贵族制和寡头制是由少数人统治的，共和制和民主制则是由多数人进行统治。

君王制就是由古代的氏族部落的酋长、军事首领或人民选举出来的一个或两个领袖进行统治。他认为如果真能有这样一个超群拔类的圣人来当统治者，可能是最好的政体。但是他也指出：在现实生活中，如果只由一个人来统治，难免发生错误，特别是由他终身任职，还可以由他的子孙来世袭，便很容易成为它的变态——僭主制，也即专制暴君的统治。

当时希腊每个城邦都有少数几家有财有势的贵族，城邦政权往往被他们所掌握。贵族是高贵的出生门第，他们的子弟往往可以世袭。但是，亚里士多德列为理想政体的贵族政体，显然不是指的这种意义，他再三强调的是由少数有治国的才德的贵族来担任统治，才是他所理想的贵族政体。无论是君王或贵族，都应该是由有才德的少数人担任统治者，才是理想的政体。可见在这点上，亚里士多德的理想政体和柏拉图在《理想国》中提出的哲学王，实质上是一脉相承的。他也知道在现实生活中，理想的贵族政体并不存在，由少数没有才能的、坏的贵族执政，他称作寡头制。

共和制，希腊文"波里德亚"（politeia）本来有宪法、政体的意思，也就是后来的"共和国"（republic），即立宪政府。亚里士多德认为共和制就是由大多数人民（当然将奴隶除外）统治，如果能制定好的宪法，按照宪法行事的共和制就是好的理想的政治。他认为，共和制既然是多数人的统治，应该重视平等和自由的原则。所谓平等，就是人人都一样有当统治者的权利；所谓自由，就是人人都能过他自己想过的生活。因此他认为，共和制应该在宪法上规定：让人民轮流统治，不能有终身制，官吏的任期要短，而且，无论是议决国家大事和进行审判，都应该对人民公开。但是他也认为，理想的共和制并不存在，实际上宪法往往被破坏，在现实生活中存在的共和制，往往是有名无实的，这就是当时希腊存在的民主制。亚里士多德认为民主制（democracy）是共和制的变态。

亚里士多德在《政治学》中贯彻了一个很重要的思想，就是他强调法律的重要性。他问：是由最好的一个人来统治好，还是由最好的法律来统治好？这就是我们直到现在还在讨论的问题：人治好，还是法治好？亚里士多德对这个问题也不是简单地回答的。一方面他指出：政治是很复杂的，常常会发生变化，如果死守成文的法律不能变通改变，就像是医生治病只知死守成方，不能靠他的才能随机应变一样是不对的。所以，人的因素当然应该重视。但是，另一方面，他又提出一个很重要的论据：因为人除了理性以外，还有感情和欲望，如果单凭人的统治，很容易由感情和欲望用事，产生种种弊端。而法律是没有任何感情的，没有爱憎，不会偏私。所以他们认为如果根据理性，衡量利害，认清正义与非正义，制定法律，对统治者加以限制；这正好像在个人身上，用理性去控制感情和欲望一样，是最好的。比如，为了防止统治者滥用权力，亚里士多德在当时就提出不要搞终身制，不要搞世袭，而是要用法律规定统治者的任期，让大多数人轮流执政等办法。所以，亚里士多德是强调法治的。过去有人说：柏拉图主张让哲学家当王，是主张人治的，亚里士多德主张法治，他们师生在这个问题上刚好是相反的。其实，这也是从表面上看问题。柏拉图主张哲学王，因为他认为只有哲学家才能懂得怎样治理国家的道理，掌握治理国家的知识，所以他实际强调的还是理性——知识。亚里士多德强调要重视法律，也是因为法律是按照理性来规定的，是以知识为基础的。所以二人所强调的实际上都是理性——知识。重视理智的作用，这是从苏格拉底到柏拉图，再到亚里士多德的一贯主张。当然，他们所说的理性究竟是什么，有什么具体的内容，这就应该做具体的分析了。

亚里士多德认为：无论是由一人统治的君王制，还是由少数人统治的贵族制，以及由多数人统治的共和制，只要能根据理性行事，对国家人民有利，就都是好的政体。可惜是在现实生活中，亚里士多德看到，在当时的希腊并没有这样的理想的政治。在现实中只存在着他认为是变态的政体，即民主制、寡头制和僭主制。僭主（tyrannus）就是指专制独裁者，也可以称为暴君（tyrant）。当时的希腊，特别是在民主制下，常常被少数野心家不经过正当的方式（世袭或选举产生），而篡夺僭取了政权，所以中文译为"僭主"。实际上当时有些统治者的权力并不是僭夺来的，比如当时常有一部分希腊人到海外去建立殖民城邦，率领他们的首领（他不是贵族）往往成为城邦的统治者，也被称为tyrannus，译为"僭主"就不见得恰当了。而且当时的僭主，有时也不止是一个人、而是几个人，少数人，雅典就出现过"三十僭主"。因此，僭主制与寡头制往往是不可分的。所以，亚里士多德在《政治学》中主要只讨论两种现实的政治形式，即民主制和寡头制，因为它们是当时希腊各城邦经常反复互相斗争的两种政治形式。

亚里士多德敏锐地看出：民主制和寡头制的对立，主要并不在于从表面上看统治者人数多少的不同，实质上是民主制乃是穷人执政，寡头制则是富人掌权。所以民主制和寡头制的斗争，实际上是穷人和富人的斗争。当时的希腊，特别是在雅典等地，工商业繁荣，在奴隶主和自由民中的穷富分化日益明显。这种矛盾在政治上反映出来，亚里士多德看到了当时社会的主要矛盾。正是从这点出发，亚里士多德在《政治学》中批判了柏拉图在《理想国》中提出的取消私有制的空想。亚里士多德已经看出：私有制既已长期存在，每个人都产生了占有欲，只是对"我的"东西才关心照顾。如果像柏拉图所说，财产甚至妻子和孩子都属于公共所有，人们就不会去关心不属于他自己所有的东西。因此，柏拉图的"共产主义"实际上是行不通的。但是，亚里士多德也要求对人们的私有财产加以限制，使他不要只关心自己的利益，同时也要关心别人的利益。

在现实存在的这三种政体中，亚里士多德认为民主政体是比较好的。他虽然也说：各个城邦究竟采用什么政体，要根据各城邦的具体情况而定。比如，富人居多数的城邦可以采用寡头政体，由富人来统治；穷人居多数的城邦则以采用民主制为好。但在实际上，无论哪一个城邦，占多数的终究还是穷人。亚里士多德认为，由多数人统治终究比少数人统治好。少数人无论多么贤明，他们的知识总属有限，不能看得完全。如果是多数人，这些人看到这一点，那些人看到那一点，大家集合起来，便可以超过少数贤明的人。并且，少数人之所以能比较高明，也是因为在他身上集中了许多人的优点。在民主制和寡头制之间，亚里士多德是倾向民主制的，在现实的三种变态的政体中（三种理想的政体实际上是不存在的），亚里士多德认为民主制是比较好的。所以，我们怎么能说他是站在奴隶主贵族方面而反对民主制的呢？

亚里士多德讲了民主制的许多优点：民主制有平等和自由的精神，不是由哪一个人或几个人专门做统治别人的人，使大多数人永远是被统治者，而是使人人都有能轮流充当统治者和被统治者的机会。他指出：在民主制度下，担任公职没有财产定额的限制，即使有也是很低的；官吏由选举或抽签担任，任期很短，不得连任，这样就废除了官职的终身制等。但是，他也指出当时的实际情况是：由于多数穷人不得不参加劳动以维持生活，没有多少闲暇的时间去参与政治事务。这样的好处是大多数人愿意依照法律办事，少有变化，城邦比较稳定；坏处是因为多数人不关心政治，统治权实际上往往仍落在少数人手里。所以，有些城邦规定了津贴制度，对穷人参加政治活动或担任公职可以给予津贴，以资鼓励，而对富人不参加公民大会则要处以罚金。同时，亚里士多德也指出民主制的缺点，主要的就是它常常容易受少数人操纵利用，以至做出一些错误的决定。他特别指出：民主制常常过分地侵犯了富人的利益（如判处的罚金过重），激化了矛盾，使富人互相团结起来进行反抗，推翻民主政体，恢复富人的寡头或僭主统治。亚里士多德的分析说明了当时希腊各城邦中，除了奴隶和奴隶主的矛盾外，穷人和富人的矛盾十分尖锐，各城邦不断发生革命和政变，民主制和寡头僭主制频繁交替出现的实际情况。

对于这种矛盾，亚里士多德开出什么药方呢？他的主张是：要调和矛盾，而不要去激化它。他劝告富人要照顾穷人的利益，又劝告穷人要照顾富人的利益，不要彼此剥夺得太厉害了。正像在《伦理学》中亚里士多德主张不要过和不及，只有在中间找出适当的度才是好的道德一样；在《政治学》中，他也主张最好由中产阶级实行统治，因为中产阶级既不过强过富，又不太弱太穷。他认为，凡是走极端（不是这一极端就是那一极端）的人总是违背理性的。有财有势的人只能发号施令，不愿服从统治，不能遵守纪律；穷人又易于自卑自贱，像奴隶一样；所以，由这两类人统治都容易给城邦造成祸害。他认为，一个城邦最好是由中产阶级占据多数优势，力量强大，能实现统治；他们又没有野心，由他们来统治，城邦就可以避免两派之间进行党争，容易取得社会政治上的安定，这就是城邦的最大幸福。一个城邦最好由中产阶级立法掌权，他说，雅典的民主改革者梭伦和斯巴达的改革家莱库士都属于这样的中产阶级，他们的改革都取得了成功。不过，亚里士多德也知道，在希腊，由中产阶级统治的城邦并不多，大多数城邦如果不是由富人统治的寡头制，就是由穷人统治的民主制。他认为原因是：在城邦中不是由富人占优势，就是由穷人占优势，中产阶级并不占优势；另外，也是由于当时希腊两个最大的城邦——雅典和斯巴达各自支持和自己相同的政体：雅典支持民主制，斯巴达支持寡头制，互相进行斗争，以致矛盾已经无法解决了。

如果我们将亚里士多德的政治学说和柏拉图的政治学说简单对照一下，就可以看出：柏拉图在构思他的理想国时，完全脱离了现实的情况，他是个理想主义者。亚里士多德并不是没有理想，但是他尊重事实，重视分析实际经验，所以他能够概括出一些比较科学的结论，提出一些直到今天看来还可以给人启发的思想来。当然，由于亚里士多德的时代和阶级的局限性，他所开的药方最多也只能说是阶级调和论而已。

对于亚里士多德这样博大精深的思想体系，要以几万字的篇幅做出全面的介绍和评价，我是无法做到的。本文只就开始提到的一些问题试做一点解答，并对目前一般流行的对亚里士多德的某些看法，提出一点意见和解释，以就教于读者。

参考书目

1. Jaeger, W., *Aristotle, Fundamentals of the History of His Development*, Oxford, 1948.
2. Ross, W.D., *Aristotle*, London, 1930.

（原载《西方著名哲学家评传》第二卷，山东人民出版社 1984 年版）

"人是万物的尺度"
——柏拉图和亚里士多德对于普罗泰戈拉的批判

前记：将亚里士多德的思想介绍到中国来，开始于明朝末年。当时利玛窦来到中国，和徐光启合译《几何原理》，同时李之藻和傅汎际翻译介绍亚里士多德的著作，有关于逻辑学的《名理探》和关于物理学的《寰有诠》。几何学在清朝初年曾得到康熙的重视，流行了一阵；亚里士多德的思想却没有引起人们的注意。近代开始引进西方的学说时，严复等人也没有直接翻译亚里士多德的著作。现在能够查到的，在五四运动以后，第一个介绍亚里士多德思想的，就是汤锡予（用彤）师。1923 年锡予师翻译华莱士著《亚里士多德哲学大纲》(Edwin Wallace : *Outlines of the Philosophy of Aristotle*)，分期刊登于《学衡》杂志上，对亚里士多德的哲学做了全面系统的介绍。《学衡》同时还刊登了向达先生翻译的《亚里士多德伦理学》，向先生在译者序中说，译文也是经过锡予师润色的。向先生和后来专门研究柏拉图和亚里士多德的陈康先生同是锡予师在东南大学任教时期的学生。所以，锡予师在现代介绍亚里士多德哲学方面，实在起了创导的作用，虽然锡予师主要研究的是中国哲学和印度哲学。四十年代我在西南联大和北京大学读书期间,先后听过锡予师讲授"魏晋玄学"、"印度哲学史"和"欧洲大陆理性主义"等课程,先生讲课时分析清晰、逻辑严谨,至今印象很深。这当然是由于先生治学态度严格朴实,可能也和他早年曾研究亚里士多德的哲学方法有一定关系。

在锡予师翻译的华莱士著作中曾经讲到普罗泰戈拉:诡辩家主张以一主观体为知识之准则,知识于主观体为相对的,一物之所以被知者,对知之之心而言也。故 Protagoras(普罗泰戈拉)曰,人为万物之准则,其意盖谓万物自体中无标准,必经人考察解释之而后有意义。此种学说用之不慎,必至流为僻言,引申之,无物之自体为真为伪,物之真伪,心理为之也。普罗泰戈拉的"人是万物的尺度"学说,在古代希腊哲学史中占有特殊的地位,柏拉图和亚里士多德都曾专门论述过;但现在国内还少有人注意研究他,故整理柏拉图和亚里士多德对他的批判,企图说明普罗泰戈拉在希腊哲学史中的地位,以纪念锡予师九十寿辰。

时代的哲学

普罗泰戈拉(约公元前481—前411年)是古希腊智者派最有名的代表,在当时就享有盛誉,是青年们仰慕的"最富有智慧的人",大家都想跟他学习。但关于他的生平事迹,我们现在知道得很少,古代典籍只留下几条有关他的传说。他的学说,包括他那著名的命题"人是万物的尺度",只在柏拉图和亚里士多德的著作中留下一点记载。但柏拉图和亚里士多德对他都持批判态度。柏拉图的一篇对话虽以普罗泰戈拉的名字为题,但是将他当作一个反面人物,被苏格拉底诘难得矛盾百出,无法自圆其说。所以,柏拉图和亚里士多德的记载中究竟有多少是普罗泰戈拉的原意,我们现在已经无法确定了。可是没有其他资料,我们还是只能根据柏拉图和亚里士多德的著作探讨他的学说。

有一点是可以确定的,就是普罗泰戈拉的哲学是以"人"为中心的。许多哲学史家称他是古代的人文主义(或人本主义即人道主义)者,可以说他是西方人道主义的老祖宗。

古代希腊哲学开始时期是以探讨客观自然界的"本原"为主,后来发生了一次向以研究人和人类社会为主的转变。这次转变发生在公元前5世纪,主要就在雅典。发生这次转变是有它的深刻的社会历史背景的。

公元前5世纪希腊反抗波斯的战争结束。长期以来,统一的波斯帝国以其强大的军力不断侵略分散的希腊及其小亚细亚殖民地各城邦。希腊各城邦联合起来,以斯巴达和雅典为盟主,终于在公元前479年战胜波斯。在这次反抗斗争中,陆军以斯巴达为主,海军则以雅典为首。所以雅典拥有最强大的海上力量,工商业迅速发展起来,加上小盟邦向它大量纳贡,雅典很快成为经济上的大国。经济上的发展必然带来政治上和文化上的繁荣。雅典自从公元前590年前后梭伦实行改革以后,公元前509年克利斯提尼又实行改革,这是雅典奴隶主民主制的开始。希波战争结束后,雅典进入所谓"伯利克里时代",以伯利克里(公元前495—前429年)为首的民主派进一步实行改革,雅典的奴隶主民主制达到了全盛时期。

按照亚里士多德在《政治学》中的说法，民主政治的两个基本原则就是平等和自由。所谓"平等"，就是全体公民（当然不包括奴隶）人人平等，每个人都有轮流充当统治者和被统治者的权利。所谓"自由"，就是每个人（当然也不包括奴隶）都可以照他自己的爱好生活。[①] 所以，平等和自由就是个人的平等和自由；它所反对的就是原来以神的名义实行的奴隶主贵族专制。在阶级社会中，每当在专制统治下发生革命性转变时，在思想上总是以抽象的个人的自由和平等去反对旧的神权和专制统治。这并不是在资产阶级革命时期才开始的，而是更早得多，在雅典民主制兴旺发达的时候，就已经提出过这种思想。这种思想的代表正是普罗泰戈拉的"人是万物的尺度"的学说。所以，普罗泰戈拉这种学说在当时所起的进步作用，是不容置疑的。

据说，普罗泰戈拉和德谟克利特同是阿布德拉人。他遍游希腊和小亚细亚各地，到过雅典，和阿那克萨戈拉一样，是伯利克里的朋友。伯利克里曾委托他为南意大利新建的希腊殖民城邦图里翁城制订民主的法律。在普鲁塔克写的《伯利克里传》中还提到一件轶事：当时有一个人在竞技时投掷标枪，误刺死了一个人；为此，伯利克里和普罗泰戈拉讨论了整整一天：这件事究竟应该由标枪，还是由投掷者，还是由组织竞技者负责？这说明他们对民主立法的重视。据说，虽然他是伯利克里的朋友，但当伯利克里晚年时，由于普罗泰戈拉发表了不信神的言论——"至于神，我既不知道他们是否存在，也不知道他们像什么东西。有许

[①] 亚里士多德：《政治学》，1317b1—15。

多东西是我们认识不了的;问题是晦涩的,人生是短促的。"(著作残篇4)——被反动派控告,不得不逃离雅典,到西西里去,中途不幸覆舟而死。这些传说的事迹也可以说明他的思想倾向。

柏拉图在《普罗泰戈拉篇》中虽然丑化了普罗泰戈拉,但在这篇对话中,他让普罗泰戈拉说了一段神话。就是这段神话,从我们今天看来,正像是一篇古代的人道主义者的宣言书。这段神话的大意是:

世界开创的时候,神用土、水等元素混合造成各种生物。为了让它们能够生存下去,神命令普罗米修和他的兄弟艾比米修给它们装备起来。艾比米修对普罗米修说:"由我来分配,你来检查吧。"于是艾比米修用各种手段去装备各种生物。他给某些生物以庞大的身躯和巨大的力量;给弱小的生物以机敏,有的能迅速奔跑,有的能在天空飞翔,有的能在地上掘洞;为了抵御寒暑,他给它们装备了羽、毛和皮;为生物的肢体装备了蹄、甲和爪;他还为它们提供了各种食物:草、根和果实;当某些生物成为其他生物的牺牲品时,他就使它们能大量繁殖,以免绝种;如此等等。他将各种装备都提供给各种生物了。最后,当普罗米修来检查时,他发现只有人是赤裸裸的,没有任何装备,没有防身的武器。他便从赫斐斯特(冶金神)和雅典娜(智慧和技术的女神)那里偷来了火和技术,送给了人,让人也装备起来。但是他不能给人以政治的智慧,因为那是由最高的神——宙斯掌握的,普罗米修偷不到。

人从神那里得到了这些礼物,便建立神坛,塑造神像,发明了语言,制造出房屋、衣服、鞋子和床等,并且从土里取得生活资料。但是他们还是分散地各自为生,不能合在一起,抵挡不了野兽的侵袭。为了保存自己，他们便聚合在一起，形成城邦社会。但由于他们不懂得统治的技术，彼此互相残害，又陷入毁灭的过程中。宙斯担心人类会消灭，让黑尔梅（通报神）到人间来，带来诚敬和正义作为治理城邦的原则，成为人类友谊和好的纽带。黑尔梅问宙斯：怎么分配正义的原则——是像分配技术那样只分给少数爱好这种技术的人呢，还是分给所有的人？宙斯回答说："要分给所有的人，让每个人都分有一份。如果像技术那样，只有少数人掌握，多数人没有，社会就无法存在了。还要依照我的命令制定一条法律：凡是不诚敬不正义的人都要处死，因为那种人是国家的祸害。"①

从这段神话里我们至少可以看到两点：

第一，其他一切生物都依靠（神赐的）天然器官为生，以之保存自己；只有人才具有（当然也是神赐的）智慧和技术，能够制造工具和器物，为自己的生存服务。在这点上，人高于其他一切生物，是万物之灵。

第二，人必须实行群居，合成社会，因此，像正义等治理国家的道德，被当时希腊人认为是最高的智慧。这种智慧和技术知识不一样，技术知识是只有少数专门人才才有的，而正义这种最高的统治智慧却是人人同样分有的。在这点上，每个人都应该是彼此平等的。这就是当时实行的民主政治的理论基础。从理论上说，这总比宣传少数人是天生的统治者，应该拥有特权的理论更为进步。

从这两个前提中本来就可以推出"人是万物的尺度"这样的

---

① 《普罗泰戈拉篇》320C—322D。本文引述柏拉图著作，均注 1578 年由斯特方（Stephanus）校印的《柏拉图著作集》的标准页码，以下各篇均同。

结论的,虽然柏拉图在《普罗泰戈拉篇》中还没有这样做。

柏拉图《泰阿泰德篇》对"人是万物的尺度"的解释和批评

现在我们能够看到的"人是万物的尺度"这一命题,最早见于柏拉图的《克拉底鲁篇》386A。那里讨论到事物的名称,说:对于同一事物,这个人给它这个名称,那个人给它那个名称,希腊人用的名称和野蛮人用的不同。苏格拉底指出:这就是名称是因人而异的,不就是普罗泰戈拉的学说"人是万物的尺度"吗?这事物对你表显为这样,对你说,它就是这样;对我表显为那样,对我说,它就是那样。这样,事物本身就没有固有的本质了;而且从人来说,也无所谓聪明人和蠢人、好人和坏人的区别了。

《克拉底鲁篇》没有再进一步讨论这个问题。对"人是万物的尺度"这个命题进行详细解释和讨论的,是柏拉图的《泰阿泰德篇》。这篇对话属于柏拉图的中后期著作,主要是探讨"什么是知识"的问题;因此,"人是万物的尺度"在这篇对话中,也主要是从认识论的角度加以讨论,而丝毫没有涉及政治方面的问题。泰阿泰德是柏拉图的朋友和学生,在"学园"中是著名的数学家,据说当时数学上许多重要的发现都应归功于他。他在50岁左右就在作战中负伤病死了。柏拉图选择年轻的泰阿泰德来和苏格拉底讨论知识问题,也是用来悼念他。对这篇对话,柏拉图的研究者有过不同的解释，本文主要根据康福特的意见。①

《泰阿泰德篇》讨论什么是知识？像别的早期对话一样，在为知识下定义时，泰阿泰德开始又是列举各种具体的知识，如几何学的知识、鞋匠的知识以及许多别的工人的技术知识。苏格拉底纠正他，要他为知识下一个一般的普遍性的定义。泰阿泰德被迫做出回答："知识就是感性知觉（aesthesis）。"苏格拉底立即将这回答和普罗泰戈拉的学说联系起来，说：这不就是普罗泰戈拉说的"人是万物的尺度，是存在的事物存在的尺度，也是不存在的事物不存在的尺度"吗？他解释说：一件事物，对你显得如此的，它对你就是如此；对我显得如彼的，它对我就是如彼。例如，当同一阵风在吹时，我们中间一个人感到冷，另一个人感到不冷，一个人感到微微地冷，另一个人感到很冷。他问：在这种情况下，我们说这风本身是冷的，还是不冷的？或是像普罗泰戈拉所说的，它只是对于那感到冷的人才是冷的，对于感到不冷的人则是不冷的？②

这里有两个问题可以讨论：

第一，关于感性知觉的问题。古希腊哲学早期的唯物论者认为感觉是可信的，他们还没有将感性认识和理性认识明确地对立起来。最早将这二者明确对立起来的是巴门尼德，他认为感性认识是不可靠的，只有理性认识才能认识真理。以后的唯物论哲学家如原子论者德谟克利特也是这样看的，因为他认为：原子和虚空都不是感觉所能认识的，一切感觉性质如颜色、冷热都是人为的。所以在他看来，风本身是既不冷也不热的。普罗塔克曾记载

---

① F.M.Cornford, *Plato's Theory of Knowledge,* London, 1935.
② 柏拉图：《泰阿泰德篇》，151E—152B。

说德谟克利特反对普罗泰戈拉关于知识的观点,就是指这一点,因为普罗泰戈拉认为风本身既是热的又是冷的。在《泰阿泰德篇》中,苏格拉底代替已经过世的普罗泰戈拉做辩护说:对每个感觉者说,他当前的感觉虽然都是真的;但作为知识讲,它们不能限于这一点,还有好的和坏的价值判断。病人感觉到食物是酸的,这种感觉对他说虽然是真的,但却是不好的,医生的任务就是要使病人的这种不好的感觉变为好的、健康人的感觉。在其他各种知识方面也有同样的问题:教师、农民或者木匠都能在自己的专门知识上引导别人,使他的坏的知识变成好的知识。所以,还是应该承认人是有聪明和愚蠢的区别的,应该承认还是有聪明的人的。①

但这样一来,也就表明了普罗泰戈拉所说的"人是万物的尺度"并不限于直接的感性知觉范围以内,实际上是指要形成意见,做出判断。而在意见和判断上,却是有好和坏,有正确和错误的区别的。每个人都可以认为自己的意见比别人更聪明,更正确,因而具有教训别人和统治别人的资格。对于同一件事情,不同的人可以有不同的意见,做出不同的判断。我说我的意见和判断是正确的,你说你的意见和判断是正确的,难道能说所有不同的意见都是正确的吗?柏拉图批判普罗泰戈拉说:普罗泰戈拉写了一篇《真理》,他自己认为是真理,但是别人不承认,说它不是真理;如果他还坚持"人是万物的尺度",就得承认别人的意见是正确的,那他也就得承认自己说的其实不是真理了。②由此可知,只有在单纯的感觉问题上,不能说一个人比另一个人更聪明,但当需要提出意见、做出判断(更别说最高一级的智慧了)时,总得

---

① 柏拉图:《泰阿泰德篇》,166D—167D。
② 同上书,171A—B。

承认有人比别人更高明。柏拉图还举出婢女嘲笑泰勒斯的著名故事：她看到泰勒斯因为专心仰观天象而失足落井，嘲笑他只知道研究天空的事物而忘记了身边的琐事。①一个平凡的人是无法理解哲学家的智慧的。他指出：一件事究竟对国家有利还是有害，应该由政治家来判断；正像对人是有病还是健康，应该由医生来判断；对音乐是否和谐，应该由音乐家来判断，都是一样的。②所以，只有聪明的人才是判断的尺度，愚蠢的人是不能作为尺度的。这就是柏拉图在《泰阿泰德篇》中批判普罗泰戈拉的"人是万物的尺度"的主要论据。

因为柏拉图在《泰阿泰德篇》中是将"人是万物的尺度"和"知识就是感性知觉"以及赫拉克利特的流动变化学说三者结合在一起讲的，所以他要对这三个方面分别进行批判。他指出：如果将赫拉克利特的流动说推到极端，认为一切都是不断运动变化的，不承认还有相对静止的话，我们连什么都不能说了，连"知识就是感性知觉"这样的话也不能说，因为当我们这样说时，知觉和知识都已经发生变化，不再是知觉和知识了。③他的重点是在反对"知识就是感性知觉"的学说，他主要的论点是：单是感觉并不能构成知识，在我们的知识中总是有一些并不是直接来自感觉的东西，如同和异、类似和不类似、存在和不存在，等等。这些论证和本文没有直接关系，我们从略了。

但还有一点需要指出：在他企图说明人们为什么会产生错误的意见和判断时，他曾提出过"蜡板说"和"鸟笼说"。前者是将

---

① 柏拉图：《泰阿泰德篇》，174A。
② 同上书，177C—178D。
③ 同上书，182E。

人心比作一块蜡板,如果它是纯粹的、精细的、光滑的,接受外来的印象就比较清晰,不容易犯错误;如果它是不纯粹的、粗糙的,就容易犯错误。① 鸟笼说是将人心比作鸟笼,从外界猎取来的一片片知识就像将一只只鸟关在笼子里。当你感觉到一件事物需要对它做出判断时,比如问"这是什么?",你从鸟笼中取出一片知识来回答,但如果取错了,将斑鸠误当成鸽子,就是做出了错误的判断。②

由此可见,《泰阿泰德篇》中讲的认识论,是属于柏拉图后期的思想,它和《曼诺篇》、《斐多篇》和《理想国》中所讲的认识论,有明显的变化。第一,他原来的认识论是将理性认识和感性认识绝对对立起来,认为只有理性认识才能认识真理——理念,感性认识完全是虚妄的,只能认识假象;而在《泰阿泰德篇》中,虽然他仍然是要否定"知识就是感性知觉"的说法,但并不绝对排斥感性认识,而是认为它在感觉范围内是真的。第二,他原来的认识论主要是先验论的"回忆说",不承认知识可以通过感觉从外界得来,感觉至多只起促进回忆的作用;而在《泰阿泰德篇》中的"蜡板说"和"鸟笼说",至少承认知识是通过感觉从客观世界获得质料的。从这点上说,也可以说是柏拉图的认识论从唯心论向唯物论跨出的一步。当然,他的基本思想仍然是坚持唯心论的。《泰阿泰德篇》的认识论还值得进一步研究。

---

① 柏拉图:《泰阿泰德篇》,191C—195B。
② 同上书,197C—199B。

亚里士多德《形而上学》对"人是万物的尺度"的批评

在《形而上学》第四卷（Γ）中，亚里士多德主要讨论哲学的对象问题。在哲学史上，亚里士多德是第一个试图将哲学和其他科学区别开来的人。他认为"第一哲学"研究的对象是"作为存在的存在"即最一般的存在，至于各种特殊的（如数学的、政治的等）存在，则应由各门特殊的科学去研究。他认为"作为存在的存在"以及一切和此有关的问题（他在第三卷中曾经列举的）是其他各门科学所不研究的，却又是其他各门科学研究的前提。因此，哲学同时还要研究最基本的公理——他主要指的是矛盾律和排中律，因为它们也是其他科学所不研究，却又必须遵守它们（这些公理），并以它们为自己研究的前提的。

对于矛盾律和排中律，亚里士多德规定为："任何事物不可能同时既存在又不存在。"[①]或更详细地规定为："在同一时间，同一方面，同一属性不能同时既属于又不属于同一事物。"[②]他认为：我们对矛盾律和排中律不能提出正面的论证，只能从反面来证明它：如果违背了它，主张同一事物可以在同一时间既存在又不存在，就要犯致命的错误。他在第四卷第四章中提出许多论证，详细讨论这些论证不是本文的任务。[③]

和柏拉图在《泰阿泰德篇》中的做法一样，亚里士多德在

---

① 亚里士多德：《形而上学》，1006a3。
② 同上书，1005b18—21。
③ 可参看周礼全：《亚里士多德论矛盾律与排中律》，《哲学研究》1981年第11、12期。

《形而上学》第四卷第五章中也将主张"同一事物可以同时既存在又不存在"的意见和普罗泰戈拉的"人是万物的尺度"学说联系起来。他指出:这两种主张要么同样是真的,要么同样是不真的。因为,如果按照普罗泰戈拉的意见"人是万物的尺度",那么显现于他的对他说都是真的,从而他的意见也都是真的了;但人们的意见又是互相冲突的,既然不同的相反的意见都可以是真的,那就是说:对象——同一事物就可以同时既是如此又是如彼,也就是可以既存在又不存在了。反过来说,如果同一事物可以同时既存在又不存在,那么,所有关于它的意见,无论它们多么不同甚至相反,也都可以是真的了。由此可见,这两种学说的思想方法是一样的。① 在这里,亚里士多德从认识主体和认识客体两个方面对"人是万物的尺度"做了剖析:从认识的主体方面说,"人是万物的尺度"承认不同的相反的意见都可以是真的;从认识的对象方面说,"人是万物的尺度"承认"同一事物可以同时既存在又不存在"。亚里士多德指出,这样两种学说认为是一致的。

他说,主张这种意见的人可以分为两类:一类是为论证而论证的人(指当时一味进行诡辩的智者),对这类人我们无法进行讨论;另一类是真正在思想上遇到困难的人,我们必须用论证来医治他们的无知。以下他就提出一系列论证,批判"事物既存在又不存在"和普罗泰戈拉的"人是万物的尺度"的主张。他的批评论证可以分为以下五个方面:

第一,关于事物能不能同时既存在又不存在的问题。亚里士多德说,这种意见是由观察感觉到的世界才得出来的。因为他们

---

① 亚里士多德:《形而上学》,1009a5—15。

看到，在感性世界中，同一事物可以发生矛盾和相反的情况，因而认为同一事物可以既如此又不如此，既存在又不存在。这样，相反的东西可以同时存在了。他举出阿那克萨戈拉讲的最初"万物都混在一起"就是指这种情况；还将德谟克利特也拉进来，说他讲的原子就是"存在"，虚空就是"非存在"，说他就是认为"存在"与"非存在"同时存在的。亚里士多德认为这种意见在一种意义上是对的，在另一种意义上是不对的。他是用自己的潜能和现实的学说来解释这个问题的：如果说相反的东西是同时潜能地存在着，或同时潜能地存在于同一事物以内，这是正确的；但如果说它们是同时现实地存在着，或同时现实地存在于同一事物之内，这就是错误的，因为这是不可能的。①

第二，关于真和假的问题。亚里士多德指出，如果按照"人是万物的尺度"的意见，我们将如何区别真和假呢？这不能由持有某种意见的人数的多少来确定。正常的人尝这个食物感到是甜的，病人尝它感到是苦的；但如果大多数人尝时都感到是苦的，只有少数几个人尝它说是甜的，是不是反会认为这少数人是病人或疯子呢？不但动物的感觉和我们的不同，而且每个人的感觉也不相同，究竟哪个是真，哪个是假呢？所以德谟克利特说：或者是没有真理，或者至少对我们说，真理是不清楚的。亚里士多德指出：所以产生这种情况，就是因为这些思想家认为知识就是感性知觉。(他将恩培多克勒、德谟克利特、巴门尼德和阿那克萨戈拉都包括在这些思想家之内了，正像罗斯（W.D.Ross）指出的，这显然是不符合实际的，但这可能是由于在他们的时代，感觉和

---

① 亚里士多德：《形而上学》，1009a22—36。

知识的区别还没有清楚,所以还不可能确定他们是理性主义者还是感觉主义者。①）如果认为实在世界和感性世界是同一的,而感觉是随人而异的,是主观的,这样,就会使人认为根本没有客观的真理了。亚里士多德说,这只会使那些刚学哲学的人感到失望,因为寻求真理就会像追逐飞鸟一样困难了。②

第三,关于运动变化的问题。亚里士多德也将这两种学说和赫拉克利特的运动变化的学说联系起来。他指出:主张"事物可以既存在又不存在"和"人是万物的尺度"的人是认为整个世界都是在不断运动变化之中的。可是,对于运动变化的事物,我们是不能做出任何实在的说明和真正的肯定的。他说,那个自称为赫拉克利特学派的克拉底鲁就采取这种极端的观点,以至认为什么都不能说,只能动动他的手指。克拉底鲁还批评赫拉克利特所说的"人不能两次走进同一条水流之中",他认为连走进一次也是不可能的。亚里士多德对这种观点是这样评价的:在他们的思想中是有些合理的成分,即承认事物是运动变化的;当事物正在发生变化时,我们是不能说它存在的。但是,他从以下几点批评这种学说:(1)在变化的背后总有不变的存在的东西。我们说失去了某种性质(属性)时,总有个失去了这性质的东西(本体)是存在的;当一个事物生成或毁灭时;在生成以前和毁灭以后也总有某种东西存在;而且,生成的事物总是由某些东西(质料)生成,并且是因为某些东西(形式)才能生成,这样,生成变化才能无限进行下去。这些本体、质料、形式就是在变化背后的存在。(2)事物的变化既有数量的变化,又有性质的变化。即使

---

① W. D. Ross, *Aristotle's Metaphysics*, Oxford, 1953, Vol.I, p. 275.
② 亚里士多德:《形而上学》,1009a38—1010a1。

承认事物在数量上是经常不断地变化的,由于它的性质还没有改变,我们还可以从形式方面去确认它的存在。(3)持这种意见的人是只看到直接围绕着我们的感觉世界是不断变化的,但我们接触到的感觉世界只是整个世界的一小部分,用这一小部分就判断世界其余部分,是不公平的,应该承认有不变的东西存在。(在1009a36—38中,亚里士多德说过:我们可以要求他们相信,在存在物中是有一类既不运动,也不生成和毁灭的本体的。)(4)那些说一切都在变化,因而事物都是可以既存在又不存在的人,实际上是将一切属性说成是都可以属于一切主体的,任何一种属性都可以属于任何一个主体。这样,任何主体也就不能再发生变化了。(因为它无论变成怎样,总仍旧是属于它自身原有的性质。)所以,与其说万物都是运动变化的,还不如说万物都是静止不变的。①

第四,关于真理和表象的关系问题。亚里士多德说:并不是每个表显于人的表象都是真理。他论证说:(1)即使这样的感觉对于感觉者说,确是如此,不是假的;感觉和(客观的)对象也不是相同的。因此,你可以向你的对手提出这样的问题:你感觉到的量是如此大,但量本身是不是就这样大呢?你感觉到如此的颜色,颜色本身是不是就是这样的呢?是像它们表显于远距离的人那样的呢,还是像表显于近距离的人这样的?是像表显于健康的人那样的呢,还是像表显于有病的人这样的?是像表显于睡着的人那样的呢,还是像表显于醒着的人这样的?亚里士多德认为,这些并不是没有解决的问题,因为常识早就做出判断了。他指出:没有一个人,当他在利比亚的时候,会幻想一天晚上他已

---

① 亚里士多德:《形而上学》,1010a7—1010b1。

经在雅典的音乐厅里了。他又引柏拉图在《泰阿泰德篇》中所说的：关于预测一个人是否健康的问题，医生的意见和一个无知的人的意见并不是同样有价值的。①（2）从感觉方面说，也要分析不同的情况：对一个陌生的对象的感觉和对一个熟悉的对象的感觉，并不是同样可靠的。还有，对颜色说，只有视觉而不是味觉才是有权威的；对气味说，只有嗅觉而不是视觉才是有权威的。（3）就每一个感官（视觉或嗅觉）说，它总不会感觉到同一对象在同一时间是"既如此又不如此"的；即使在不同的时间内，也不是这种感觉和它所感到的性质之间有不一致，而只是那性质所属的事物发生了变化，它才能是"既如此又不如此"的。例如，对同样的酒，只能在或是酒本身，或是感觉者的身体发生了变化时，才会一时感到它是甜的，一时又感到它不是甜的。所以，至少就甜说，当它存在时，它就是这样的，是没有变化的，人对它有甜的感觉，就是正确的。凡是甜的事物，就必然有这样的性质。亚里士多德就这些指出：无论从感觉说，或者从感觉的对象——事物的性质说，它们都是具有必然性的。（就是说，是有客观的真理的。）而那些主张事物可以"既如此又不如此"的人，或者像普罗泰戈拉的"人是万物的尺度"的主张，却毁坏了这种必然性。使感觉失去了必然性，也就是使事物丧失了它的本质。因为，必然性就是不能同时"既是如此又不是如此"的；任何事物如果是具有必然性的，它就不能够是同时"既如此又不如此"的。②

第五，最后，亚里士多德提出一个最有力的论证：如果像他们所说，只有感觉存在，那么，如果没有生物，也就不会有感觉

---

① 柏拉图：《泰阿泰德篇》，178B—179A。
② 亚里士多德：《形而上学》，1010b1—30。

的能力,就什么事物都不能存在了。他指出:如果认为可感觉的性质和感觉都不是独立存在的,这无疑是对的,因为它们都是知觉者(主体)的作用;但如果认为那成为感觉的原因的基质(客观的对象)是不能离开感觉而存在的,那是不可能的。因为感觉不仅仅是感觉自身,而是有某种超越于感觉的东西(客体),它是先于感觉而存在的。凡是动作者(对象)总是先于被动作者(感觉),它们是两个相关的词,它们的情况(关系)就是这样的。①

最后这个论证所以特别值得我们重视,因为在这里亚里士多德明确指出:作为感觉对象的客观事物,是感觉的原因,是在感觉背后的基质,它是超越于感觉,先于感觉的。他公开站在唯物论的立场上,责问那些认为只有感觉才是存在的人说:如果只有感觉才是存在的,那么,如果世界上没有生物(只有生物才具有感觉的能力)存在,就不能有任何事物存在了吗?这自然很容易使我们想起列宁在《唯物主义和经验批判主义》书中对主观唯心论者马赫主义所提出的著名的命题:"在人类出现以前自然界是否存在?"

几点结论

第一,从柏拉图和亚里士多德对普罗泰戈拉的"人是万物的尺度"学说的解释和批评看,他们都是将"人是万物的尺度"这个学说和"知识就是感觉"的学说,以及赫拉克利特的"万物皆

---

① 亚里士多德:《形而上学》,1010b30—1011a2。

流动变化，因而可以既存在又不存在"的学说联系起来的。由此可见，"人是万物的尺度"的学说，在认识论上是以重视感性认识的感觉经验论为基础的，在本体论上则是以承认万物均运动变化的学说为基础的。如果不和这两种学说联系起来，即不重视感觉经验或不承认运动变化，是不可能得出"人是万物的尺度"这样的结论的。

第二，柏拉图在《泰阿泰德篇》中提出的那种感觉学说——感觉主体和感觉对象双方都在不断运动变化，两种运动变化的交点就是感觉——是一种比较符合常识，倾向于朴素唯物论的认识论。但是，这种学说是否即是普罗泰戈拉自己的学说也还是不能断定的。即使普罗泰戈拉同意这种学说，也不能说"人是万物的尺度"就是这种感觉学说。正如柏拉图指出的：如果单就感觉说，任何一个人当下所感觉到的感性知觉，对于感觉者说，总是真的，因为他的感官就是这样感觉的。正常人感觉是甜的食物，病人却产生苦的感觉，对病人说，这苦的感觉也不是假的。但普罗泰戈拉的"人是万物的尺度"，并不仅是这样简单的感觉学说，并不只是说人感觉到什么，就是什么，因而人是感觉到的东西的尺度；它乃是要对事实做出判断，提出意见，这就超出了当下直接感觉的范围。所以，普罗泰戈拉的"人是万物的尺度"学说和贝克莱的"存在就是被感知"的学说是有不同的。但是，"人是万物的尺度"认为每个人对同一事物可以提出不同的意见，做出不同的判断，不能说这个人的意见是真的，那个人的意见是假的。就这点说，它就是否定客观真理的存在，认为真理只是主观的，"公说公有理，婆说婆有理"。所以，应该承认："人是万物的尺度"是一种主观唯心论的学说。在古希腊哲学史中出现的唯心论，一般都属于客观唯心论，如果要在其中找出一个主观唯心论的代表，那就只能是普罗泰戈拉的"人是万物的尺度"的学说。因此，普罗泰戈拉的学说在古希腊哲学史中占有特殊的地位。

第三，柏拉图和亚里士多德批判普罗泰戈拉的论证中，有一些是站在朴素唯物论的立场上提出的。因为当时普遍承认：我们的感觉和认识都是依赖客观对象的，认识是否是真理应由它是否和对象一致来判断。即使唯心论者如柏拉图有时也不自觉地承认这一点，并以此批评普罗泰戈拉。亚里士多德所提出的最后那个论证——在没有生物（感觉主体）时，是否承认世界上有客观事物存在？——更是完全站在唯物论立场上提出的反驳。但是，柏拉图和亚里士多德反对普罗泰戈拉的主观唯心论最主要的论点还是认为：我们的知识除了感觉之外，还有一些超乎感觉之上的理性的因素存在。柏拉图说的是"存在"和"非存在"、"同"和"异"等理念，亚里士多德说的是"形式"或永恒不变的本体。这些理性的因素是先验的，具有必然性，客观真理正是由它们构成的。在认识论上，他们这样将理性认识和感性认识割裂和对立起来，认为理性认识高于和先于感性认识，一般高于和先于个别。这就陷入了客观唯心论。因此，柏拉图和亚里士多德对普罗泰戈拉的批判，基本上是客观唯心论者对主观唯心论者的批判。当然，他们两人也有区别：亚里士多德比柏拉图的唯物论倾向更多一些。

第四，普罗泰戈拉的"人是万物的尺度"的学说，从政治上说是进步的，在当时起过历史的进步作用。但是，从哲学理论上说，"人是万物的尺度"只承认主观真理，否认有客观真理存在，终究是错误的，是主观唯心论的哲学。这也是一个具体的例证，可以说明：哲学上的唯心论在政治上可以起一定的进步作用，因此，我们对哲学和政治的关系，不应像过去那样做简单的推论。从政治上说，柏拉图和亚里士多德当然比普罗泰戈拉保守，柏拉图甚至是反动的。但在哲学理论上，他们对普罗泰戈拉的批判却颇有些合理的成分，是值得我们重视和研究的。正如列宁所说："当一个唯心主义者批判另一个唯心主义者的唯心主义基础时，常常是有利于唯物主义的。"[①]柏拉图和亚里士多德对普罗泰戈拉的"人是万物的尺度"学说的批判，也为我们提供了一个这样的例子。

1982 年 7 月

（原载《燕园论学集——汤用彤先生九十诞辰纪念》，北京大学出版社 1984 年版）

---

① 《列宁全集》第 38 卷，人民出版社 1959 年版，第 313 页。

亚里士多德关于本体的学说[*]

在西方哲学史中，本体（Substance）①是个最常见、很重要的概念。将本体作为一个哲学的范畴进行分析、加以论证的第一个人就是亚里士多德。

古代希腊哲学是从探讨万物的"本原"问题开始的。唯物论者认为万物的本原是物质性的元素，如水、火、气、土等，但是他们也发现单是物质性的元素还不足以说明万物的生成；于是恩培多克勒认为还要加以"爱"和"恨"这两个原则，有时还将它们说成也是物质的元素；阿那克萨戈拉则提出一个更高的"努斯"（理性、心灵）来。另一方面，爱利亚学派的巴门尼德认为万物只是一个不动不变的"存在"；毕达哥拉斯学派认为万物都是由"数"组成的；柏拉图则在他们学说的基础上，提出了他的"理念论"。亚里士多德是在研究了前人的种种分歧学说之后，指出：第一哲学的任务就是研究"作为存在的存在"（将具体事物的其他方

---

* 这篇文章是《亚里士多德关于本体的学说》（人民出版社 1982 年版）一书的提要。
① Substance，通常译为"实体"，容易被误解为"实在存在的物体"。在讨论亚里士多德的思想中，必须避免这样的解释，所以采用"本体"的译法。

面都抽象掉,成为纯粹的"存在"),而作为"存在"的中心的,他认为就是本体。所以,本体是亚里士多德哲学的核心,他最重要的哲学著作《形而上学》一书,主要就是讨论本体的。

正因为亚里士多德是第一个讨论本体的人,对于究竟什么是本体,他自己也在探索之中。所以在他的不同时期的著作中,关于本体,有不同的说法。他在《范畴篇》中的本体学说和《形而上学》中的思想有很大不同,即使在《形而上学》这本书中,不同卷中讲的本体,也存在差别。在西方,关于亚里士多德哲学的研究虽然已有两千年左右的历史,而对于亚里士多德思想从它自己的发展变化方面来进行研究的,却是一直到20世纪初才由耶格尔(Werner Jaeger)开创的。可是一直到现在,我们所看到的哲学史著作中,大多还是将亚里士多德的哲学说成是一个从一开始就已经完成了的凝固不变的体系,因而对他的著作中许多不同的思想无法如实地说明和评价。本文试图说明亚里士多德的本体思想的发展变化情况。

《范畴篇》中的本体学说

《范畴篇》被公认为亚里士多德的早期著作。这是一本逻辑著作,但实际上也是哲学著作,可以代表他的早期哲学思想。

《范畴篇》区别本体、性质、数量、关系等十个范畴(其实关于范畴的数目,亚里士多德在不同的著作中的说法也是不一样的),这是逻辑上范畴的分类,也是本体论上关于"存在"的分类。亚里士多德第一次将"本体"和其他的范畴(存在)区别开来。本体和其他的范畴有什么区别呢？《范畴篇》第五章是专门论述本体的，其中他提出了本体的几个基本特征。

他指出，本体最主要的特征就是它是主体（希腊文 ὑποκείμενον，意思是：在后面、在底下的东西，即基础、基质）。从逻辑上讲，本体是主词，别的范畴都是表述它的，是它的宾词。比如，"苏格拉底是丑的"、"苏格拉底有五呎高"，"丑"是苏格拉底的性质，"五呎高"是他的量，都是表述苏格拉底的。从本体论上讲，别的范畴都依赖主体，存在于主体之中，不能离开主体而独立存在。任何性质、数量、关系总只能是主体的性质、数量或关系，它们只能在主体之中，不能离开主体而独立存在。所以本体是其他范畴的中心，是存在的中心。

亚里士多德指出的本体的这个特征很重要，因为这样一区别，在他以前的有些哲学家的论点就站不住了。比如，恩培多克勒讲的"爱"和"恨"，只能属于"动作"范畴，是不能和物质的元素并列的；毕达哥拉斯学派讲的"数"，只是本体的数量，不能成为万物的本原。特别是亚里士多德指出的，其他范畴只能存在于主体之中，不能和主体分离而独立存在，这牵涉到当时一个重要的哲学问题——分离问题。当时柏拉图学派认为"理念"是在具体事物之外，和具体事物分离而独立存在的。在许多美的、大的具体事物以外，有"美的理念"、"大的理念"独立存在着。按照亚里士多德的意见，"美"、"大"不过是本体的性质和数量，怎么能和本体分离存在呢？

亚里士多德在论述本体的这个主要的特征时，同时还区别了"第一本体"和"第二本体"。有几个东西都是本体：（1）苏格拉底这样的个别的具体的人；（2）"人"——个别的人所属于的

"属";(3)"动物"——"属"所属于的"种"。其中的(1)是个别的事物,(2)和(3)都是普遍的、一般的东西,但是它们同是本体,不属于其他范畴。亚里士多德认为只有个别事物才是第一本体,"属"和"种"都是第二本体。因为"属"和"种"都是表述个别事物的,而不是个别事物表述"属"和"种"的。我们只能说"苏格拉底是人"、"苏格拉底是动物",而不能反过来说"人是苏格拉底"或"动物是苏格拉底"。所以,按照本体的特征——别的东西表述它,而它不表述别的东西——应该说个别事物才是第一本体,而"属"和"种"虽然也是本体,但它们的本体性在程度上不如个别事物,所以只能算是第二本体。根据同样的理由,"属"和"种"相比,本体性更强一些,因为"种"可以表述"属","人是动物";而"属"不能表述"种"。①

亚里士多德这样区别第一本体和第二本体,是说明他写作《范畴篇》时期的思想倾向的。他认为个别事物是第一本体,而第一本体是比第二本体更为基本的东西。被他认为是第二本体的"属",希腊文是 εἶδος,柏拉图讲的"理念"有时用的就是这个字,亚里士多德后来讲的"形式"也是这个字。这就是说,亚里士多德在这个时期的思想是认为只有具体的个别事物才是第一性的本体,而作为一般的"理念"和"形式"乃是第二性的。这是合乎常识的思想,是朴素唯物论的思想。因为《范畴篇》是亚里士多德早期的逻辑著作,还没有和柏拉图的"理念论"哲学联系起来。如果根据这一点说亚里士多德这时期的哲学思想是唯物论的,这是对的;可是我们有些哲学史著作中将这说成是亚里士多

---

① 亚里士多德:《范畴篇》,2a12—3a5。(本书引述亚里士多德著作,均注由德国柏林研究院于1830—1870年校印的《亚里士多德著作集》,通称贝克尔(Bekker)标准本的页码和行数,以下各篇均同。)

德前后一致的、唯一的思想，那就不对了，因为他只是在《范畴篇》中这样讲，后来就完全改变了。

亚里士多德认为第二本体——"属"和"种"可以表述第一本体，那么，第二本体是不是在第一本体之中呢？亚里士多德的回答是完全否定的，他认为任何本体都绝对不存在于主体里面，"人"是本体，所以"人"并不存在于个别的人之中。[①] 这就是说，一般不存在于个别之中。这时候，亚里士多德还没有认为这是有问题的。

关于本体，除了以上这个主要的特征外，亚里士多德还指出别的几个特征。主要有两点：第一，本体都是个别的、单一的"这样的一个"（τόδι τι）。他说，严格说，只有第一本体才具有这种个体性；而第二本体看起来似乎也是"这样的一个"，实际上却并不是个体，而是具有某种共性的一类东西（"人"包括所有个别的人）。[②] 这个观点，他后来也修改了。第二，本体是"变中的不变"。本体在保持自身同一（即不变）时，能够容许有相反的性质。一个人可以有时候白，有时候黑，有时候热，有时候冷，有时候好，有时候坏。即是说，本体的性质、数量、关系等可以经常发生变化，而本体则保持自身的不变。[③] 而在《物理学》等著作中，亚里士多德在承认性质的变化、数量的增减、位置的运动之外，还加上本体的变化——生成和毁灭，成为他所讲的运动四种基本形式。

以上就是在《范畴篇》中亚里士多德论述的关于本体的几个主要的特征。

---

① 亚里士多德：《范畴篇》，3a6—20。
② 同上书，3b10—18。
③ 同上书，4a10—4b18。

《形而上学》第十二卷中的神学

现在我们读的《形而上学》一书并不是亚里士多德亲自写定的，而是在他死后将近三百年，才由后人将他的遗稿整理编纂而成的。许多专家研究认为其中有许多问题：有几卷写作较早，不应编在现在的位置上，如第二卷（Z）、第五卷（Δ）；有的可能是学生的笔记或摘要，如第十卷（K）。第十二卷（Λ）也被认为是亚里士多德比较早期的著作，可能与《物理学》同时，早于《形而上学》主要各卷；而且文体比较简练，提出一些问题却没有分析解答，有人怀疑它是亚里士多德的一份讲课提纲；而且其中第八章和前后讨论的问题不同，有证据表明这一章属于亚里士多德的晚期著作。但是，第十二卷的后半部分，主要是六、七、九、十等四章，通常被称为亚里士多德的"神学"，是他关于本体思想的一个重要方面，对后来中世纪的宗教神学以及近代唯心论哲学的发展起过重要影响，我们必须做一点简要介绍。

亚里士多德在第十二卷前五章中主要讨论运动变化的本体，和他所谓的"第二哲学"即《物理学》中讨论的对象相近。他探讨杂多的运动变化的本体是不是有共同的一般的原因或原则，得出结论：有三种本体——质料、形式、由质料和形式组成的具体事物；此外还有动因，有的动因在本体之内，有的在本体以外。一切运动变化的事物都有这四项一般的原则或原因。

亚里士多德在《物理学》第八卷中讨论过运动的永恒性。就一个一个具体事物的运动说，当然是有始有终的，但就整个运动变化说，它是不生不灭的；如果它有生，则在运动之前难道没有运动？如果它有灭，在运动以后难道没有运动？他实际上已经提出运动不灭、运动的形式（时间和空间）也是不灭的这样的思想了。在第十二卷第六章开始，亚里士多德就提出这样的问题：既然运动是永恒的，就必然应该有一个永恒的本体，因为只有永恒的本体才能有永恒的运动。他认为这个永恒的本体就是"努斯"（理性），就是"神"。他的主要论证有：

第一，这种永恒的本体是只有现实没有潜能的。亚里士多德认为任何具体的本体都是既有现实又有潜能的，都是从潜能到现实的。按照他在《形而上学》第九卷的解释，潜能是具有能力，它只是可能，而不是现实地在活动。所以，凡是潜能的东西，都是只有可能性，而没有现实的必然性的，它就不能是永恒运动的本体。永恒的本体只能是完全的现实性。别的具体的本体都是形式和质料的结合，形式是现实性，质料就是潜能。只有不带任何质料的本体，才能成为永恒的本体。①

第二，亚里士多德又指出，按照通常的看法，事物总是先有潜能然后才有现实的。这在一个意义上，即就我们所看到的种种具体事物说，是正确的。但就整个世界的形成说，如果先有潜能，这个潜能怎么会成为现实的呢？因为潜能自己只是具有运动的能力，却不会运动，必须有一种另外的力量来使它运动，这种力量本身必须是现实的运动。从这个意义说，现实是动因，它是在先的。有些自然哲学家（唯物论者）认为世界开始是混沌一片，一切都只是潜能的而不是现实的存在。所以阿那克萨戈拉要提出

---

① 亚里士多德：《形而上学》，1071b12—22。

"努斯"来。"努斯"就是纯粹的现实,是运动的根源,是它使潜能成为现实,它是在先的(亚里士多德说的"在先",有我们现在说的"第一性"的意义)。①

由此可见,古代的朴素唯物论者由于不能认识物质(即质料)本身具有运动变化的根源,只能到物质以外去找动因,就必然导致唯心论。

第三,亚里士多德在第十二卷第七章分析:有些运动只是被动而没有主动的,许多在中间的东西是既主动又被动的,还有一种本体是只主动而不被动的,这就是"不动的动者"("第一动者"),它是永恒的本体。②这种不动的动者就是愿望和理性(努斯)的对象,它就是"善"。愿望想达到"善",但它只能见到现象的"善",只有"努斯"才能认识真正的"善"。所以,愿望应该遵循理性,服从理性。"善"就是目的,任何运动都要达到"善"(想成为"好",以至"最好"、"至善")。任何事物都不断地想达到这个目的,这样就产生了运动。而目的本身却是别的事物所要达到的,它本身是不变动的;如果它变动,就成为"非善",也就不成其为目的了。所以,一切其他的东西,都可能是这样,也可能不是这样,具有偶然性;只有"善"才是不能不这样的,它只能以这种方式存在,不能以别种方式存在,是具有必然性的第一原则。③

亚里士多德的这种目的论的思想是继承柏拉图在《斐多篇》和《理想国》中的"理念论"的。《斐多篇》说一切美的事物都想

---

① 亚里士多德:《形而上学》,1072a4—9。
② 同上书,1072a20—26。
③ 同上书,1072b1—13。

达到绝对的"美的理念",而又永远不能达到它;《理想国》则以"善"为照耀一切"理念"(使它们成为"理念")的太阳。古典的唯心论很容易归结到目的论——神学。

第四,亚里士多德在谈到感觉和思想时,一般都将它们和它们的对象区别开来,并且认为认识的真和假是由它们是否和对象相符合来决定的,是客观决定主观,而不是主观决定客观。在这个问题上,他一直保持朴素唯物论的观点。但是在讲到"努斯"的时候,他认为:"努斯"的对象就是"善",而"努斯"自身也就是"善"。"努斯"分有了它的对象的性质("善"),它思想也就是想它自己;当它和它的对象接触,想到它时,"努斯"也就成为自己的对象。所以,他得出结论说:"努斯"(理性)和它的对象是同一的。①

我们知道,关于思维和存在的同一性问题,最早是巴门尼德提出来的。但是巴门尼德留下的只是一点残篇,我们不能明确地分析它的含义。亚里士多德却是做了明确的论证,他认为理性是"善",理性的对象也是"善",所以,理性和它的对象是同一的。

第五,亚里士多德认为这样的"努斯"就是"神"。只有神才能在永恒的"善"的状态中存在,而我们却只能有时做到"善",所以我们只能敬佩神,赞美神。而生命也是属于神的。这个"生命"当然不是指像人这样有生命的存在。宗教才讲拟人的神。亚里士多德讲的是哲学的神,说它有生命就是指它的永恒的现实性——主动而不被动的活动。他说:神的自我依存(不依存于任何别的东西)就是最善的、永恒的生命。所以神是永恒的最善的

---

① 亚里士多德:《形而上学》,1072b13—24。

存在，那永远延续的不朽的生命是属于神的，因为这就是神。①

以上就是亚里士多德关于神学的主要论证。在《形而上学》一书中，神学的问题不像别的问题那样，反复详细展开论证，而只是在第十二卷中简单地提出了一些结论式的意见，在其他各卷中几乎没有再提到它。当然，亚里士多德的这部分思想在以后西方思想的发展中起了很大影响，宗教神学以它为基础，各种唯心论哲学也都从它得到启发。最明显的是黑格尔的哲学体系，它几乎完全接受了亚里士多德的这些思想影响。在黑格尔的《哲学史讲演录》中论述亚里士多德的形而上学思想部分，几乎完全不提《形而上学》书中其他重要思想，而只是发挥这部分神学思想，并且给予极高的评价。他说："神是纯粹的活动性，是那自在自为的东西；神不需要任何质料——再没有比这个更高的唯心论了。"②

《形而上学》第十二卷中的神学虽然没有区别第一本体和第二本体，但它认为神、"努斯"（理性）是最高的本体——"第一动者"，当然是唯心论。它不但和《范畴篇》中的本体思想是相反的，也和《形而上学》其他各卷的本体思想有不同。

《形而上学》第七、八、九卷的本体学说

《形而上学》第七卷讨论本体，第八卷讨论质料和形式，第九卷讨论潜能和现实。这三卷是《形而上学》一书的核心，也是亚里士多德哲学本体论的核心。

---

① 亚里士多德：《形而上学》，1072b4—30。
② 黑格尔：《哲学史讲演录》中译本第2卷，商务印书馆1956年版，第295页。

亚里士多德认为哲学是研究"作为存在的存在"的，而存在可以分为不同的范畴，在这些范畴中，本体是中心，是第一位的。因此，首先要讨论本体。本体有几种含义，一种是主体或基质，一种是本质。《形而上学》第七卷主要讨论这两种意义的本体。他说，有三种东西具有主体或基质的特性，那就是质料、形式以及这二者的组合物。这个说法和《范畴篇》不同，《范畴篇》中认为个别事物、"属"、"种"是本体。"属"和"形式"是同一个东西，个别事物相当于形式和质料的组合物，只有"质料"是《范畴篇》中没有提到，而在《物理学》等著作中开始发现的。亚里士多德分析了他以前的哲学家关于事物的"本原"（原则和原因）的学说，认为他们所说的各种不同的本原，可以归属为四种原因，即：质料因、形式因、目的因、动因。这就是他的"四因说"。后三种也可以说是同一个东西，即形式。这样，他就得出质料和形式两种原因，认为它们就是组成具体事物的因素。他发现了"质料"以后，原来《范畴篇》中的本体学说就要修改了。

亚里士多德重新提到《范畴篇》中关于本体的特征：本体就是主体，是主词，别的东西都是表述它的，而它不表述别的东西。他说，如果按照这个标准，那就只有质料才是本体了。因为，什么是质料呢？亚里士多德说：质料就是这样一种东西，它本身不是一种特殊的事物，没有任何特定的规定性，既没有任何肯定的规定性，甚至也没有任何否定的规定性。① 任何事物，如果将它的一切性质剥掉（抽象掉），它既不是人，也不是马，也不是非人或非马，也不是任何一种东西，它就只是一个占有长、宽、深度

---

① 亚里士多德：《形而上学》，1029a7—26。

的物体；再将这长、宽、深度也去掉，只留下那个被它们所限制的东西，那就是最后的质料。由此可见，亚里士多德所说的"质料"，实际上就是抽象掉任何具体的规定性以后的最一般的物质。这就是人类第一次比较明确提出来的关于物质的概念。

原来认为，一切别的东西都是表述本体的，而本体是不表述别的东西的。现在既然发现了质料，质料没有任何规定性，因此它不能表述任何东西，相反，只能说本体也是表述质料的。只有质料才是最后的主体或基质。亚里士多德说：如果只按照"表述"这个特征来判断，那就要得出只有质料才是本体了。但是，这是不可能的，因为本体还有另外两个特征，那就是分离性和个体性（"这样的一个"）；按照这两个特征来判断，形式和具体事物（形式和质料的组合物）就比质料更是本体。① 为什么呢？因为任何有个体性的东西都是"这样的一个"，是有特殊的规定性的；而质料却是没有任何规定性的，它不是这一个，也不是那一个，也不能将这个质料和那个质料分离开来。所以，质料不具有个体性和分离性这样的特征。用这两个特征来衡量，质料就不是本体，只有形式和具体事物才是本体。

那么，在形式和具体事物之间，谁的本体性更大一些呢？具体事物虽然具有个体性和分离性，但它是由形式和质料组成的，其中质料是不具有个体性和分离性的；显然，具体事物所具有的个体性和分离性既不是来自质料，必然只能来自形式。只有形式才本来具有个体性和分离性。亚里士多德在《形而上学》第五卷第八章分析本体的几种意义时，已经提出：个体性和分离性是属

---

① 亚里士多德：《形而上学》，1029a26—30。

于形式的特性①，只是在那里，亚里士多德没有做任何论证。在第七卷中，亚里士多德说：由形式和质料组成的本体是在后的。②那就是说，只有形式是在先的。他几次明白宣告：形式即本质是第一本体。③

在《范畴篇》中，亚里士多德认为具体的个别事物是第一本体，它们的"属"（即形式）是第二本体。现在次序颠倒过来了：形式是第一本体，具体事物则是在后的，是第二本体。所以产生这种改变，就是因为发现了质料，而亚里士多德用来衡量本体的标准，也从以逻辑的"表述"为主，转变为侧重于本体论的个体性和分离性了。

为什么要重视事物的个体性和分离性呢？因为事物的个别性和分离性正是表示这个事物不同于其他事物的特点和特征，就是规定这个事物的本质。因此，亚里士多德就将关于本体的讨论，转移到本体即本质这个问题上。

亚里士多德在《形而上学》书中阐述的关于本体的思想，主要是说明本体是本质即形式。除了第七、八、九卷外，第十二、十四卷讨论的问题也直接与此有关。这几卷的篇幅几乎占全书的五分之二，比十二卷中神学的思想要多十倍。但是，因为《形而上学》这本书是后人编纂成的，而且亚里士多德的论述许多是针对当时流行的柏拉图学派的某些观点而发的，所以从我们今天的观点看，许多分析过于烦琐，还有一些是重复甚至是自相矛盾，有些是根本不可解的。可是其中确实有许多重要的值得我们重视

---

① 亚里士多德：《形而上学》，1017b25。
② 同上书，1029a30—32。
③ 同上书，1032b1—2，1037a28、b2，1037a5，1032a5。

的思想，在一般哲学史著作中很少提到的，现在简单做些介绍。

第一，什么是本质？亚里士多德说，所谓一个事物的本质，就是由它自己的本性是这样的。①他将本质和偶然属性区别开来。比如，说"你是苍白的、有教养的"，这"苍白"和"有教养"都是你的偶性，偶性是可有可无的，你可以是苍白的，也可以是不苍白的，如果你不是苍白的，你仍旧可以是你；可是，"你是人，是两足的动物"，这就不同了，如果你不是人，你的本性就完全改变了，你就不成为你了。这里，"苍白"是你的偶性，"人"和"两足的动物"才是你的本质，也就是你的形式。在另一处，亚里士多德又从另一个角度说明本质，这就是要说明为什么这个东西是这个东西？也就是要寻求事物的本原或原因。为什么这些砖石成为房屋呢？可以回答：因为它要成为一个可以遮蔽人的处所，这是就房屋的目的因说的；也可以回答：因为建筑师将这些砖石造成了房屋，这是就房屋的动因说的；但是，为什么建筑师能造成房屋呢？这是因为建筑师心里有了房屋的形式，按照这些形式将砖石排列起来，才能使砖石（质料）成为房屋。所以，只有形式才是决定房屋成为房屋的真正原因，房屋的形式才是房屋的本质。②房屋究竟是什么呢？只有它的形式，才能说明它的本质。③

如果说，以往的哲学都是要说明世界，那么无论要说明任何事物，必须认识它的本质；究竟它是什么，为什么它是这个事物？只有认识事物的本质，才能制造它或者改造它。从这个意义说，哲学和一切科学都是在寻求事物的本质，只是它们的对象各

---

① 亚里士多德：《形而上学》，1029b13—14。
② 同上书，1041a32—1041b9。
③ 吴寿彭中译本《形而上学》将本质 essence 译为"怎是"，可能也是这个意思。

有不同而已。古希腊哲学从开始以来，无论唯物论者或唯心论者，都是在回答万物的本原问题，实际上也就是回答什么是本质的问题。但是，自觉地认识到这个本质的问题，将它作为一个哲学的范畴来说明和分析论证的，又是从亚里士多德开始的。

亚里士多德说，形式就是本质。如果单就这点说，他还没有超出柏拉图。因为柏拉图说的事物的"理念"实际上就是事物的本质，"美的理念"就是一切美的事物的共同的本质。"理念"和"形式"是同一个希腊字 εἶδος。亚里士多德不能满足于这一点。他认为像柏拉图那样用一个同名的"理念"来说明这类事物（用"美的理念"来说明美的事物），是可笑的。这等于说事物的原因就是它自身，"人（的本质）是人"，这是一个最容易的回答，却不能说明更多的东西。① 亚里士多德比柏拉图进了一步，即他认为事物的"形式"不仅是一个同名的东西，而且是用公式（"逻各斯"）表示的定义。② 比如，人的形式不只是"人"这个 εἶδος，而且有具体的内容，是一个公式："人是两足的动物"。（他在不同的地方说的定义是不同的，比如，在《政治学》中他说"人是政治的动物"。③）

如果我们认识事物的本质，只是认识了一个同名的"理念"，一切美的事物的本质只是"美的理念"，那就只是认识到这类事物有一个共同的、一般的共性而已。这正像中国哲学史中的理学家所说的一类事物有这类事物之"理"是一样的。（理学家对于伦理道德也要说明它的具体内容。）单是说了有同名的"理念"或"形

---

① 亚里士多德：《形而上学》，1041a14—20。
② 同上书，1030a6。
③ 同上书，1253a2。

式"是不够的,还要进一步说明它的具体内容。亚里士多德就是走了这一步。

第二,亚里士多德在《形而上学》第七卷中对有关定义的问题进行了许多探讨,其中有些思想可以说是反映了当时科学水平的。

关于定义的问题,根据亚里士多德的记载,苏格拉底是第一个寻求定义的人[①],他希望对什么是道德等问题,求得一个一般的定义,但是没有成功。柏拉图前期(以《斐多篇》和《理想国》为代表)的"理念论"得出绝对的、彼此没有联系的空洞的"理念",算不得定义;但他后期(以《巴门尼德篇》和《智者篇》为代表)的"理念论",却承认"理念"之间的相互联系,即"通种论"。在此基础上,他在《智者篇》中为智者下定义,在《政治家篇》中为政治家下定义。柏拉图的下定义方法叫"二分法",就是将事物一分为二,取其一,再一分为二,如此分下去。比如,他说,智者的工作是一种技术;而技术有两种,一种是制造事物本身的,一种是制造事物的幻象的;而制造幻象也有两种,一种是摹仿,一种不是摹仿;摹仿也有两种,一种是有知识的,一种是假装有知识的;假装有知识的有两种,一种是能公开辩论的,一种是以语言欺骗人,将其引向自我矛盾的……这样分的结果,就得出智者的定义是:他们是制造事物的幻象的,是摹仿的,是假装有知识的,是以语言欺骗人,将其引向自我矛盾的……[②]

柏拉图的这种二分法是不科学的,前一点按照这个标准划分以后,为什么后一点又按照另一个标准划分呢?其间并没有必然

---

① 亚里士多德:《形而上学》,987b3—4。
② 柏拉图:《智者篇》,264E—268D。

的联系，而带有主观随意性。亚里士多德修改了这种下定义的方法。他在第七卷第十二章讨论"定义为什么是统一的？"就是讲这个问题的。他认为定义是由"种"和"属差"组成的，在"人是两足的动物"这个定义中，"动物"是"种"，"两足的"是"属差"，这二者是统一的，有必然联系的。因为，我们可以将"动物"分为"有足的"和"无足的"；而将"有足的"再分时，就不能分为"有毛的"和"无毛的"，因为这和"有足的"没有必然的联系；"有足的"只能根据它本身的性质再分为"两足的"、"多足的"，或者分为"分趾的足"和"不分趾的蹄"，这些分法才和"有足的"有必然的联系。因此，我们在说"两足的"这个"属差"时，已经将"有足的"这个特征包含在内，不再需要像柏拉图那样将每一个分法都列举出来了。所以，亚里士多德得到的那个定义中的"属差"是将它的各种具有必然性的差别都包含在内，统一在一起了。①

将亚里士多德的这种下定义的方法和柏拉图的"二分法"对比，就可以看出他们之间的继承和发展的关系。亚里士多德提出来的，实际上是人类最初认识的科学的分类方法。正因为他是古希腊最伟大的科学家，许多门科学如生物学、心理学等都是由他创立的，通过他的科学实践，他认识到只有这样才是分析到事物的必然联系的科学的分类方法，从而为这种方法做出了哲学的概括。

还有一个问题：我们怎么样才能认识事物的本质呢？亚里士多德在第七卷第七章中也做了他自己的回答。他说，我们要认识

---

① 亚里士多德：《形而上学》，1038a5—35。

事物的本质,就是要认识事物的形式,即第一本体。①但是,怎么认识事物的形式呢?他认为要有一个思想的过程。他举例说:我们要认识健康和疾病的本质,就得想:怎么才会健康呢?必须是身体处于平衡的状态;如果失去了平衡,就产生疾病。身体怎么才会平衡呢?要有一定的温度,如果失去这样的温度,就失去平衡,发生疾病。我们认识到这一点,就是认识了健康的本质——身体在一定温度下的平衡状态。这样就达到了思想过程的终结,作为医生就可以从这一点开始,进行一个创造的过程:他用摩擦或者灸灼,使人体产生必需的温度,从而使他的身体恢复平衡,也就恢复了健康。所以,这里有两个过程,一个是思想的过程,一个是活动的过程,即实践的过程。亚里士多德认为先有思想的过程,认识了事物的本质,然后才能开始实践的过程。这当然是错了,亚里士多德不认为只有在实践的过程中才能认识事物的本质。但如果我们不是以今天的认识去要求古人,而是想到这是在两千多年以前,亚里士多德能够提出认识事物的本质和人类实践活动的关系,就应该承认这是一个进步了。因为亚里士多德的父亲是当时马其顿王的御医,所以他能够根据当时的科学水平做出这样的哲学概括来。

我们现在知道,事物的本质就是决定事物发生和发展的必然"规律"。古代希腊哲学家有没有达到这样高度的认识呢?通常将赫拉克利特讲的"逻各斯"解释成为"规律",实际上是将他的不同的残篇中的思想联在一起解释出来的。"逻各斯"(λόγος)这个字原来有许多含义:词、语言、说话……。亚里士多德讲定义是

---

① 亚里士多德:《形而上学》,1032b1—2。

"逻各斯"，一般译为"公式"，这是符合他的原意的，他认识到的本质，只是像"人是两足的动物"这样的公式。这当然比柏拉图的"理念"进步了，但还没有达到"规律"这样的程度。从他讲的思想过程和实践过程的实例看，如果再深入下去，他是可以发现导致疾病的客观规律的；但限于当时的科学水平，他还不可能达到这一点。这也说明，人类认识的发展总是不可能超越当时的客观条件的。

第三，人类的认识首先是从个别到一般，希腊哲学发展的情况也显示出这一点。但是，认识了一般以后，一般和个别究竟处于什么关系却不是容易弄清楚的。许多希腊哲学家都在一般和个别之间探索、动摇，亚里士多德也是其中的一个。

亚里士多德批评柏拉图的"理念论"，中心的论点就是认为：柏拉图将一般的"理念"当作是在个别事物之外分离而独立存在的个体。这样就犯了两个方面的错误：一是一般可以和个别分离存在，这就是"分离问题"，分为两个世界；一是又将一般看成是独立存在的个体，这样又混淆了一般与个别的关系。亚里士多德认为形式就存在于个别事物之中，是组成个别事物的因素，它不能离开个别事物而独立存在，所以，一般存在于个别之中。因为不能设想，在个别的房屋之外还存在一般的房屋。[①] 但是，正像列宁所说，亚里士多德还是在一般和个别、本质和现象的辩证法上"陷入毫无办法的困窘的混乱状态"。[②] 在《形而上学》书中，这样的情况很多，举个例子：本来，我们寻求事物的本质，寻求的就

---

① 亚里士多德：《形而上学》999b19，参看列宁《谈谈辩证法问题》，《列宁选集》第二卷，人民出版社1972年版，第713页。
② 《列宁全集》第38卷，人民出版社1959年版，第416页。

是具体事物的本质，就是从个别中寻求一般。可是，亚里士多德在第七卷第十五章又专门论证：个别事物是不能下定义的。这样，定义和个别事物没有关系，一般的本质又不是个别事物的本质，一般又和个别分离开了。他提出的理由是：具体事物都是变化的，有生成和毁灭，所以，它们只能是感觉的对象，不能是理性认识的对象，是不能下定义和证明的。①他在认识论上沿袭了当时一般的看法，将感性认识和理性认识绝对割裂开，它们的对象——个别和一般，当然也就成为两个分离的世界了。所以，亚里士多德虽然批判柏拉图的"两个世界的重叠"，而他自己却仍不免陷入两个世界的重叠，这就是因为他分不清一般和个别的辩证关系的缘故。

但是，就在一般和个别的关系问题上，亚里士多德也做出了重要的历史贡献。在《形而上学》第十三、十四卷，亚里士多德批判了当时柏拉图学派关于"数"和"理念"的理论。亚里士多德和他们的分歧集中在这点上：柏拉图学派认为"数"和"理念"都是和具体事物分离，可以独立存在的本体；亚里士多德反对他们的意见，认为"数"和"理念"都是不能和具体事物分离开而独立存在的。但是他指出：只是在我们的思想中，可以将事物的某一方面的属性从具体事物中分离开，单独进行研究，就成为一门专门的学科。比如，任何具体事物都具有大小、数量的属性，就客观事物说，这些大小、数量只是具体事物（本体）的数量，是不能离开本体而存在的；但在我们的思想中，却可以将它们单独分离开，进行研究，就成为数学。又如，具体事物都是运动的，

---

① 亚里士多德：《形而上学》，1039b20—1040a7。

我们将运动从具体事物中分离出来，专门研究运动作为运动的特点，就成为物理学。同样，对于运动着的事物，我们可以不去研究它们的运动，而去研究它们都具有的体、面、线、点等关系，那就是几何学。只是在这个意义上，我们说那些在实际上并不分离存在的东西，是可以在思想上分离存在的。[①] 亚里士多德这里说明的，就是"抽象"的作用和意义。不懂得"抽象"，就不可能正确理解一般和个别的关系。一般本来存在于个别之中，不能离开个别而存在；只有我们思想的抽象作用，可以将一般从个别中分离开来，进行独立的研究，成为独立的科学。我们研究事物的运动和静止，就是物理学；研究它们的数量关系，就是数学；研究事物的体、面、线、点关系，就是几何学；研究生命现象，就是生物学；研究健康和疾病，就是医学……我们要记得，在亚里士多德以前，许多学科都是没有明确区别开来的，亚里士多德是第一个对它们进行分门别类研究的人。他开创了许多独立的学科：逻辑学、物理学、心理学、形而上学、生物学、伦理学、政治学、诗学（美学）等。他在人类思想和科学发展史上的地位是不能抹杀的，而他所以能将这些学科分别研究，是以他这种关于抽象的理论为基础的。

亚里士多德认为本质—形式是第一本体的思想，是和他关于形式和质料、现实和潜能的思想联系起来，形成一个完整的哲学体系。这些在许多哲学史著作中都谈到的，本文不再赘述了。只需指出：亚里士多德认为形式先于质料，现实先于潜能（第九卷第八章专门论证现实先于潜能），他认为质料（就是物质）只是被动

---

① 亚里士多德：《形而上学》，1077b17—1078a9。

的,不起作用的。所以,他认为形式是第一本体的思想,还是唯心论。亚里士多德终究还是柏拉图的学生,尽管他的哲学比柏拉图更为细致,更接近实际,辩证法的因素更多一些,但是他的"形式第一"的思想实际上只是柏拉图的"理念论"的继承和发展。

最后还留下一个问题:一般哲学史著作都将亚里士多德的哲学思想看成是一个完整的体系。它们认为,从亚里士多德关于形式和质料的学说,最后推论出有一个无质料的形式、不动的动者——神。所以,神学是亚里士多德哲学发展的最后阶段。我以为,这个结论是值得商榷的。因为,已经讲过,《形而上学》第十二卷写作时期早于第七、八、九卷;而且,如耶格尔指出,亚里士多德的神学思想属于他完全受柏拉图的影响时期[①],和他以后对柏拉图思想采取批判态度不同。亚里士多德思想的发展是他从柏拉图思想影响下,逐渐摆脱的过程,是从神秘的唯心论向比较接近理性的唯心论发展的过程,而不是相反的发展过程。

(原载《中国社会科学》1981 年第 3 期)

[①] 参看耶格尔《亚里士多德》(W. Jaeger, *Aristotle*) 英译本,牛津,1948 年版,第 221 页。

亚里士多德论哲学和哲学的对象

在哲学史上，亚里士多德是第一个将哲学和其他科学区别开来，使它成为一门独立的学科的人。他认为什么是哲学，哲学研究的对象是什么呢？本文做些简单的介绍和分析。

"求知是人的本性"

大家都知道，古代希腊哲学以讨论本体论的问题为主，认识论所占的地位并不像在近代哲学中那么显著。但是，哲学既然是一门知识，要讨论它就不能不牵涉到认识的问题；因此，许多希腊哲学家在阐述本体论思想的同时都谈到了有关认识论的问题。在他们中间，亚里士多德又是第一个人，他将人的认识看作是由低级向高级的发展过程，并且有意将这摆在他的哲学的开始时加以阐述。在《形而上学》一书的第　卷（A）第　章中，他以"求知是人的本性"这句话开始，简单地勾画了人类认识的发展过程，即从感觉开始，经过记忆、经验、技能，最后到理论知识的过程。①

他说，可以表明求知是人的本性的，是我们喜欢感觉。即使不管它们的用途，人们也乐于使用感觉。视觉是优于其他感觉的，因为它最能揭示事物的种种差异，让我们认识它们。由感觉产生的印象，有些动物能够保留下来，有些则不能。将印象保留下来，就形成记忆。他说，能记忆的动物比不能记忆的更为聪明，因此可以对它们进行教养。有些动物虽能记忆，却不能听到声音，便不能施教，如蜜蜂。②

人从记忆中产生经验。因为多次回忆同一件事情，终于产生一种叫作经验的能力。③经验很像是技能和知识，其实，人是经过经验获得技能和知识的。从经验得到的观念中，产生出关于同一类对象的普遍性判断时，才是技能。④所以，经验是关于个别事物的知识，技能则是关于一般的知识。⑤他又说，有技能的人比有经验的人更加聪明，因为有经验的人只知道事物是这样，却不知道为什么是这样；而有技能的人知道"为什么"，他们知道事物的原因。所以，有技术的工匠比一般工匠更加聪明，因为他们知道为什么要这样做的原因，他们已经开始有理论知识，能够教人；而一般的工匠只有经验而无技能，不知道原因，他们只是像火在燃烧那样，以自然的习惯活动。⑥

他说，最初产生的技能和知识都是对人的生活有用的，但随

---

① 本文引用亚里士多德的论述，主要根据 W. D. Ross 的英文译本：*The Works of Aristotle*, *Oxford*, 1960, Vol. Ⅷ，注明贝克尔（Bekker）本的页码。
② 亚里士多德：《形而上学》，980a21—b25。
③ 同上书，980b28—981a1。
④ 同上书，981a5—7。
⑤ 同上书，981a15—16。
⑥ 同上书，981a24—b10。

着人类知识的不断增多，就产生了一种不以实用为目的的纯理论的知识。有这种知识的人当然比仅有实用知识的人更加聪明。这种知识是只有当人们有闲暇（不必为生活必需而忙碌）的时候才能产生的。他认为这就是数学最初在埃及产生的原因，因为那里的僧侣是有闲暇的。①亚里士多德这个说法显然是带有阶级偏见的，古希腊历史学家希罗多德说几何学起源于埃及是由于实用的目的，即洪水泛滥以后要重新测量土地。②

在亚里士多德关于人的认识过程的这段简略的论述中，有几点是值得我们注意的。

第一，在亚里士多德以前，希腊哲学家讲认识问题主要是将感性认识和理性认识割裂开来，认为只有理性认识是可靠的，能使我们得到正确的知识；感性认识是不可靠的，只能给我们以虚幻的假象。不仅是唯心论者从巴门尼德到柏拉图这样主张，而唯物论者从赫拉克利特到德谟克利特也是倾向于这种看法的。柏拉图在他的后期对话《泰阿泰德篇》中虽然承认就人对于客观对象的感觉说，感性知觉也是真实的，但他还是否认感觉是知识。和他们相比，亚里士多德是重视感觉的。他认为知识起源于感觉。他在《论灵魂》和其他一些短篇论文中详细研究了感觉的问题，基本上得出唯物论的结论。他并不认为感觉得到的只是假象，而是事物的印象；感觉只是认识的初级阶段。他说，我们并不认为感觉是"智慧"，它确实给予我们关于个别事物的可靠的认识，但它不能告诉我们为什么如此，它只告诉我们火是热的，却不能告

---

① 亚里士多德.《形而上学》，981b15—25。
② 希罗多德：《历史》第2卷中译本，商务印书馆1985年版，第109页。

诉我们为什么火是热的。①

第二，在亚里士多德以前的希腊哲学家多将感性认识和理性认识分成不相联系的两截，亚里士多德开始将它们联系起来，并且用"经验"这个范畴将这二者联系起来。"经验"作为认识过程中的一个环节，也是亚里士多德在《形而上学》中第一次提出来的。不但他以前的哲学家，即使他自己在讲认识的著作《论灵魂》中也没有专门讲到经验。所以，我们探讨一下亚里士多德所说的经验究竟是什么，也是有意义的。

他是这样说的：人以外的动物只能靠感觉印象和记忆而生活，仅有一点互相联接的经验；只有人还用技能和理智而生活。人从多次回忆同一件事情，产生经验的能力。经验和技能不同。经验只是对个别事物的认识，技能却是已经达到了一般性的判断。他举了这样一个例子：当加里亚这个人患这种病时，这种医疗对他有益；苏格拉底患这种病时，这种医疗对他有益。这些都是对个别事情的认识，还属于经验的范围。只有达到这样一个判断：对所有属于这一类体质（如黏液质或胆液质——这是当时希腊医学的分类法）的人，凡他们患这种病（如发烧）时，这种医疗都是有益的，即能够做出这样的一般性的判断时，就从经验进入技能和知识的范围了。②由此可见，经验和知识的区别在于经验只能认识个别的事物，知识则能认识一般的东西。所以亚里士多德认为动物也可以有经验，只是比较简单的经验（动物能不能有经验？古代的亚里士多德注释家就表示过怀疑）。

如果这样理解，经验应该是属于感性认识范围以内的东西。

---

① 亚里士多德：《形而上学》，981b10—13。
② 同上书，980b25—981a12。

但是，罗斯在《形而上学》的校释本中对此提出疑问。他认为经验既然是对于同一类事物的反复认识（认识加里亚这个人和苏格拉底这个人），就是已经认识到不同对象之间的相同因素，就已经有了思想即理性认识了。① 当然，人是有思想的，即使在人的简单的经验中，也不可避免地包含有理性认识的成分。但如果承认动物也能有经验（罗斯是承认这一点的），动物的经验中当然不包含理性认识的成分，比如蜜蜂完全凭它的感觉可以一次又一次地去花丛中采蜜，按照亚里士多德的讲法，这就是经验。

经验这个概念，从亚里士多德开始用起，特别是到近代和现代哲学中已经用得很多了。但如何给它规定一个科学的定义？实际上是一个至今没有解决的问题。不同的哲学家，甚至同一个哲学家也会在不同的意义上使用这个词。亚里士多德使用经验当作联结感性认识和理性认识的中间环节，使它开始就具有比较复杂的性质。

关于经验，亚里士多德还有一个值得注意的观点。他说，虽然因为技能和知识能认识事物的原因，经验却不能，因此，有技能的人比只有经验而无技能的人聪明；但是，如果从行动（实践）的观点看，经验并不低于技能，有经验的人甚至比那些只有理论而无经验的人更为成功。这是因为：经验是关于个别事物的认识，技能能认识一般，而我们的生产和实践都是和个别事物发生关系的。比如医生并不医治一般的人，他们只医治像加里亚和苏格拉底这样具体的个别的人；所以，如果是一个有理论而无经验的人，他只认识一般的东西而不认识包含在其中的个别事物，他就医不

---

① W. D. Ross, *Aristotle's Metaphysics*, Oxford, 1953, Vol. I, pp.116-117.

好任何一个人,因为他要医治的是个别的人。① 由此也可以看出:总的说来,亚里士多德当然是重视知识的,特别是理论知识,但他也并不轻视经验。在这里他论证,从实用和实践的观点看,有经验的人比只有理论而无经验的人更为成功。正因为他重视经验,所以他能成为许多门科学的开山祖。

第三,关于经验和技能、知识的区别,亚里士多德除了指出前者只能认识个别,后者却能认识一般外,还强调指出,感觉经验不能认识原因,只有技能和知识才能认识原因。能不能认识原因,他认为这就是区别有没有知识的标志。说来也奇怪,"原因"或"因果关系"这个概念,我们今天不但在哲学中而且在日常生活中也是最常用的一个概念,但在古代哲学中却并不是一开始就认识它的,而是经历了一段认识过程,也是直到亚里士多德才将它当作一个重要的哲学范畴来加以讨论。希腊哲学开始探讨事物的本原。"本原"应该包含原因的意思,但在亚里士多德以前还没有人从原因意义上来论证。唯物论者认为本原就是物质性的元素,唯心论者则认为本原是在具体事物之外先已存在的抽象的原则如"数"、"存在"或"理念"。亚里士多德认为他们所说的"本原"实际上都是"原因":唯物论者所讲的物质性的元素是事物的质料(物质)因,唯心论者所讲的原则是事物的形式因和目的因,还加上动因。这就是他所说的四因(他所说的这四种原因和我们通常说的"原因",含义也不相同,我们现在说的原因,实际上主要是他所说的"动因")。可以这样说:哲学原来是探究事物的本原的,亚里士多德开始将它改变了,认为哲学是探讨事物的原因——最

---

① 亚里士多德:《形而上学》,981a13—24。

根本的原因的。

亚里士多德认为哲学是最高的理论知识，是智慧（希腊文"哲学"这个词的原义就是"爱好智慧"）。那么，它具有什么特征呢？《形而上学》第一卷第二章对此做了回答。他认为哲学—智慧应该是：第一，它能够认识所有的事物，即事物全体，虽然并不要知道每一事物的细节。第二，它能认识最困难、最不容易认识的东西。他说，感觉是大家都有的，最容易的，所以算不得智慧。第三，只有能教人以比较精确的原因的，才是智慧。第四，只有以它自身为目的，没有其他实用目的的学问才是更智慧的（这就是后来常讲的"为学术而学术"的起源）。最后他还指出：具有这样的智慧的人应该是治者，而不是被统治者；只能是别的较少智慧的人服从他，而不是他服从别人。①

他说，能够符合这些特征的知识，就是那关于最高的一般的知识。因为它是最一般的，具有最大的普遍性，能够概括一切事物，认识事物的全体。它是最困难的，因为它离开感觉最远。它又是最精确的，因为它讨论最基本的原则和原因；一切事物只有认识了它们的基本原因才能被精确地认识。这个基本原因就包含了它的目的，即最高的"善"（目的因的问题是个复杂的问题，需要专门论述）。这样的知识当然不是为了任何实用的目的而去寻求的。像关于日月星辰的现象，以及宇宙如何产生的问题，这些古代希腊哲学研究的问题，在当时不是为了任何实用的目的，仅仅是为了求知。所以亚里士多德说：哲学产生于诧异（惊奇），研究哲学是为了避免无知。他说，人只有为了自己，不是为别人而存

---

① 亚里士多德.《形而上学》, 982a8—19。

在，才是自由的；哲学就是这样的唯一自由的科学。①

他所说的最一般的知识，即事物最基本的原因，究竟是什么？这就要探讨他关于哲学的对象的学说了。

"作为存在的存在"

哲学作为一门独立的学科，它是研究什么的？亚里士多德在《形而上学》第四卷（Γ）回答这个问题。他在第四卷第一章开始时说：有一门学科，它是专门研究"作为存在的存在"（Being as Being）的。②

自从爱利亚学派的巴门尼德从万事万物中概括出一个最普遍的范畴"存在"以后，由于"存在"就是众多现象背后的唯一本质，所以这个思想很快就被当时许多哲学家接受了。德谟克利特讲的"原子"和柏拉图讲的"理念"都是这种本质的"存在"。在柏拉图后期对话中，"存在"是经常讨论到的最普遍的"种"（范畴）。亚里士多德则更进一步，明确肯定"作为存在的存在"是哲学研究的对象。

什么是"作为存在的存在"呢？

亚里士多德在上引这句话以后，是这样解说的：哲学和别的任何特殊的科学不同。每门特殊的科学都不研究"作为存在的存在"，而是割取了"存在"的一部分，以之作为自己研究的对象。

---

① 亚里士多德：《形而上学》，982a19—b27。
② 同上书，1003a22—23。

例如数学就是这样做的。①这就是说,"存在"除了作为存在自身这种共同的性质以外,还有各种各样的特殊性。例如作为"数"的存在,即事物的数量关系,便是数学研究的对象;我们可以说,数学是研究"作为数的存在"的。同样的,"作为道德的存在"是伦理学研究的对象,"作为生物的存在"是生物学研究的对象,如此等等。所谓研究"作为存在的存在",就是说哲学不研究任何一种特殊的存在,而只研究一般的存在自身,即"作为存在的存在"。

但是这种说法最多只是将哲学和其他特殊科学区分开来了,究竟什么才算是"作为存在的存在"呢?还需要从正面讲清楚。亚里士多德在《形而上学》第四卷第二到六章中,实际上就是给我们列举了他认为是"作为存在的存在"的三个方面的内容:一、以本体为中心的范畴的存在;二、"一"和"多"、"同"和"异""相似"、"相反"等最普遍的范畴;三、矛盾律和排中律等最一般的公理。

在第四卷第二章开始,亚里士多德指出:"存在"有许多含义,要将它们分别清楚。他举了两个例子。有一类"存在"都和健康有关,如果加以分析就会发现,其中有的是指能保持健康的东西,有的是指它能保持健康,有的是指它是健康的象征,有的是指它能得到健康。另一类"存在"都和医疗有关,其中有的是指它拥有医疗的技术知识,有的是指它的本性适于治疗,有的则是指它是医疗的功能。在这类例子中,如果我们将"健康"、"医疗"这类特殊性撇开(抽象掉),就可以看到:说它们"存在",

---

① 亚里士多德:《形而上学》,1003a23—26。

有许多不同的含义，但它们都有一个中心或始点，即本体；其他的存在，则是本体的影响、本体的过程、本体的生成或毁灭、本体的否定或缺失（"非存在"不过就是"存在"的否定或缺失）等等，都是和本体有关的存在。[①] 由此可见，亚里士多德在这里分析的，实际上就是他在《范畴篇》中所分析的那十个（或更多一点）范畴。在那里，他主要从逻辑方面为宾词分类，在这里是从本体论上为"存在"分类。作为和健康有关的存在有它们共同的特性，即健康；作为和医疗有关的存在也有它们共同的特征，即医疗。将健康和医疗这些特性抽象掉以后还留下的"作为存在的存在"，还可以区分为本体、性质、数量、影响等等。无论是有关健康的存在或是有关医疗的存在，都可以区分为本体、性质等等范畴，这些就是最一般的东西，无论哪一类特殊的存在都离不开它们。这就是哲学研究的对象。亚里士多德说，既然这些范畴的中心是本体，所以哲学家必须把握本体的原则和原因。[②] 所以，《形而上学》一书的主要部分就是探讨本体的原则和原因的。

　　接着亚里士多德又举出另一类最一般的东西，即最普遍的范畴。他首先提到的是"一"。"一"和"存在"一样，都是最普遍的范畴。任何一个东西都是"一"，也都是"存在"。他说，"一个人"和"人"是同样的，"存在的人"和"人"也是同样的；将这二者加在一起说"一个存在的人"，仍旧和"人"是同样的，并没有加添什么实际的内容。再有，"一"和"多"是一对相反的，是对立；许多范畴都有它的否定和缺失（"存在"的否定和缺失是"非存在"），即有它的对立。古希腊哲学早就认识到事物的基本原

---

① 亚里士多德：《形而上学》，1003a33—12。
② 同上书，1003b17—18。

则是一些对立，毕达哥拉斯学派概括为十对对立。亚里士多德指出，相反的东西由同一门学科研究，如医学既研究疾病，也研究健康。哲学也应该研究相反的范畴，如"一"和"多"，"存在"和"非存在"，"同"和"异"，"相似"和"不相似"这类最普遍的范畴，以及由此引出来的"相反"、"对立"、"矛盾"等范畴。这些都应该是哲学研究的对象。他说，除了哲学家以外，还有谁去研究苏格拉底这个人和坐着的苏格拉底是不是"相同"的？是不是一切东西都有一个"相反"的？什么是"相反"，它有多少含义？以及类似这样的问题。①这些普遍的范畴存在于每一个特殊的事例中，并不和具体事物分离存在，但是每一门特殊科学并不对它们进行专门的研究。他说，几何学家不研究什么是"相反"、"完全"、"一"、"存在"、"同"或"异"，而只假定它们，并以它们为出发点去进行推理。②这些都是属于"作为存在的存在"的一个方面，只能由哲学家去专门研究。亚里士多德在《形而上学》第五卷（△）和第十卷（Ⅰ）中对这些最普遍的范畴进行了研究。

《形而上学》第四卷第三到六章专门讨论了最普遍的"公理"——亚里士多德主要是指矛盾律和排中律。我们现在将它们归为形式逻辑的规律，亚里士多德却认为它们既是普遍的公理，所以也应该是哲学研究的对象。他说，哲学家既要研究本体，也要研究三段论式的原则。③因为这些公理是对所有的存在都适用的，而不是专门适用于某一种特殊的存在的。④那些研究特殊的科学的

---

① 亚里士多德：《形而上学》，1004b1—4。
② 同上书，1005a11—13。
③ 同上书，1005b5—8。
④ 同上书，1005a23—24。

人，无论是数学家、几何学家或物理学家，都不讨论这些公理是真是假；但在他们做特殊研究以前，都已经先知道了，并且肯定了这些公理。[①]他说，这些公理是最确定的原理，不可能是错误的，也不是假设，而是必然的原则。这样的原则只能由哲学家研究，因为只有研究"作为存在的存在"的人，才能说明事物的最确定的原则。[②]

从以上三个方面可以看出，亚里士多德所说的哲学研究的对象——"作为存在的存在"，实际上就是指最普遍的范畴（包括本体）和公理。每一门特殊的科学各自研究一类特殊的存在，而不研究最一般的"作为存在的存在"；它们虽然不研究最一般的范畴和公理，但它们的研究又都离不开这些最一般的范畴和公理，它们都先肯定这些最一般的范畴和公理，作为研究的前提和出发点。所有特殊科学都不研究的这些最一般的东西，就是哲学研究的对象。亚里士多德的认识只达到一般的范畴和公理。公理已经接近规律，但他还没有明确地提出"一般的规律"（虽然他所讨论的，许多已经是最一般的规律了，如潜能和现实的对立和转化等）。

哲学的领域可以发生变化。从亚里士多德开始将具体科学从哲学中分化出去，这个过程还要继续，不会终止。但是哲学终究会有它自己的领域，像亚里士多德在这里指出的，有些为各门科学所共同的一般的东西，任何一门具体的科学都不研究它们，却又都要以它们为自己的前提和出发点。这些最一般最普遍的规律，就是哲学研究的对象。现代西方有些哲学流派要从根本上否定哲学，他们说过去哲学讨论的问题在逻辑上是错误的，因而是没有

[①] 亚里士多德：《形而上学》，1005a29—b5。
[②] 同上书，1005b5—17。

意义的命题。事实果真如此吗？像物质和意识、客观和主观、个别和一般、运动和静止、必然和自由等问题（这些既是逻辑问题，也是辩证法的问题），尽管过去的哲学家在论述这些问题时发生过这样那样的错误，但这些问题本身难道能一笔抹煞吗？实际上任何一门科学，也包括现代各种哲学在内，都不能避免对它们做出这样那样的回答。这就说明：哲学有它存在的理由，它是不可能被取消的。

"不动的、可以分离的本体"

关于哲学的对象，亚里士多德还有另外一种说法：哲学研究永恒不动的、可以分离的本体。

亚里士多德常将科学分为三类：实用的（生产技术）、实践的（如伦理、政治、经济）和理论的。在理论科学中，他常提到三种：物理学、数学和哲学（他常称为神学，说它是最神圣的知识）。他在许多地方谈过这种科学分类。在《形而上学》第六卷（E）第一章中，他对这三种理论科学的区别谈得比较具体。他说：物理学讨论那些分离存在却并不是永恒不动的东西；数学讨论的是那些永恒不动，但大概是并不分离存在，而是体现在质料之中的东西；只有第一哲学才讨论那些既分离存在又是永恒不动的东西。①

关于这种区别，他在不同的地方是有不同的说法的。在《形

---

① 亚里士多德：《形而上学》，1026a13—16。

而上学》第十二卷（Λ）第一章中，他认为有两类本体：一类是可以感知的、运动的本体，其中又有两种，一种是永恒运动的即天上的星球，一种是可以毁灭的即地上的一切具体事物，这两种都是物理学（第二哲学）研究的对象。另一类是不动的本体，这是数学和哲学研究的对象。[1] 这里完全是从动和不动来区分的。动的就是具体的事物，不动的就是抽象的一般。

关于"分离"的问题，这是亚里士多德哲学中最容易使人糊涂的问题。上述引文中他说物理学研究的对象是分离存在的，但在同一章中他又说物理学研究的本体是不能和质料相分离的。[2] 究竟它是分离的还是不分离的呢？所谓"分离"是说这个东西和那个东西相分离。所以要区别亚里士多德是指谁和谁相分离。他说物理学的对象是不能和质料分离的，这是说它们的形式和质料是不分离的；形式存在于质料之中，就是具体的事物。他常举的例子是"塌鼻"和"凹"。前者（塌鼻）是形式（凹）和质料（骨和肉）相结合，后者（凹）则是和质料相分离的形式。他说，一切具体事物无论动物或植物都和"塌鼻"一样，是形式和质料相结合的；我们要研究它们是什么，为它们下定义，就是要寻求和质料相分离的形式——灵魂。[3] 在《物理学》第二卷第二章中他反复讲过这个道理。他的结论是：物理学研究的是和质料不分离的形式，虽然在定义中作为形式是可以分离而独立存在的。[4] 所以他说的物理学研究的对象不能分离，是说形式和质料不能分离。至于

---

[1] 亚里士多德：《形而上学》，1069a36—1b2。
[2] 同上书，1025b7—28。
[3] 同上书，1025b30—1026a6。
[4] 同上书，194b13—14。

他说物理学研究的对象是互相分离的，这是指不同的具体事物彼此间可以互相分离，比如这一个人和那一个人当然是彼此分离而独立存在的。这是说的两种不同的分离。

至于数学的对象，它们当然是不动的，因为是抽象的一般。它们是不是分离的呢？亚里士多德在这里说得不大确定，他说大概是并不分离而是体现在质料之中的。关于数学的对象（数、点、线、面、体等），他在《形而上学》第十三卷（M）曾经详细地讨论过。在第十三卷第二章中，他一方面指出，说数学对象存在于具体事物之中，是不可能的；另一方面又指出，说数学对象是和可感觉事物分离而独立存在（这是当时柏拉图学派的人的主张），也是不可能的，并且提出七个论证批判这种看法。接着在第三章中，他说明只有在一种情况下才能说数学对象可以和具体事物分离开来，那就是人们在思想中可以将数学对象从具体事物中抽象出来，使它独立存在。实际上，除了具体的事物以外，所有一般的东西，无论是数、存在（以及"作为存在的存在"）、理念、定义（逻各斯）、形式等等，都只有在思想中才能和具体事物分离而独立存在。

亚里士多德说哲学的对象是不动的、可以分离的本体，这"分离"究竟是什么意思？显然可以做两种不同的理解。

一种理解是：他所说的"分离"就是上述《形而上学》第十三卷中所说的数学对象的那种分离，即只有在思想中，我们可以将哲学的对象和具体事物分离（抽象）开来进行研究，而在实际中，哲学的对象也是存在于具体事物之中的。既然哲学研究的对象是"作为存在的存在"，或最一般的范畴和公理，难道它们能在具体事物以外分离独立存在吗？亚里士多德在《形而上学》第十三卷第二章批判了当时柏拉图学派关于数的理论以后，接着在第四、五章就批判柏拉图学派的理念论，重点也是批判他们认为理念是在具体事物以外分离独立存在的。我们知道，亚里士多德哲学比柏拉图哲学前进了一步。他们主要的区别就在于：柏拉图认为"理念"是可以在具体事物以外分离独立存在的，而亚里士多德的"形式"却是存在于具体事物之中，不是分离独立存在的。形式就是事物的本质，它只存在于具体事物之中。所以，说哲学对象是分离存在的本体，这"分离"只能理解为在思想中可以将它们抽象出来独立研究。从这个意义上说，哲学和其他科学实质上是一样的。别的科学研究的对象即使是具体的事物，但一经科学研究，就是做了这样那样的抽象，也就成为抽象的一般了。哲学的对象只是在一般的程度上更高一些，比别的科学研究的一般更为一般而已。亚里士多德并没有清楚地认识这一点，所以列宁说，亚里士多德常常在一般和个别的问题上混淆不清。

另一种理解是：亚里士多德所说哲学对象是分离存在的本体，就是说它和具体事物不仅在思想中，而且在实际上就是分离独立存在的。这样分离存在的哲学对象，不能是别的，只能是神。的确，亚里士多德有过这样的思想，那就是他在《形而上学》第十二卷中所说的"不动的动者"、"不带任何质料的形式"，这就是最高的"善"、理性、神。后来到中世纪，它就被经院哲学利用来论证上帝的存在，到近代被黑格尔称为"最高的唯心论"。罗斯在《形而上学》校释本的导言中用了很大篇幅阐述亚里士多德的"神学"，称它是《形而上学》一书的"顶石"。[①] 在我们看来，这一方

[①] W. D. Ross, *Aristotle's Metaphysics*, Oxford, 1953, Vol. I. p.cxxx.

面的思想应该说正是亚里士多德哲学中的糟粕，是他的辩证法中的僵死的东西。

如果我们用第一种理解，撇开第二种理解（实际上，在亚里士多德的全部著作中谈这样的"神学"并不多），那么，所谓哲学的对象是"不动的、可以分离的本体"，实际上不过就是说哲学研究的对象，乃是在我们的思想中从具体事物中抽象出来的一般。如此而已，并没有神秘的意味。

（原载《哲学研究》1983年第1期）

亚里士多德提出的哲学问题

一

在哲学史上，亚里士多德是第一个将哲学和其他学科分离开来，使它成为一门独立的学科的人。作为一门独立学科的哲学，它主要研究什么问题？亚里士多德在《形而上学》第三卷中做了回答。

在《形而上学》第一卷（A）中，亚里士多德列举了在他以前的哲学家们的思想并加以评论之后，接着在第三卷（B）中提出了十几个问题①，他认为这些就是哲学研究所必需探讨和解决的问题。他强调说：

> 为了我们正要研究的这门学科，应当先列举我们必须讨论的问题。这里既包括以前思想家们主张的关于第一原理的各种意见，也有一些是被他们忽视了的问题。讨论这些疑难，

---

① 第二卷 [α] 经近代专家研究，认为它大约是另一本书的绪言，被编者误插进这里的。

对于那些想弄清问题的人是有益的；因为只有解决了已有的疑难，才能在思想上获得自由；如果不知道结在那里，是不可能解开这些结的。我们思想上的疑难正是问题的症结；只要我们思想上感到困难，就像被锁链束缚住一样，是不能前进的。所以应当对所有的疑难做通盘考察，既是为了上述目的，也因为研究者如果不先搞清楚这些疑难所在，就和不知道自己该往何处去的人一样，这样的人甚至不知道在一定的时间内他是否能得到他所要寻找的东西，因为他对目的是不清楚的；只有先讨论疑难问题的人，才有清楚的目的。再说，对于一件事情，只有像在法庭诉讼那样，认真听取各方的论证，才能做出比较好的判断。①

由此可见：第一，亚里士多德认为这些疑难问题是人们思想上的症结，只有解开它们，哲学才能前进。他是将这些问题当作哲学应该研究的主要问题提出来的。第二，这些问题是亚里士多德概括了他以前的哲学家们的各种不同意见和争论，并且加上他自己的看法而提出来的。《形而上学》一书就是以讨论这些问题为主要任务的。如果我们不先了解这些问题，就很难理解《形而上学》各卷章节为什么如此展开。从这点上也可以说：了解这些问题是理解《形而上学》一书的纲要。

但是，就我所见到的哲学史著作中，亚里士多德提出的这些

---

① 《形而上学》贝克尔（Bekker）本，P.995a24—b6。本文直接或间接引用《形而上学》，主要根据罗斯的英译本（《亚里士多德全集》第8卷，牛津版，1954年），参考 J. 威灵顿（J.Warrington）的英译（《人人丛书》本，1956年）和理查德·霍普（Richard Hope）的英译本（密歇根大学出版社，1968年）。

问题还没有得到应有的重视。只有列宁在《哲学笔记》的《亚里士多德〈形而上学〉一书摘要》中，注意到了亚里士多德提出的这些问题。他说：

> 在《形而上学》的开始部分，最具有特色和最有趣的地方就是同柏拉图的论战以及因唯心主义的胡说而发生的绝顶天真的"困惑的"问题和怀疑。而所有这一切又在关于基本的东西、即概念和个别东西这个问题上陷入毫无办法的混乱。①

列宁还专门谈到亚里士多德提问题的方法：

> 亚里士多德的逻辑是寻求、探索，它接近于黑格尔的逻辑学，但是，亚里士多德（他到处，在每一步上所提出的问题正是关于辩证法的问题）的逻辑学却被变成僵死的经院哲学，它的一切探索、动摇和提问题的方法都被抛弃。而这些提问题的方法就是希腊人所用的那一套试探方式，就是在亚里士多德学说中卓越地反映出来的质朴的意见分歧②。

为什么列宁做出这样的评述？我们究竟应当怎样看待亚里士多德提出的这些哲学问题？为此，我们必须对亚里士多德提出的这些问题进行一番分析。

---

① 《列宁全集》第38卷，人民出版社1959年版，第416页。
② 同上书，第417页。

二

《形而上学》第三卷第一章先列举了这十几个问题,从第二章到第六章又对这些问题逐一进行分析,列举正反各种论证。这些问题在《形而上学》第十一卷(K)中又重新出现。

究竟亚里士多德提出了多少个问题?各种译本的分法也有不同。罗斯将它们分为 14 个问题,我们现在就按照他的分法。

以下根据第三卷第二章到第六章中亚里士多德对这些问题的分析,进行讨论。在分析每一个问题的正反两方面的论证(正题和反题)时,我主要根据罗斯的《形而上学》校释本①,论证都是亚里士多德原来提出来的,其中有许多不易看懂,我做了一些删节和必要的补充;在分析的前后,我做了一些说明和解释。

第一个问题。亚里士多德在《物理学》第二卷中讨论了事物四种原因——质料因、形式因、动因、目的因。在《形而上学》第一卷中他评述以前哲学家的思想时,也指明他们所寻求的不过就是这四种原因。因此接下来他提出的问题就是:研究这四种原因是不是这同一门学科即最高智慧的哲学的任务?

亚里士多德对于每一个问题都从正反两方面分析论证,可以列为正题和反题。

正题。不可能由一门学科来研究。因为,第一,古希腊人认为相反的东西如"冷"和"热"、"一"和"多"是由同一门学科来研究的,而四因彼此间并不是相反的,怎么能由同一门学科来研

---

① W. D. Ross, *Aristotle's Metaphysics* Oxford, 1953, Vol.1, pp.225-250.

究呢?第二,并不是每一个事物都有这四种原因,比如不动的事物就没有动因和目的因。因为有了目的,事物为了达到它,就要向目的运动,所以不动的东西是没有目的的。当时所谓目的就是"善",就是要判断"好"和"坏",是一种价值概念。亚里士多德举出智者亚里斯底浦常挖苦数学家的话:在各种技艺中,即使是木匠和鞋匠也要问他的技艺是好还是坏;唯有数学家是只问真和假、正确与错误,而不问善与恶的。因为数学的对象是不动的,它们没有目的因和动因。因此,四因不能是同一门学科研究的任务。①

反题。如果不同的原因要由不同的学科来研究,那末,究竟研究哪一种原因是最高智慧的哲学的任务呢?亚里士多德提出:从知识的权威性说,只有关于目的因的知识才是最高的,别的原因就像婢女一样,只能服从而不能违抗它。可是,从认识事物的本质说,只有认识了这事物"是什么",才是真正认识了这事物。例如要知道一个长方形如何变成正方形,必须找出长方形两边长之和的中间点,从这个意义上说,只有认识事物的形式因即本质因才是最高的智慧。再说,只有认识了事物的动因,才能知道每个事物的生成、动作和变化,所以研究动因也是最高的智慧。因此,研究目的因、形式因和动因(请注意:亚里士多德根本没有提到质料因)都是最高的智慧,都应该是哲学这一门学科的任务。②

究竟目的因高于本质因,还是本质因高于目的因?亚里士多德的看法常常动摇不定。他有时强调目的因,有时又强调本质因。例如他关于本体的看法,在《形而上学》第十二卷中他强调本体

---

① 亚里士多德:《形而上学》,996a20—b1。
② 同上书,996b1—26。

是目的，而在第七、第八卷中却强调本体是形式即本质。在西方哲学史中，我们看到这样一种情况：凡是强调目的因的，往往陷入唯心论的目的论并导向神学，而科学则是强调寻求事物的本质的。亚里士多德在这里第一次说明了目的论和本质论之间的分歧。

第二个问题。亚里士多德提出：研究那些普遍适用的公理——他指的是排中律（"同一事物不能同时既存在又不存在"）——和研究本体是不是属于同一门学科？

正题。不能认为是属于同一门学科。因为第一，既然这些公理为一切学科所共同适用，为什么它只属于一门学科如几何学，而不属于别的学科呢？同样的，它也不能只属于研究本体的学科，因为这和别的学科一样也是一门（特殊的）学科。第二，如何能有一门关于公理的学科？因为这些公理是我们都承认的，各门学科都以它们为已知的原则，作为论证的出发点。这些公理本身是自明的，无须证明，如果它们还要被证明，那就需要另外一种（本身不需要证明的）公理来证明它，而这是不可能的。[1]

反题。如果研究本体的学科和研究公理的学科是不同的，那末，哪一门学科更具有权威性，因而是"在先的"呢？公理既然是最一般的，是一切学科共同的原则，那么，研究它怎么是真或不真，如果不是哲学的任务，又是哪一门学科的任务呢？[2]

这里，亚里士多德从公理是一般的，是一切学科的共同原则的角度论证研究公理应该是哲学的任务。无论本体或公理都适用于一切学科，它不是哪一门特殊学科的研究对象，只能是哲学研究的对象。这表明他已经认识到哲学是研究最一般最普遍的原理

---

[1] 亚里士多德：《形而上学》，996b33—997a11。
[2] 同上书，997a11—15。

的。上面正题之所以错误,就在于将哲学看成是和其他学科一样的特殊的学科,而忽略了哲学的一般性。

第三个问题。亚里士多德认为有几种不同的本体,那么,是不是由一门单一的学科来研究所有这些本体?

正题。如果不止一门学科来研究,那么,哲学应该以哪一种本体作为自己特有的对象呢?①

反题。如果由一门学科来研究所有的本体,也不合理。因为每门学科都从一般的公理出发研究它的对象所特有的本质属性,所以研究一类对象(本体)的本质属性只能属于一门学科的任务。不同的本体有不同的本质属性,不能由同一门学科来研究。②

关于几类不同的本体的问题,亚里士多德在以下的问题中展开。

第四个问题。在《范畴篇》中,亚里士多德将"存在"分为本体、性质、数量、关系等十个范畴。除本体以外的其他九个范畴都是附属于本体的,不能离开本体而独立存在,所以叫"属性"。于是亚里士多德提出问题:哲学只研究本体,还是也研究它们的属性?他举例说:如果体、线、点是本体(其实,这些是不是本体,这正是亚里士多德提出来的第十二个问题),它们的属性是由数学提供证明的,是不是由同一门学科来研究这些本体和它们的属性?

正题。如果由同一门学科来研究,那末,研究本体也就要证明了。亚里士多德在《分析后篇》第二卷第三到八章认为本体是不能证明的,只有属性才需要证明。所以研究本体和研究属性不

---

① 亚里士多德:《形而上学》,997a16—18。
② 同上书,997a18—22。

能属于同一门学科。[1]

反题。如果是属于不同的学科，那么，由什么学科来专门研究本体的属性呢？[2]

亚里士多德在第一章提到这个问题时，还专门提到"同"和"异"、"类似"和"不类似"、"在先"和"在后"等问题；而在第二章分析时，却没有再提起这些范畴。这并不表示他认为这些范畴不重要，《形而上学》第十卷（Ⅰ）就专门讨论了这类相反的范畴。这些也是本体的属性。但在他看来最一般的属性（柏拉图称它们为"最高的种"）当然是哲学研究的对象。

第五个问题。只有可感觉的本体（具体事物）存在，还是在它们以外另有别的本体存在？即只有一种本体呢，还是有几种不同的本体？那些主张"形式"（即"理念"）和"数学对象"（即理念和可感觉事物之间的"中间物"）是本体的人（指柏拉图学派），是主张有不同的本体的。

正题。亚里士多德指出：主张有不同的本体的人的最大困难在于：他们认为那些可感觉的具体事物以外的本体和可感觉的事物是同样的；它们之间的区别仅仅在于："理念"和"中间物"是永恒不灭的，具体事物是有生灭的（这就是说，他们没有看到理念是抽象的一般物，是不能感觉的，而将它们也当成是和具体事物同样的东西了）。亚里士多德说他们只是提出"人自身"（"人的理念"）、"马自身"（"马的理念"），而没有做进一步的说明，正如说有"神"、说它具有"人"的形式是一样的。因为他们只是将"神"说成是"永恒的人"，除了"永恒"这点以外，神和人并没

---

[1] 亚里士多德：《形而上学》，997a30—32。
[2] 同上书，997a32—34。

有其他区别。柏拉图学派所说的"理念",不过就是将可感觉事物永恒化而已。①

以上亚里士多德讲柏拉图学派主张在个别的本体以外,还有"理念"和"数学对象"两类本体存在。他们最大的困难在于所谓"理念"不过就是永恒的具体事物;除了它是永恒的这一点外,和具体事物没有其他区别。这就是说,他们将"理念"也当成是一种具体事物了;他们分不清一般和个别的关系。以下他着重讨论"中间物"的问题。

如果肯定在"理念"和可感觉事物以外还有"中间物"存在,也会遇到许多困难。第一,这样一来,在"线的理念"和可感觉的线以外,就还有另一种"中间的线"存在了。其他数学对象也如此。这种线是什么呢?天文学是数学的一种,就得承认在可感觉的天、日月、星辰以外,还有另外一种天、日月、星辰了。如何能承认这点呢?说那种天是动的,或者是不动的,都不可能。第二,如果我们承认在感觉和"感觉自身"以外还有一种"中间的感觉",就得承认在可感觉的动物和"动物自身"以外,还有一种"中间的动物"。(这是从有中间的感觉推出有中间的感觉主体)第三,还可以问:研究这些"中间物"的学科是什么呢?如果认为测量学和几何学的区别,只在于前者是研究可感觉事物的,而后者是研究不可感觉的事物的,那么,是不是要在测量学和几何学之间再有一门"中间的学科"呢?(这是从有中间的研究对象推出有中间的学科)医学也是如此,如果有一门"中间的医学",就得有一种"中间的研究对象",就得在可感觉的健康事物和"健

---

① 亚里士多德:《形而上学》,997b3—12。

康自身"之间再找一个"中间的健康"了。(这是从有中间的学科推出有中间的研究对象)这些都是不可能的。亚里士多德还指出:认为测量学是研究可感觉的要毁灭的度量的,也不对;因为,如果那样的话,当这些度量毁灭时,测量学也将随之而毁灭了。①

反题。如果认为在可感觉的本体以外没有其他的本体,也有问题。亚里士多德指出:天文学作为一门学科,确是既不能干预可感觉的度量,也不能干预我们头上的天空。因为可感觉的"圆"和"直线"和几何学家所说的"圆"和"直线"并不一样。亚里士多德举普罗泰戈拉嘲笑几何学家的话:现实生活中的圆圈和直杆并不止相交于一点。天体的运动和轨道同天文学家所说的也不完全一样,几何学上的点和天上的星也不一样②。这就是说:一般和个别还是不一样的。

有些人以为:在"理念"和可感觉事物之间的"中间物",并不是在可感觉事物以外独立存在的,只是存在于可感觉事物之中。亚里士多德认为这种看法也会产生不可能的结果:第一,不仅"中间物"存在于可感觉事物之中,"理念"也是这样。同样的论证适用于这两种情况。第二,这样就要得出结论:在同一空间内可以存在两个(甚至三个)本体了。第三,"中间物"是不动的,却存在于运动着的物体之中,这如何可能?第四,这样是为了什么目的呢?只能得出上面已经提到过的结论:在我们看到的这个天以外,还有一个天;只不过它们并不分离存在,而是存在于同一空间以内。亚里士多德说:这是更不可能的结论。③

---

① 亚里士多德:《形而上学》,997b12—34。
② 同上书,997b34—998a6。
③ 同上书,998a6—19。

亚里士多德对这个问题做了比较长的分析，旨在批判柏拉图学派关于在具体事物以外还有"理念"和"中间物"存在的主张。亚里士多德指出了柏拉图学派的根本错误在于将一般当作个别。但他自己也免不了犯同样的错误，突出地表现在最后这一个论证中。亚里士多德实际上是主张一般存在于个别之中的，但在这里他反对说"中间物"也是一般存在于个别之中，他还是将"中间物"当成占空间的具体事物了。他和柏拉图以及柏拉图学派一样，都搞不清一般和个别的关系。

第六个问题。希腊哲学从探究万物的"本原（始基）"开始，后来哲学家们对它的解说发展为两个不同的方向：一部分哲学家认为本原是物质性的元素——从比较具体的水、气、火到"根"、"种子"和"原子"，说它们是事物的"组成部分"。这是唯物论的方向。另一部分哲学家则认为本原是比较抽象的一般的原则（原理），如毕达哥拉斯学派所说的"数"，爱利亚学派所说的"一"和"存在"，柏拉图所说的"理念"，这是唯心论的方向。这样，"本原"这个字也就发展为包含两种含义：一是事物的组成部分即元素；一是原则，亚里士多德也将它叫作"种"即普遍的范畴。这里，亚里士多德提的问题是：万物的本原是"种"，还是组成部分？

正题。万物的本原是它们的组成部分。比如语言是由音节和字母组成的，几何学是由一些基本的定理组成的，自然哲学家认为事物是由一种或几种元素组成的，如恩培多克勒所说的火、水等。他们并不认为"种"是事物的本原。还有，如果我们要探究任何事物的性质，就必须考察它的部分，比如：床是由哪些部分组成的？它们是如何合在一起的？知道了这些以后，才能知道床的性质。①

反题。事物的本原不是它们的组成部分，而是它们的"种"。我们是根据事物的定义去认识事物的本质的，而"种"就是事物的出发点，所以"种"是被定义的事物的原则。比如我们要知道苏格拉底是什么，首先就得知道他是"人"、是"动物"，这些就是他的"种"（或"属"）。而且，那些认为事物的元素是"一"和"存在"、是"大和小"的人（指柏拉图学派），实际上也是将这些看成是事物的"种"，而不是它们的组成部分的。②

亚里士多德特别指出：不能同时说这两种东西（组成元素和"种"）都是本原。因为本质的公式只有一个，用"种"给事物下定义和用组成部分给事物下定义是不同的。③

所谓"组成部分"和"种"之间的分歧，实际上还是个别和一般的分歧。组成部分或元素总是比较具体的，而"种"却是一般。

第七个问题。亚里士多德认为事物的本原是它们的"种"，也就是普遍的共性。但共性是有高低不同的层次的。张三、李四、苏格拉底这些个别的人的共性是"人"。（亚里士多德将它叫作"最接近个别事物的种"，也叫作"属"即"形式"。）"人"和"马"这些"种"又隶属于再高一级的"种"即"动物"。（"人"是"两足的动物"，"马"是"四足的动物"，"人"和"马"这两个"属"之间的差别就在于"两足的"和"四足的"，所以它们又叫作"属差"。）"动物"和"植物"又隶属于再高一级的"种"

---

① 亚里士多德：《形而上学》，998a20 b3。
② 同上书，998b3—11。
③ 同上书，998b11—14。

即"生物";"生物"和"无生物"又隶属于再高一级的"种"即"物";"物"和"意识"(这是我们的说法,亚里士多德自己并没有这么说)又隶属于再高一级的"种"即"存在"。在"种"的系列中,最高的一级就是"存在"和"一",最低的一级就是最接近个别事物的"种"即"人"、"马"这些"属"。亚里士多德提出的问题是:如果事物的本原是"种",那么是最高的"种"呢,还是最接近个别事物的"种"?

正题。如果一般比个别具有更多的原则性,那么,越是最一般的东西即最高的"种"就越应该是原则,是事物的本原,因为它们是表述所有一切事物的。这样,"存在"和"一"就是本体和原则。但是,这样说也有困难,因为:第一,如果"存在"和"一"是"种",而每一个"种"的"属差"也既是"存在",又是"一"。可是亚里士多德在《正位篇》114a36—b3中论证:和"属"相分离的"种"不能表述它的"属差"(论证较复杂,只能从略);现在"存在"和"一"既然可以表述"属差",可见它们不能是"种"。第二,由最高的"种"以下,每一级都有"种",它们每一个都是"存在"和"一"。如果"存在"和"一"是本原,就会有无限多的本原了。第三,"一"就是不可分。就"不可分"这点说,只有最接近个别事物的"属"才是在种类上最不可分的,才能是原则;而普遍性越大的"种"就越是可分,"存在"和"一"是最可分为各种种类的,因此它们不能是原则。第四,在一般性有高低之别的"种"和"属"之间,有"在先"和"在后"的区别:"生物"先于"动物","动物"又先于"人"和"马"。亚里士多德认为在这种情况中,在先的东西不能是和在后的东西相分离的独立存在的"种";没有可以和各种具体的"数"

或"形"分离存在的一般的"数"或"形",这种一般的东西不能是独立存在的"种"。在个别事物之间是没有在先和在后之别的,只有各个别事物的共性(最接近个别事物的"种"即"属")才是可以独立存在的"种",所以最高的"种"不能是独立存在的本原。①

反题。为什么说最接近个别事物的"属"是能在个别事物以外独立存在的本原呢?无非因为它具有普遍性,是这一类个别事物的共性。既然普遍性是使它成为原则的根据,就应该承认那具有最大的普遍性的东西才是最高的原则,应该承认最高的"种"是本原和原理了。②

这个问题完全是由一般和个别的关系引申出来的。一般有程度和层次的不同:低一级的一般相对于高一级的一般说,也是个别。所以不同层次的一般之间的关系仍旧同一般和个别的关系一样。亚里士多德正是在这些问题上动摇不定。

第八个问题。在质料或由质料和形式结合成的具体事物以外,是不是还有别的本原(本体)独立分离地存在着?这个问题和第五个问题实质上是同一个问题。不过亚里士多德提出第五个问题是专门针对柏拉图学派讲的,现在提出的这个问题则是一般地讨论在个别事物以外有没有独立存在的本体。亚里士多德特别指出这个问题是"最困难而又在理论上必须讨论"的问题。

正题。如果在个别事物以外没有别的东西存在,那么,我们如何能获得关于个别事物的知识呢?因为个别事物的数目是无限多的,我们只有通过它们的共性(普遍地属于它们的同一性)才

---

① 亚里士多德:《形而上学》,998b17—999a14。
② 同上书,999a14—23。

能知道它们。这样就得承认在个别事物以外还有一般存在着。第一，个别事物只是感觉的对象，不是思想（知识）的对象；如果在个别事物以外没有别的本体存在，就不可能有知识了。第二，一切可感觉的具体事物是运动着的，有生有灭的；如果在具体事物以外没有别的东西，那就没有永恒不动的本体了。第三，如果没有永恒的东西，那就不能有生成。因为按照亚里士多德的思想：凡是生成的事物必然是从某种东西（最后归到质料）生成，他认为没有任何形式的纯质料是永恒的。而且，凡是生成的事物必然有限制，那就是它的目的即形式，亚里士多德认为形式也是永恒的。这就是说：具体事物都是生成的，生成就是形式和质料的结合，他认为形式和质料都是在具体事物以外的永恒的本体。[①]

反题。如果假定在个别事物以外还有别的本体，也要发生困难。第一，究竟在哪些情况下有别的本体，哪些情况下没有呢？总不能假定一切情况下都有，我们不能设想在个别的房屋以外还有一般的房屋存在着。第二，所有的个别事物的共性（形式）是一个还是有许多个呢？这也是不容易说清楚的。第三，个别事物是如何由质料和形式结合而成的？[②]

这个问题的关键还是在于一般和个别的关系。列宁在《谈谈辩证法问题》一文中谈到一般只存在于个别之中时，专门引用了亚里士多德在这里说的"不能设想：在个别的房屋之外还存在着一般的房屋"这句话。[③]亚里士多德自己对这个问题却是动摇不定的。他在这个问题中提到了认识论的问题，但没有从物质和意

[①] 亚里士多德：《形而上学》，999a26—b16。
[②] 同上书，999b17—24。
[③] 《列宁全集》第38卷，第409页。

识的关系方面来讨论，主要是从感性认识和理性认识的关系讨论的。感性认识只能认识个别，理性认识只能认识一般。他将感性认识和理性认识这样割裂开来，认为既然感性认识有它的独立存在的对象——具体事物，理性认识也应该有它自己独立存在的对象；因此，"一般"也应该是独立存在的本体。这种认识论上的失误——将感性认识和理性认识完全割裂开——是从爱利亚学派巴门尼德开始的，柏拉图和亚里士多德基本上接受了这种看法，所以他们常常在一般和个别的关系上混淆不清，看不到它们的辩证关系。当然，亚里士多德比柏拉图前进了一步：柏拉图认为在个别的房屋以外还有独立存在的"房屋的理念"，亚里士多德对此提出怀疑，并提出他自己一整套哲学体系，企图修正柏拉图的失误。

第九个问题。这种一般的原则是在数目上的同一个呢，还是在种类上的同一个？亚里士多德所说的"数目上的同一个"，就是一个独立的个体；"种类上的同一个"，就是同一种类的东西。比如：张三和李四是两个具体的人，他们每一个都是"数目上的同一个"；可是他们两个合在一起，就不是在"数目上的同一个"（在数目上是不同的两个）；但他们两个都是"人"，这两个是"在种类上的同一个"。

正题。如果原则只是"种类上的同一个"，而不是"数目上的同一个"，即使"一自身"和"存在自身"（最高的原则）也如此；那么，我们的知识没有独立的对象，知识如何可能呢？①

反题。如果原则是"数目上的同一个"，也会发生困难。因为原则和可感觉的个别事物一样，不同事物的原则并不是彼此不

---

① 亚里士多德：《形而上学》，999b24—17。

同的。例如，一个音节，无论它在哪里发生，总是在种类上相同的；组成音节的元素（字母）也是这样在种类上相同的；只是在不同的上下文之间它们才是在数目上不同的。我们说的"数目上的同一个"和"个别事物"在意义上没有不同，而我们说"一般"就是说它是表述个别事物的。如果原则是"数目上的同一个"，它就不能重复出现；字母如果不能重复出现，它的数目就很有限，我们的语言就只能有 A、B、F 这样几个字母了。[1]

这个问题还是一般和个别的关系问题。所谓"数目上的同一个"就只能是个别事物，凡是一般的原则就只能是"种类上的同一个"，不能是"数目上的同一个"。亚里士多德在这里问的却是：一般的原则是不是"数目上的同一个"，显然是混淆了一般和个别的关系。而他所以提出这样的问题是有当时的时代背景的，因为柏拉图学派将一般的"理念"当作独立存在的个体。

第十个问题。可毁灭的事物的原则和不可毁灭的东西的原则是不是同一个？

正题。如果是同一个原则，为什么由它产生的事物有些是可以毁灭的，而有些是不可毁灭的呢？亚里士多德指出，这是被以前的思想家忽视了的难题，过去的神话如赫西阿德只是说因为神吃了长生不老的药种，所以能够不灭。这当然不值得我们重视。以前的自然哲学家也不能做出说明，如恩培多克勒说"仇恨"是使事物毁灭的原因，"爱"是使事物生成的原因。爱将万物结合为一个统一体，仇恨将它分解为不同的万物。亚里士多德说，这样，"仇恨"不只是毁灭的原因，它也是生成的原因了；因为在它破坏

---

[1] 亚里士多德：《形而上学》，999b27—1000a4。

"一"的同时也使万物生成了。同样,"爱"使万物结合为"一"时,也使原来的万物消灭了。恩培多克勒虽然承认事物的变化既有必然性,有分也有合,但分和合只是出于事物的本性,他并没有能说明变化的原因。亚里士多德说,只有恩培多克勒的学说是前后一贯的,他认为除了水、火、土、气这些元素外,一切都是可毁灭的,但他没有能回答这个问题:既然都由相同的原则(元素)组成,为什么有些是可毁灭的,有些却不可毁灭呢?[①]

反题。如果可毁灭的事物和不可毁灭的东西的原则是相同的,也发生困难:这相同的原则是可毁灭的,还是不可毁灭的?第一,如果是可毁灭的(即分解为它的组成元素),则还要去寻求组成这些原则的原则(元素),一直找到不可毁灭的原则。而且,如果原则毁灭了,事物如何能存在呢?第二,如果原则是不可毁灭的,由不可毁灭的原则组成的事物如何会是可毁灭的呢?亚里士多德指出:还从来没有人主张有不同的原则,所有的思想家们都认为原则是相同的,因为他们都忽视了这个问题。[②]

这里,亚里士多德虽然是从原则的可不可毁灭提出问题,其实还是同一般和个别的问题有关的。因为个别事物总是可毁灭的,只有一般才是不可毁灭的。亚里士多德所以会提出这个问题,说明他正是搞不清一般和个别的关系。

第十一个问题。亚里士多德认为这是一个最困难的,但又是追求真理所必须解决的问题,即"存在"和"一"是不是本体。他说,柏拉图和毕达哥拉斯学派认为"存在"和"一"就是事物的本质,也就是事物的本体。可是自然哲学家们却认为另外有本

[①] 亚里士多德:《形而上学》,1000a5—b21。
[②] 同上书,1000b21—1001a3。

体,"存在"和"一"只不过是本体的属性。比如恩培多克勒似乎认为"一"就是"爱",因为"爱"是使万物成为"一"的原因。而那些主张水(或气或火)是万物的本原的人却认为"存在"和"一"的东西就是水,水才是本体,"存在"和"一"不过是它的属性。

正题。如果"存在"和"一"不是本体,那么第一,别的任何一般的东西都不能是本体。因为"存在"和"一"是最普遍最一般的,它们之所以是本体,就因为它们是普遍的一般的;如果"存在自身"和"一自身"不是在个别事物以外独立存在的本体,那就很难有别的独立存在的本体了。第二,如果"一"不是本体,那末,"数"也不能是在个别事物以外独立存在的本体,因为"数"要归为单位,而单位就是"一"。①

反题。如果"存在自身"和"一自身"是本体,那么,第一,在"存在"和"一"以外怎么能有别的东西?正如巴门尼德所说,万物是"一",就是"存在";和"存在"不同的是"非存在","非存在"是不存在的。而且,和"一"不同的是"非一","非一"也是不存在的。因为任何事物不是"一"就是"多",而"多"中的每一个又是一个"一",所以,每一个都是"一",不是"非一"。第二,如果"一"是不可分的,这样的"一"就如芝诺所说,它增加时并不变大,减少时也不变小,它就是不存在。因有他认为凡存在的东西都是占空间的,而不可分的"一"却是不占空间的,由这样的"一"如何能组成数和量呢?第三,如果像柏拉图所说,数和事物是由"一"(理念)和"非一"("不等的

---

① 亚里士多德:《形而上学》,1001a19—27。

二"即"大和小")组成的,也可以问:既然原则是相同的,怎么会产生不同的数和量呢?①

亚里士多德在上面第七个问题中已经提到"存在"和"一"的问题了,这里又当作最困难而又必须解决的问题提出来。这是因为,从毕达哥拉斯学派和爱利亚学派提出"存在"和"一"的问题以后,柏拉图和他的学园中的弟子们对这个问题又做了新的发展,如提出"理念的数"。这是当时亚里士多德和柏拉图学派分歧的一个焦点,所以他在《形而上学》第十三、第十四卷专门讨论这方面的问题。从亚里士多德这里提问题的论证看,"存在"和"一"究竟是不是本体?双方都是从它们具有最普遍最一般的特性这点出发的;而且既有抽象的(不占空间的)"存在"和"一",又有具体的(占空间的)"存在"和"一"。因此,问题还是在于他混淆了一般和个别。

第十二个问题。数、点、线、面、体是不是本体。它们最初被毕达哥拉斯学派说成是本体,后来柏拉图及其学派也将它们说成是本体?实际上,这个问题在上面第五个问题中已经有所涉及,这里亚里士多德专门就数、点、线、面、体进行讨论。

正题。如果这些数、点、线、面、体不是本体,还有什么是事物的本体呢?因为,性质、运动、关系、条件等显然都只是属性,不是本体。组成物体的元素——水、土、火、气看来更不是本体。而物体,作为一种"体",是存在的东西,应该是本体。但体是由面、线、点限制的,有点才有线,有线才有面,有面才有体。所以从本体性说,体不如面,面不如线,线又不如点。如果

---

① 亚里士多德:《形而上学》,1001a27—b25。

没有点、面、线，就不能有体；相反，如果没有体，仍可以有点、面、线。所以，早期的哲学家认为只有（物）体才能是本体，后来那些更聪明的哲学家却认为只有"数"才是本体。除了由数组成的点、线、面、体外，还有什么别的本体呢？①

反题。如果说点、线、面是本体，也有许多困难。第一，点、线、面属于哪一类物体呢？显然它们不是可感觉的物体。它们只是体的分割。有的是从宽度上分割（面），有的是从长度上分割（线）。如果一个平面还没有从立体中分割出来，就没有这个平面；正如赫尔墨斯的像，如果还没有从大理石中雕刻出来，它就没有存在一样。同样，线如果没有从面中分割出来，点如果没有从线中分割出来，也就没有这线和点的存在。这样，如何能说点、线、面是本体呢？第二，从生成和毁灭说，更有许多困难。本体如果以前不存在，后来存在了，就是生成；如果以前存在，后来不存在，就是毁灭。可是面和线的情况却不是这样。当两个体合而为一时，它们原来各有一个面的，现在消失了；当一个体分割为两个体时，原来没有面的，现在出现了两个面。如果说面是本体，它是从何产生又如何毁灭的呢？时间中的"现在"也是这样。"现在"不是在生成和毁灭的过程中的，可是每一刻的"现在"又彼此不同。如果"现在"（时间中的一个"点"）是本体，它又是如何生成和毁灭的呢？同样的论证可以应用于点、线、面。所以，关于点、线、面，我们既然不能说明它们的生成和毁灭，又如何能肯定它们是本体呢？②

亚里士多德对于点、线、面、体是不是本体的动摇，也是同

---

① 亚里士多德：《形而上学》，1001b27—1002a14。
② 同上书，1002a15—b11。

一般和个别的问题有关的。当他论证点、线、面是本体时，他谈的是抽象的一般的点、线、面；当他论证点、线、面不能是本体时，他谈的是具体的点、线、面。

第十三个问题（或第十二个问题的附录）。亚里士多德在《形而上学》第三卷第六章前半部分讨论了一个问题，是他在第一章中没有专门提出来的。就问题的内容说，和以上第五、第八个问题相近，即：为什么在可感觉的事物和"中间体"以外，还要肯定另一类本体——"理念"（"形式"）呢？将这个问题列在第十一、第十二个问题以后来讨论，因为它们都是讨论"一般"是否本体的问题的。而对这个问题进行分析时，亚里士多德又采用分析第九个问题的方式。

正题。"中间体"（"数学对象"）和可感觉的具体事物之间有许多不同，但有一点是相同的，即都是"同一类中有许多个"。（这里，亚里士多德的说法和我们通常的看法不同。可感觉的具体事物当然是"同一类中有许多个"，如"人"这一类中可以有张三、李四等无数个具体的人。而数学对象，无论是1、2、3这样的数或三角形、相等……都是抽象的一般，每一类只能有一个，不能有许多个。但当时的柏拉图学派认为数学对象也是"同一类中有许多个"，比如10这个数，可以是5＋5、12－2、2×5、20÷2……无数个；"相等"也可以是三角形的相等、圆形的相等……无数个。实际上，这些乃是属于不同层次的抽象，和可感觉的具体事物是不一样的。他们所以提出这种理论，根本原因还在于搞不清一般和个别的区别。）所以，它们的原则也不能是在数目上有限的。正如语言中的元素（字母或音节）一样，只是在种类上有限，数目上却可以有无限多。（除非你讲的是某一个具体的音节或声音，它的元素即字母在数目上才是有限的。）因此，如果在可感觉的事物和"中间体"以外，没有别的（如有些人说的"理念"那样的）本体存在，那就只有"在种类上是同一个"的本体，而没有"在数目上是同一个"的本体了；事物的原则也就只能是在种类上有限，不能是在数目上有限的了。如果要肯定"在数目上是同一个"的本体，就要肯定"理念"作为本体存在。①

反题。如果认为原则是"在数目上的同一个"，因而肯定"理念"或"形式"存在，也会产生不可能的结果。这是以上第九个问题的反题中已经说过的。②

在这里，亚里士多德指出：柏拉图学派所以肯定有"理念"存在，就是要肯定有一种不仅"在种类上是同一个"，而且"在数目上是同一个"的本体。这样的本体只能是个体，是个别事物。"理念"本来是一般，现在却要将它当作个别的存在物，这就是柏拉图的"理念论"的错误所在。

第十四个问题。本原是潜能的存在，还是以别种方式存在的？这个问题和上面的问题有关：如果理念（形式）、中间体等存在，它们是潜能的，还是现实的呢？

正题。如果是以某种别的方式存在，那就是在本原之先已经有别的东西存在了；可是潜能应该先于现实，而且并不是每个潜能的（可能的）东西都能成为现实的。③

反题。如果本原只是潜能的存在，那末，每个存在的东西都可以不存在了。因为不存在的东西是有可能存在的，它可以变为

---

① 亚里士多德：《形而上学》，1002b14—30。
② 同上书，1002b30—32。
③ 同上书，1002b34—1003a2。

存在，但也可以不能变为存在。①

潜能和现实是亚里士多德哲学的一对基本范畴，《形而上学》第九卷专门讨论了这个问题。这个问题实际上是先有潜能还是先有现实的问题。亚里士多德在第九卷第八章专门论述现实先于潜能，但主要是讲在本体性上现实先于潜能，决定潜能；他也承认在时间上潜能是可以先于现实的。

第十五个问题。 本原是一般的，还是个别的？这个问题可以说是最根本的问题，上述许多问题是从这个问题中派生出来的。

正题。如果它们是一般的，它们就不能是本体。因为一个共同性的东西就不是一个"这个"（个体），只是一个"如此"（是什么），而本体应该是一个"这个"。如果我们承认共同的东西也是一个"这个"，是单一的个体，那么，苏格拉底这个人就将是几个不同的动物了：他既是他自己（苏格拉底这个人），又是"人"，又是"动物"，因为按照这种理解，"人"和"动物"也可以是"这个"、是"个体"。②

反题。如果它们不是一般的，而是具有个体性的，那么，我们就不能知道它们，因为关于任何事物的知识（理性认识）总是对普遍、一般的认识。如果本原不是普遍的，我们要得到关于它们的知识，就必须有先于本原并且能够一般地表述本原的原则。（即还得在这个本原以外，去找别的比它更根本的一般的本原。）③

在这里，亚里士多德揭示了关于本体的根本矛盾。一方面，他从本体论上认为：本体只能是个别的，是个体；另一方面，从

---

① 亚里士多德：《形而上学》，1003a2—5。
② 同上书，1003a7—12。
③ 同上书，1003a12—17。

认识论上他又认为：只有一般才是理性知识的对象，个体只能被感知而不能被（理性）认识，个别的本体不能是知识的对象。正因为他深深地进入这个死胡同之中，所以才发生以上一系列的问题。

三

亚里士多德是如何解决这些问题的，这不属于本文讨论的范围。本文只就亚里士多德提出的哲学问题本身提出一些意见。

第一，在西方哲学史上，这是最早列举出来的哲学问题。在亚里士多德以前，包括柏拉图在内，既然没有将哲学当作一门与其他科学不同的独立的学科，当然也就不可能提出专门的哲学问题来。这些问题也并不是从古希腊哲学一开始就已经自觉地讨论的问题。早期的自然哲学家开始讨论万物的"本原"问题，主要探讨如何由本原形成宇宙万物，即所谓宇宙论的问题。东方小亚细亚的哲学家认为本原是物质性的"元素"，如水、火、土、气，最后发展到德谟克利特的原子论。西方意大利的哲学家却将本原归为比较抽象的"原则"，即毕达哥拉斯学派所说的"数"和爱利亚学派所说的"存在"。柏拉图和亚里士多德主要是继承西方意大利的传统。亚里士多德对他以前的思想家们的各种学说进行了综合的概括和分析，看到所谓"本原"已经分化为"元素"和"原则"（原理）两种不同的解释，而且还包括了"目的"和"动因"两种含义，从而提出了他的"四因说"，使本原又加上"原因"的意义。另一方面，他要将哲学和其他科学区别开来，认为每一门特殊的科学只是研究某一类特殊的存在的，只有哲学才研究一般的存在即"作为存在的存在"。他又将这种"存在"分析为本体和它的属性（性质、数量、关系等），而且认为本体是所有存在的中心。哲学主要是研究"存在"和"本体"的学科。亚里士多德将人类思想从具体到抽象的过程又向前推进了一大步，使哲学从以宇宙论为主转变成以本体论为主的阶段。亚里士多德提出的这些哲学问题，就是哲学本体论所讨论的问题。这些问题经过中世纪的托马斯·阿奎那加以系统化以后，成为欧洲哲学讨论的中心问题。亚里士多德的这些思想，在欧洲哲学史上占据统治地位几乎有近两千年之久（中间曾有中断）。直到近代哲学开始，由于经验派和理性派的争论，才将认识论的问题提到哲学上的首要位置，并开始用认识论的观点去分析批判原来本体论的问题，使哲学的发展进入了一个新的阶段。从我们现代人的眼光来看，这些本体论的问题有许多确实是幼稚可笑的；现代西方哲学称它们是"毫无意义的问题"。但是，从我们研究哲学史的角度看，这些本体论的问题是哲学思想发展，也就是人类认识发展的一个阶段，我们必须给予应有的重视。马克思主义哲学不能跟随现代西方哲学将它们简单地说成"毫无意义"而加以排斥。实际上，我们讨论唯物论和唯心论的问题、辩证法和形而上学的问题，除了主要从认识论角度研究外，也还是有本体论方面的意义。（正因为如此，现代西方哲学的某些流派将马克思主义哲学的基本问题也归为"毫无意义的问题"。）而要了解西方哲学中的本体论究竟讨论些什么问题，就不能不追溯到亚里士多德所提出的这些哲学问题。

第二，值得注意的是：在亚里士多德提出的这十几个他认为是哲学研究必须着重讨论的问题中，没有一个是专门讨论物质和意识的关系问题的。只是在谈到本体是感觉的对象还是知识的对象时，他才接触到物质和意识的关系问题。这当然不是说在古希腊哲学中，没有物质和意识的关系问题，实际上，从泰勒斯开始提出万物都有灵魂的物活论思想时，就已经提出了物质和意识的关系问题。特别是阿那克萨戈拉提出"努斯"以后，物质和意识的关系问题就更加明显。但是古希腊哲学在认识论上，主要表现为将感性认识和理性认识割裂开来、对立起来。不但唯心论者如柏拉图是这样，连唯物论者德谟克利特也是这样。在主观和客观的关系问题上，古希腊哲学几乎一致认为是客观决定主观，而不是主观决定客观。即使是柏拉图这样的唯心论哲学家，他也只有在少数几篇对话中才将"理念"说成是主观的意识；但在大多数对话中，他主要认为"理念"是客观实在的东西，它同可感觉的具体事物处于两个不同的世界中。"理念世界"是理性认识的对象，现实世界中的具体事物是感性认识的对象。可见，柏拉图主要还是认为客观决定主观的。在亚里士多德以前的古希腊哲学家中，唯一例外是普罗泰戈拉，他提出"人是万物的尺度"，主张主观决定客观。但是，对普罗泰戈拉的学说，我们现在只能从柏拉图和亚里士多德的著作中才能看到，而他们两人对普罗泰戈拉都是持批判态度的；特别是亚里士多德对他的批判，重点就是批判他的主观决定论即主观唯心论的。从古希腊哲学整体说，即使明显是主观意识的本体如柏拉图的"理念"，也被当成是客观存在的东西。可见，物质和意识的关系问题，在当时还没有明显地表露出来，因此亚里士多德对这个问题不可能有更明显的反映。

第三，从亚里士多德提出的这些哲学问题中我们可以看到：物质和意识的关系问题实际上是通过个别和一般的关系问题表现出来的。客观存在的具体事物是个别的，是特殊；而我们认识到的是其共性或本质，即一般。上面的分析已经说明：亚里士多德提出的这十几个问题主要是围绕着一般和个别的问题而展开的。除了具体的个别事物和一般的关系以外，还有亚里士多德已经看到的：在"一般"中还有不同的层次，"人"相对于个别的具体的人是一般，"动物"比"人"更为一般，"生物"又比"动物"更为一般。由最接近个别事物的一般（"人"、"马"），一层一层地往上推到最普遍的一般（"存在"、"一"）。可见，任何一级的一般，只是相对于比它低一层次的东西而言；但对比它高一层次的一般说，它又是个别了。所以，一般和个别的关系，既包括具体的个别事物和一般的关系，又包括各不同层次的"一般"之间的关系。

我们现在已经认识到：个别和一般是对立的统一："个别一定与一般相联而存在。一般只能在个别中存在，只能通过个别而存在。任何个别（不论怎样）都是一般。任何一般都是个别的（一部分，或一方面，或本质）。任何一般只是大致地包括一切个别事物。任何个别都不能完全地包括在一般之中等等。"① 但是古代的希腊人却不可能有这样的认识。人类的认识是不断从个别上升为一般的，古希腊哲学正处于这个上升的开始阶段。古希腊哲学家寻求万物的本质，才认识了一般，开始产生哲学。但是当人类开始认识一般的时候，却搞不清这个一般究竟是什么，因而产生了许多动摇和怀疑。在亚里士多德以前，哲学家们特别没有搞清楚这样一个问题："一般"本来是个抽象物，是人的思想将一类个别事物的共性（一部分，一方面，或本质）抽象出来所得到的抽象的一般。在我们的思维活动中，我们可以将它们抽象出来进行独立

---

① 《列宁全集》第 38 卷，第 409、416、420—421 页。

的分析研究；而在实际上，这种"一般"只存在于个体之中，并不是在个体以外独立存在的。古希腊（还有后来的）许多唯心论哲学家却将这种"一般"当作是在实际上客观地独立存在的东西，就像一个个独立存在的具体事物一样；而且他们还认为，这样的"一般"是先于个别事物而存在的。列宁在《哲学笔记·亚里士多德〈形而上学〉一书摘要》中指出："原始的唯心主义认为：一般（概念、观念）是单个的存在物。这看来是野蛮的、骇人听闻的（确切些说：幼稚的）、荒谬的。可是现代的唯心主义，康德、黑格尔以及神的观念难道不正是这样的（完全是这样的）吗？"①列宁在这里指出的，正是唯心论（柏拉图、亚里士多德以至康德、黑格尔，还有宗教神学）的共同的认识论根源。它的特点是：将思想中的抽象的一般物当作是在具体事物以外，并且先于具体事物而独立存在的东西，是第一性的东西。这种唯心论就是客观唯心论。我以为，列宁指出的这一点就是客观唯心论的认识论根源。亚里士多德提出的这十几个哲学问题，主要就是探索：在具体事物这样的本体以外，究竟是不是还有"一般"（"理念"或"数"）作为独立的本体而存在。这是由于当时柏拉图和柏拉图学派的"理念论"（包括"理念的数"的学说），使这个问题成为突出争论的问题，所以亚里士多德将它们提出来当作哲学上必须首先探讨的问题。由此我们可以理解列宁所说的：这些问题是"因唯心主义的胡说而发生的绝顶天真的'困惑的'问题和怀疑。而所有这一切又在关于基本的东西、即概念和个别东西这个问题上陷入毫无办法的混乱"②。

---

① 《列宁全集》第38卷，第409、416、420—421页。
② 同上。

如上所说，个别和一般的关系问题是同物质和意识的关系问题有联系的，但也不能将这两个方面简单地等同起来。有两种"一般"：有些"一般"是思维凭空虚构出来的，如宗教的神；而作为事物的共性的"一般"，它的内容是客观的，是客观事物的一部分、一方面或本质，只是它的形式是主观的，是人的思维将它从客体中抽象出来的。但在人的抽象过程中容易加上主观的成分，正如列宁在《亚里士多德〈形而上学〉一书摘要》中指出的："智慧（人的）对待个别事物，对个别事物的摹写（=概念），不是简单的、直接的、照镜子那样死板的动作，而是复杂的、二重化的、曲折的、有可能使幻想脱离生活的活动；不仅如此，它还有可能使抽象的概念、观念向幻想（最后二神）转变（而且是不知不觉的、人们意识不到的转变）。因为即使在最简单的概括中，在最基本的一般观念（一般'桌子'）中，都有一定成分的幻想。"[①]正是因为人们在从具体事物中抽象出一般的时候容易加上主观的幻想，从而容易产生唯心论，所以，个别和一般的关系问题是同物质和意识的关系问题密切联系的。我们既要看到这二者之间的联系，又要看到这二者之间的区别。这样，我们就可以理解，亚里士多德所提出的这十几个问题虽然主要是围绕个别和一般的关系问题，而没有专门提出物质和意识的关系问题，但是这些问题还是当时划分唯物论和唯心论的重要标志。

第四，亚里士多德提出的这十几个哲学问题，主要围绕一般和个别的关系问题。这个一般和个别的关系问题，正是辩证法的核心。列宁在《谈谈辩证法问题》这篇著名的文章中，谈的就是

[①]《列宁全集》第38卷，第421页。

一般和个别的关系问题。(请注意:在《哲学笔记》中,《谈谈辩证法问题》和《亚里士多德〈形而上学〉一书摘要》是紧紧连在一起的,都是在1915年写的,其中引用了亚里士多德的话。可见列宁写这篇文章,正是他在读《形而上学》这本书的时候。)亚里士多德提出的这十几个哲学问题,不但在内容上是讨论有关辩证法问题的,而且在形式上也是采用辩证的方法的。他对于每一个问题都从正反两个方面加以分析,而不是简单地采取肯定一方面和否定另一方面的做法。采取这种方法,能够使我们避免片面性,减少独断的结论。这正是我们研究哲学问题所应采取的方法。列宁对于亚里士多德提问题的方法是很欣赏的,说他"最典型的特征就是处处、到处都显露出辩证法的活的萌芽和探索……";"经院哲学和僧侣主义抓住了亚里士多德学说中僵死的东西,而不是活生生的东西";"他到处,在每一步上所提出的问题正是关于辩证法的问题";"这些提问题的方法就是希腊人所用的那一套试探方式,就是在亚里士多德学说中卓越地反映出来的质朴的意见分歧"。[1]恩格斯在《反杜林论·引论》中说:"古希腊的哲学家都是天生的自发的辩证论者,他们中最博学的人物亚里士多德就已经研究了辩证思维的最主要的形式。"[2]亚里士多德在哪些方面研究了辩证思维的最主要形式呢?我认为:第一,亚里士多德的哲学体系主要讲从潜能向现实的转化、质料和形式的结合,这是西方最早提出来的辩证发展的哲学体系。第二,他在哲学(《形而上学》)、自然哲学(《物理学》和其他)、逻辑学和其他学科中,到处提出了许多辩证的思想。第三,他专门研究了辩证法的对立、

---

[1] 《列宁全集》第38卷,第416—417页。
[2] 《马克思恩格斯选集》第三卷,人民出版社1972年版,第59页。

相反、矛盾等范畴。此外还应该加上另一个方面，就是他提问题的方式是辩证的，而不是独断的、教条的。正是这一方面，除了列宁以外还没有人加以重视，所以本文特意提出来分析介绍。

（原载《中国社会科学》1983年第3期）

亚里士多德和分析
——读苗力田主编《亚里士多德全集》中译本

一

由苗力田学兄主编的中译本《亚里士多德全集》已经陆续出版，在中国学术史上这是值得写上一笔的大事：我们终于翻译出版了第一部西方古典思想家的全集。

1987年在四川绵阳开会讨论这部全集的出版计划时，苗公提出一个宏伟的目标，要在十年左右时间内完成这部十卷本的巨译。那时候我着实为他担心，是不是将各种困难估计得太小，计划似乎太快太大了点？但到现在，第一、二两卷已经正式出版，第三卷已经印出样书，第七、八、九卷的译稿也已基本完成，十年时间刚过去一半，他们的任务已经完成过半。对他们的辛勤劳动，我只能说是从心底里无限感佩。

早在十多年前苗公开始培养几位专攻希腊哲学的研究生，还亲自教他们希腊文。他们人数不多，但不负师望，现在有的已成为国际国内的希腊专家了。这部全集的翻译，除了《形而上学》、《尼科马科伦理学》等最重要著作是由苗公亲自动手的以外，都是由他的学生翻译，苗公自己认真校改的。现在做翻译工作，不但稿费低，而且翻译成果不能作为评定职称的根据，即使是难度这样大的经典著作翻译也不例外。这几位青年居然在苗公率领下埋头翻译，将这些译文一本一本地提供出来，实在难得！据他的学生说，苗公对译文中重要的一个字、一句话决不轻易放过，往往要推敲几次才最后定稿。近几年来苗公身体并不好，住过几次医院，还动过手术；在摘除白内障后，他的眼睛有好几个月不能看书写字。现在配了一副带有深圈的眼镜后又埋头书案，以七十多岁的高龄每天坚持工作五六个小时；我们劝他要注意保重身体，他却说为了争取时间。正像他在全集的"序"中所说的：亚里士多德是"把希腊哲学爱智慧、尚思辨的精神，也就是追求知识、探索真理的精神，充实了，具体化了，发扬光大达到顶峰"。"思辨是最大的快乐，是至高无上的快乐，如若我们能一时享受到神所永久享受的这种至福，那就令人受宠若惊了。"亚里士多德所说的"神"实际上就是思想的现实活动。只有在这样的思想境界中，才能像苗公和他的学生那样忘我地工作。是不是也应该希望在我们学术界中以此为乐的人能够再多一些呢？

苗公对自己的译文提出这样的要求：确切、简洁、清通可读。他指出亚里士多德是两千多年以前的西方哲学家，当时哲学尚处于幼年时期，后来的许多哲学概念尚未形成，当他在艰难地探索如何回答许多令当时哲学家们困惑的问题及其表述方式时，亚里士多德不得不从日常生活语言中撷取一个词组或短句来表述自己的意思。他所用的这些词句很多成为后来哲学中通用的专门术语。近现代西方哲学的语汇和概念，许多可以从亚里士多德的著作中找到根源和出处。学习和研究哲学史正是要认识这些哲学概念和思想的发展过程。苗公提出：在翻译时不能以现代词汇去代替亚里士多德当时使用的素朴的、与生活血肉相连的语汇和概念。他对译文的"确切"的具体要求是："既传达彼时、彼地、原作的本意，又能使此时、此地的我们无误地把握其本意。"我觉得这个要求比严复提出的"信"和"达"含义更为深刻，但要做到也更为困难。

苗公很重视译文的简洁，他引用牛津英译《亚里士多德全集》修订版编者巴恩斯在该书序言中对某些英译本的批评，说它们并不是在用英语来转达亚里士多德的希腊语，而是随意地用他们自己的话来表达自己所想说的话，于是往往把翻译变成了一种引申。在这种引申的译文里，本文里的一个词变成了一串词，本文里的一句话变成了几行话，完全失去了亚里士多德语言简洁、行文严密的风貌。因此苗公对自己的译文提出要求：严禁以己意引申铺陈，尽力保持亚里士多德原来的文风。

苗公按这样的要求工作，已经很认真严格，是不容易做到的；但是我还想补充一点，其实这是苗公和我共同的老师——陈康先生的意见。陈先生在译注《柏拉图〈巴曼尼得斯篇〉》[①]的"序"中讲道：翻译文中的"达"是相对的，它和读者对原书内容的理解程度有关。黑格尔《逻辑学》的翻译，无论文笔怎样高妙，对于哲学方面缺乏严格训练的人必然是"不达"；反之，纽约街头某日某时两辆汽车相撞这一类报纸新闻的翻译，无论文笔怎样低劣，对于一般人必皆是"达"意的。陈先生还特别指出："古代希腊文里文句的组织不似现代欧洲文里文句组织的有定规。因此往往一字和同句中这字还是那字联合颇成问题。和不同字的联合产生不同的意义，甚至影响对于整个思想的看法。"因此一种有学术价

---

① 柏拉图的著作 *Parmenides*，目前学界通常译为《巴门尼德篇》，20世纪上半叶，陈康先生译为《巴曼尼得斯篇》。下同。——编者注

值的翻译在遇到这类问题时，读者皆可以从中看出译者对这问题的看法是怎样的。我想陈先生提出的这个要求牵涉到译者对原文学说内容的理解问题。我们固然不能完全同意现代西方解释学的意见，但应该承认无论怎样忠实于原文的译者，对于像亚里士多德这样的哲学著作也总是不可能完全客观地将它翻译过来的；译者总是根据自己的学识修养，对原文做出自己的理解才能进行翻译的，因此翻译实际上还不免是一种解释。对于同一原文，不同的译者有时会做出不同的、甚至相反的翻译。即使是懂得希腊原义的读者也必须参考那些有学术价值的译文，帮助或启发自己的理解。所以在西方，对柏拉图和亚里士多德的著作往往有多种译本；即使在一种公认为有价值的译文出版以后，由于研究不断前进，理解不断提高，还是会有新的译本出版。1912—1954年出版的由著名亚里士多德学者罗斯主编的牛津版十二卷本英译《亚里士多德全集》是被公认为比较权威的英文译本，到1984年在巴恩斯主持下，根据新的研究和翻译成果又出版了修订版，由普林斯顿大学出版社出版了新的两卷本英译《亚里士多德全集》。

还是苗公在全集序言的结尾处写得好："古代外国典籍的翻译，是一个民族为开拓自己的文化前途、丰富精神营养所经常采取的有效手段。这同样是一个不懈追询、无穷探索、永远前进的过程，求知是人的本性。"

二

"求知是人的本性"是亚里士多德在《形而上学》第一卷第一章开宗明义的第一句话。他将知识分为三类，以哲学和数学作为最高的理论学科，其次是伦理学、政治学等实践学科，第三是创作学科即技术学科，当时不但将建房造船等看作技术，也将音乐、雕刻、绘画和诗等文学艺术看成是和医学一样的创作学科。人们由于对周围世界感到惊奇，为了摆脱无知才去进行哲学思考，是为了知识而去追求知识的，不像其他学科那样是为了其他的目的和效益。因此他认为只有哲学才是唯一自由的学科，是高尚和神圣的最高学科。正是在这种"为知识而知识"的影响下，强烈的求知欲望使得西方的科学文化迅速发展。现在许多学者认为知识和科学是西方文化的特征，同以人生价值、伦理道德为特征的中国文化区别开来。

要发展知识和科学，就必须重视认识论和方法论，其中很重要的就是分析的方法。现在有些学者认为西方文化的特征就是分析，是重"分"的文化；中国或东方文化的特征是综合，是重"合"的文化。多数学者主张东西文化或中西文化应该互相交流，相互学习；也有些学者因为看到西方的分析文化日益暴露出缺陷和弱点，因而预言21世纪将由东方的综合文化代替西方的分析文化，成为世界文化的主导。这是一个值得重视和可以讨论的问题。

本文想从介绍亚里士多德的分析方法开始，因为根据现在能够看到的材料，要说西方分析文化的主要奠基人，恐怕非亚里士多德莫属。古代希腊在柏拉图以前的思想家们只留下一些断简残篇，其中也有些分析，却不是主导的。最早将分析定为一种哲学方法的是柏拉图，他在对话《斐德罗篇》中提出"综合"和"划分"是辩证法。在他的对话中的确做过很多分析，但他的哲学中的主要思想很多并不是由分析得出的；他只将分析看成是划分的方法，在《智者篇》中提出的"二分法"是并不成功的。将分析方法发挥得淋漓尽致并做出系统论述的是他的学生亚里士多德。

翻开《亚里士多德全集》第一卷，第一篇论文《范畴篇》的第一节就是将事物的共同名称分析为"同名异义的"和"同名同义的"两种，各举例说明；第二节分析语言的表达有"简单的"和"复合的"两种；第三节实际上是将事物分析为"个体"、"属"和"种"，后两种是"普遍的"；第四节将一切非复合词分析为：实体、数量、性质、关系、何地、何时、所处、所有、动作、承受共十大类，这就是亚里士多德提出的十个范畴；从第五节以下各节依次讨论这十个范畴，也是一一分析各个范畴有几种含义和特征。因为当时许多哲学概念还属于初创时期，没有比较公认的确定的含义，因而产生许多混淆，引出不少问题，所以亚里士多德特别注意对概念的分析，在他的著作中到处可以看到这种分析。最典型的是《形而上学》第五卷，他选取当时常用的 30 个哲学术语，对每一个概念含有多少种不同的含义都做了细致的分析，因而这一卷被称为"哲学辞典"，是世界上最早出现的哲学辞典。他所使用的这种方法大约是西方最早的语言分析。

亚里士多德的许多著作都是这样从分析开始的。在讨论一个问题时，他往往首先分析在他以前的思想家们对这个问题有多少种不同的说法，再分析各种说法中有哪些正确的和错误的方面加以比较；在这样的历史分析的基础上，他提出许多关键性的问题，分析论证这些问题的困难所在；然后再从经验事实和思想理论方面进行各种分析比较，用逻辑论证得出若干公理和原则。对这些公理和原则所做的分析和逻辑推理构成他的哲学思想的主要内容；在许多方面他甚至并没有明确得出最后的综合结论，后来的学者只是从他的分析和逻辑推理中，从他提出的那些公理和原则中概括得出亚里士多德的哲学体系。因此对亚里士多德哲学体系的理解和解释也产生了许多不同的学说，甚至有人认为他根本没有建立过前后一致的哲学体系。但是亚里士多德使用的这套以分析和逻辑论证为主要方法，从历史到现实的研究法，成为以后许多哲学和科学著作经常使用的方法。单就学习分析方法说，《亚里士多德全集》中译本的出版，也是有重要的现实意义的。

亚里士多德做这些分析是有针对性的。他有感于在他以前的思想家们往往不加分析地乱用概念，没有正确的论证方法，以致得出含糊不清的和错误的结论，将论证变为诡辩。在这方面最显著的例子是智者，他们是当时一群以传授修辞术（主要是演说和在公民大会上论辩，这是古希腊民主生活的一项重要内容，智者在促进希腊民主制度的发展上起过积极作用）为职业的教师，他们的哲学信条是"人是万物的尺度"，认为没有客观的真理，一切都由个人的好恶来判定，论证只要能说服人，使多数人相信的，是强有力的，便是"真"的。所以他们完全主观任意地做各种推理，竭尽诡辩之能事，利用多数群众的愚昧无知进行煽动，使自己的主张得到胜利，被选为官吏，掌握权势，可以为所欲为。

苏格拉底和智者进行面对面的辩驳，他的学生柏拉图写的对话中也充满了对智者的驳斥。但是从方法论上讲，他们都没能提出系统的科学的论证方法，所以不能达到从根本上驳倒智者诡辩的目的。真正推翻智者们的诡辩的是亚里士多德，他使用分析方法，提出并制定了系统的科学的逻辑推理形式。

在亚里士多德的著作中，不但经常引用智者的诡辩作为错误论证的例子，加以驳斥，更重要的是他对智者的各种诡辩以及当时流行的各种错误论证做了全面的分析研究，从方法论上对它们所犯的逻辑错误做了概括,从而提出系统的正确的逻辑推理方法。形式逻辑就是这样由他首先提出并奠定为一门专门的学科的。《亚里士多德全集》第一卷中包含的六篇论文和专著,一般被称为《工具论》——所谓工具就是方法。它们分别分析讨论了范畴、命题、推理形式——三段论的基本原则和各种格式、证明、定义等演绎以及归纳的方法,讨论了论辩的推理,并且分析揭示各种谬误和诡辩,提出反驳的方法。形式逻辑的基本规律——矛盾律和排中律则是在《形而上学》第四卷中讨论阐述的。由亚里士多德确定的这些形式逻辑的基本规律和原则,经后人修改补充,一直沿用至今。虽然现代又发展了数理逻辑和辩证逻辑,但任何正确的科学论证都必须遵守形式逻辑的规律,否则便是犯了逻辑错误。最早被介绍到中国的西方哲学思想就是亚里士多德的逻辑思想,它是由明朝人李之藻(1564—1630)翻译的《名理探》,是一部用中世纪经院哲学观点阐述亚里士多德逻辑思想的著作。因为这部书介绍的思想不适合中国国情,也就是不适合中国人的"综合"思想习惯,所以没有产生什么影响,很少有人知道它。严复也翻译过《名学浅说》和《穆勒名学》这两部介绍逻辑思想的书,但它们对中国思想界的影响和作用,也远远不如《天演论》、《群学肄言》、《原富》、《孟德斯鸠法意》等书那么大。

亚里士多德所做的最重要的分析是他将知识的对象分为不同的种类,从而建立起许多门不同的学科,他是许多门重要科学的创始人。在他以前,古代希腊只有一门笼统的无所不包的学问,叫作 Sophia(智慧),爱好智慧的人(philosopher)便是哲学家。柏拉图的许多对话,虽然每一篇有它自己的主题,许多是讨论伦理问题的,也有讨论认识问题、政治问题、宇宙和人的生成问题以及文学艺术等问题的。但因为他没有将这些学科分门别类地区别开来,所以在讨论一个主题时往往将别的问题牵涉进去,他那著名的《国家篇》(《理想国》)就是将哲学、政治、伦理、文艺等综合在一起进行讨论的。

亚里士多德以"存在"作为一切认识和科学的对象。他所说的"存在"和马克思主义哲学所说的作为第一性的、和意识对立的"存在"是又同又不同的。它们都是认识的对象,是客观的,在这点上二者是相同的;但马克思主义哲学所说的"存在"是具体的物质性的,而古代希腊从巴门尼德开始提出的"存在",实际上是将一切物质的和非物质的、具体的和抽象的东西都包括在内,他说:"只有'存在'是存在的,而'非存在'是不存在的。"这样的"存在"是一个无所不包,外延最广而内涵最少的概念;许多人主张译为"是"或"有",以与实际的存在区别开来。许多近现代哲学家如黑格尔和海德格尔等都以这个"存在"作为他们的哲学的主要研究的对象。亚里士多德对这个"存在"做了很多分析工作,上文提到的《范畴篇》中将非复合的名词分析为十个范畴,这十个范畴也就是对"存在"的分类;他还将"存在"分析为个别的和普遍的,形式和质料,以及潜能和现实等,这些是构成他的哲学思想体系的重要因素。

亚里士多德将一般的普遍的"存在"和特殊的"存在"区分开来,作为哲学和其他一切科学的区别。他将最普遍的存在叫作"作为存在的存在",它是所有一切特殊存在的根本原因,其他一切存在都是由于它才能够是存在的。我们只有分析认识了这个"作为存在的存在"的基本原理和原则,才能认识世界万物的根本原因,才能认识各特殊存在的本原和本则;各特殊的学科是不讨论这些最基本的原理和原则的，只有哲学才分析研究它们。所以后来有"哲学是科学的科学"的说法。"存在"的希腊语是"on"和"onta"（为排印方便，用拉丁文转写），研究它们的学问就叫ontology，一般译为"本体论"，现在也有人主张译为"存在论"。可见在亚里士多德的哲学中，本体论和认识论、方法论是紧密联系不可分的。

除了普遍的"作为存在的存在"以外，就是各种特殊的存在。亚里士多德明确提出来的就有：作为数的存在、作为物理（自然物体的运动）的存在、作为心理（"灵魂"的活动）的存在、作为天象的存在、作为动物和植物的存在、作为伦理道德的存在、作为政治或经济的存在、作为逻辑的存在、作为修辞或诗的存在等等。亚里士多德除了对数学没有写过专门的著作外，对其中每一特殊方面都写下一部甚至几部专著，分析讨论这一特殊存在方面的历史、问题和原则。他的这些著作使得它们各自成为一门独立的学科，现在要说到这些科学的历史，都不得不承认亚里士多德是它的创始者和奠基人。他所提出的一些问题和原则，在这些科学部门，有些至今还是起作用有影响的。

亚里士多德所做的这种分析，对西方文化的发展有很重要的意义，他实际上就是首创了科学的分类和分工。任何一种文化如果没有这种科学的分工，长期停留在一种笼而统之的学问里，它最多只能根据实际的需要，在某一方面或几个方面有所前进和发展，而其他许多方面的学问或科学则被忽视或蔑视。在西方，亚里士多德的科学分工说，虽然也曾经过一千多年中世纪的教会专制统治因而没有得到应有的重视，但在文艺复兴后它就迅速开花结果了。各门科学都有人专门研究，日新月异地向前发展。特别是近一二百年来，每一门科学的发展又使得它要将原来的范围再分析为若干门分支学科，或者出现一些和几门科学有关的边缘科学。新兴科学层出不穷，以至到今天，恐怕任何人都说不清楚世界上究竟有多少种专门的科学，它们还在不断地发展和增多。科学越前进，它的分工也越精细；只有在分工的情况下，研究才越精细，人对客观世界的认识才越深刻，控制和改造客观世界的能力也才能更加提高。科学的分工终究是推动人类文化向前发展，而不是使之停滞或倒退的吧。

科学发展要求分工，其他方面也大多如此。工业要发展也必须分工，现代西方的汽车工业绝不是由一个大公司包办一切，而是将汽车的零配件包给一家家专门企业，甚至一种螺丝钉、一块玻璃窗也由专业的工厂去制造，因为这样可以使零配件的质量得到保证并能不断提高。总工厂只是将各厂制造出来的成千上万种零星部件加以组装，这样既能保证质量又能保证数量，一年可以生产几百万辆。我们的汽车工业过去是要求"大而全"的，质量产量都发生不少问题，现在不得不走专业分工的道路。

再举一个日常生活中的例子：我们到医院去看病，几十年前的医院一般都只分内科、外科等少数几个科，而现在越是到大的医院去，它的分科也就越细；以内科来说，就有心脏血管、胃肠、肺、肾、内分泌、神经等许多分科，没有点医学知识的人简直不知道自己的病应该去挂哪一科的号，任何病人都希望能找到有专门知识和丰富经验的医生为自己看病。世界上医学研究发展很快，不是专门研究某一专科的医生几乎不可能掌握这一方面最新的研究成果和技术，也只有分工专门治疗这一方面疾病的医生才能具有这方面的丰富经验。这就是分工对医学的促进作用。不过细密的分工也带来问题，常听到有人抱怨：西医只知道头痛医头，脚痛医脚，心脏科医生常常只注意心脏的问题而忽视人体其他方面的健康情况；不如中医将病人的身体当作一个整体，进行综合的辨证论治，医疗效果可以更好。这种中西医之争恰恰就是我们前面讲到的这种观点：看到西方分析文化的缺点日益暴露，因而认为已经到了由东方的综合文化取而代之的时候了。的确，西方的分析文化出现的缺点也实在不少，就拿哲学来说，分析哲学虽然还在英美盛行不衰，反对的意见也并不少。我觉得他们强调分析有点过分，往往在一个判断或命题上做了许多逻辑分析，却不大注重整个思想的构成和发展情况，给人以"见木不见林"的印象。

三

这样我们可以转来讨论分析和综合的关系问题了。

分析和综合是一对矛盾。说到矛盾，过去常引用占希腊哲学家赫拉克利特的名言"战争（斗争）是万物之父"。因此只要是矛盾就必然是你死我活的斗争，斗争是绝对的，所以辩证法必然是斗争的哲学。其实赫拉克利特所说的斗争，虽然也包括战争，但是他将高音和低音结合产生和谐、雌雄交配产生新的生物也叫作斗争，所以他所说的斗争实际上是指对立两面的相互作用。（这个问题在我们的《希腊哲学史》第一卷第481—486页专门讨论过，这里不赘。）任何一对对立总是相互结合在一起才能成为矛盾的统一体，所以应该说矛盾的统一才是普遍的、绝对的；而矛盾的相互排斥、你死我活的斗争则是矛盾的一种特殊形态，只能说是相对的。综合和分析更不是你死我活、互相排斥的，它们是相反相成、互相统一的。亚里士多德说过，只有单一的、不是组合而成的东西才是不可分的。所以凡是综合的东西必然是可以分析的，而可以分析的东西也必然是可以综合的。"一分为二"和"合二而一"本来说的是同一个东西——对立面的统一，只是在特殊的历史条件下才被武断地判定："只有'一分为二'是马克思主义的辩证法，'合二而一'是反动的修正主义"，造成一场哲学大冤案。

任何一种文化、哲学或学说总是既有分析又有综合的。说东方文化是综合的文化，则印度哲学中就有许多精细的分析，如大乘佛教的唯识论将认识分为"八识"，分析的细致程度超过了西方一般的认识论。印度的逻辑思想也很发达，因明学的产生在时间上虽然略后于亚里士多德，但在论述逻辑推理和论证方面，有些点上也许可以作为亚里士多德逻辑的补充和发展。中国哲学也不是没有分析的。有人说《易经》是"肯定了一个变动的不变和不变动的变"的一元的本体，表示"中国哲学重视整体的和谐"；其实这个整体是和《易经》对64卦和384爻的分析分不开的。先秦辩士担任的工作和古希腊的智者是很相近的，因此发展名辩之学，名家公孙龙等提出比较系统的逻辑学说，差可和亚里士多德的工作相似。墨家虽然和儒、道二家同样反对名家的理论，但《墨子·小取》中也提出"辩"的任务是"明是非之分，审治乱之纪，明同异之处，察名实之理，处利害，决嫌疑"，这些就是要进行分析。孔子在《论语》中讲的道理虽然大多是结论，缺少分析和逻辑推理；但后代儒学无论是朱熹的理学还是王阳明的心学，总不得不做些推论来讲清道理，即使他们经常使用的是比喻的方法。本来，哲学就是要讲清道理，辨明是非、同异、名实等等，这就非分析不可。不过中国哲学家往往不将他那些逻辑论证的步骤列举出来，喜欢突然推出某个结论，是谓"顿悟"，其实既是"悟"总是经过逻辑分析和推理过程的，只是他不愿或不能说出来，似乎更显得神秘，深不可测而已。同样的，西方的分析哲学也绝不是没有综合的。亚里士多德做了许多分析，其目的就是要将这些分析的结果综合起来，成为他的哲学体系或学说。现代分析哲学虽然认为传统哲学的形而上学命题都是不能证实的，因而那种哲学体系是错误的，不必要的；但是他们将哲学问题归结为语言问题，认为哲学的任务就在于用现代逻辑工具进行分析。他们这种主张本身就是一种系统的哲学学说，是一个综合而成的哲学体系，所以他们能成为独树一帜的声势浩大的哲学学派。

虽然东西方文化或中西哲学都是既有分析又有综合的，但它们各自的着重点不同，所以说西方文化重分析，而东方的尤其是中国哲学重综合，还是正确的。西方文化重分析和科学，前面已经讲了不少。中国哲学由于很早就以儒家思想为正宗，重视的是伦理道德；提倡"学而优则仕"，知识分子的出路是做官，正心诚意的目的是治国平天下，要注重的是三纲五常等如何安排好人际关系。因此在他们看来，"为知识而知识"的逻辑分析和科学学说等等不过是雕虫小技，是值不得重视的。中国历史上排斥由外来文化传入的逻辑分析和科学思想，重大的发生过两次。第一次是唐朝玄奘法师带回唯识和因明学说，由于皇帝的支持，他译经讲法，著书立说，曾盛极一时。但由于他讲的那一套不合中国文化传统，很快就销声匿迹了。代之而起的恰恰是和他所宣扬的那一套相反的思想，不要任何烦琐哲学，主张"一切众生皆有佛性，人人可以成佛"，只要"自性悟，即是佛"，"顿悟成佛"，是一种最简单方便的成佛法门——禅宗。它是道地的中国化的佛教，不但一般老百姓容易接受信仰，连宋明理学那些大哲学家如朱熹、王阳明等都深受它的影响，因为那种不要逻辑的分析推理，只要直觉顿悟的方法很适合中国人的思想习惯。这一股思想潮流的兴起和流行，使中国文化离开逻辑分析和科学更远。

第二次发生在明清之际，由意大利传教士利玛窦（1552—1610）来中国传教，当时正是西方文艺复兴时期，他将西方新兴的各种科学如数学、天文、地理、医学等传入中国，在徐光启、李之藻等人的协助下，翻译了亚里士多德的哲学思想和欧几里德的《几何原本》。从明朝的万历到清朝的康熙皇帝多很重视，康熙还亲自学习拉丁文和数学等科学，一时蔚为风气。当时出版的科学著作有李时珍的《本草纲目》、徐光启的《农政全书》、宋应星的《天工开物》、梅文鼎的《中西算学通》、方以智的《物理小识》等等。这种势头如果继续发展下去，中国是有可能和西方文艺复兴以后的科学同步发展的；可惜因为罗马教皇不愿让他们的教义中国化，拒绝祀孔祭祖，触犯了天朝的尊严，到雍正初年就被下令禁止，从此进入闭关锁国时期。中国又回到原来的文化传统中，在科学方面就远远落后于西方。

综合文化和分析文化并不是互相排斥的，更不会发生你死我活的斗争。要使中国"全盘西化"是不可能的，延续了二三千年的传统是不可能更不应该全部抛弃的；同样的道理，要使西方完全中国化或是东方化也是不可能的。这两种文化只能和平共处，必然要互相融合。今天的世界已经显得这么小，任何遥远的地方，只要乘飞机去最多一天多时间便可以直达。彼此交流来往日益增多，西方欧美的一些城市甚至乡村里都可以找到中国餐馆，有许多中国人在那些国家里辛勤学习和劳动；在我们这里，由西方来的东西，无论是商品还是广告，也比比皆是。现在有些西方学者对中国的儒家、易经、老子发生兴趣，中国学者则在广泛地研究西方的各种科学和学说。我想，无论哪一种文化要能够继续存在并不断发展，只能走互相学习的路。上文提到的中医和西医，也只能互相结合。西医不仅可以学习中国的针灸、气功和中药，更应该学习中医的整体辩证方法；中医要发展，也必须将原来主要是根据经验积累得来的医术和理论，采用科学分析的方法加以研究，去粗取精，整理成为系统的科学。

不论是综合的文化还是分析的文化，都是既有优点又有缺点，既有长处又有短处的。怎样对待自己文化的长处和短处？那就得区别不同的用途和目的：如果是为了提高自己的信心，就要多看和多讲自己的长处；如果是为了搞好自己的工作，就要扬长避短，发挥自己的优势；如果是为了学习，就要承认自己有短处，看到别人的长处，以他人之长来补自己之短，才能达到学习的目的。而要做好这一切，首先必须对自己的长处和短处能心中有底，不但能定性还要能定量。如果将自己的长处看得和说得太多，那就不是正当的自信而是盲目的自满；如果将自己的短处也当作长处去加以宣扬和发挥，不是愚昧无知便是自欺欺人，不免要碰壁和摔跤。如果承认"虚心使人进步，骄傲使人落后"是真理，那就宁可将自己的短处看得重一些，才能收到学习的效果。苏格拉底说他"自知其无知"，实在是一个聪明人说的一句聪明话。

而要认清长处和短处，必须进行分析，没有分析便不能明辨是非。恐怕任何人对自己的缺点总是容易护短，最好是将自己的成绩和长处月月讲，天天讲，讲得自己也昏昏然，俨然是"天下第一"。"天朝大国"是我们的传统思想，对待自己的缺点也有传统，那就是：为尊者讳，为贤者讳，实际是为自己讳。自己的缺点最好不讲，若是不得不讲时也应该少讲，宜粗不宜细。有的人认为出了错误不过是"付点学费"而已，但他们却忘记了：既然付了学费便应该取得成绩，对错误进行一番认真的分析，取得经验教训才能避免重犯错误。不肯细加分析，同样的错误一犯再犯，这样的折腾实在已经不少。

　　分不清是非也就分不清公和私。公和私也是一对矛盾，它们既是互相结合，有不可分的一面，也有互相排斥发生冲突的一面。在那场极左的大动乱年代里，在要求人们"大公无私"、"狠斗私字一闪念"、"斗私批修"的背后，却有着"有权便有一切"的私欲大发展，要别人为"公"是为了满足自己的"私"。现在一些人"权"字旁边还要突出一个"钱"字，以致公私不分、假公济私、以公谋私等等现象层出不穷，最公的地方却成为他们最谋私的东西。以致让人们分不清什么是"公"，什么是"私"。

　　缺乏分析的一种表现是不做逻辑论证。中国哲学中的许多判断和结论往往是靠顿悟、凭良知得出来的，缺少前提和推论；无论你赞成或不赞成，都不容易用逻辑推理去证明它是真理还是谬误。实际生活中的许多结论也常常是这样提出来的，因为它缺乏前提和论证，你很难说清它到底是天才的创见呢还是愚蠢的谎言。真理固然最后要由实践来检验，但有些道理如果经过民主自由的讨论和辩论，本来是可以分辨是非的。有些做这种结论的人明白这样做对他自己有好处：因为缺乏前提和推论的结论可以不着边际，让你抓不住把柄，将来即使发现错误，也可以另做解释，说明自己还是一贯正确的，对错误可以赖账。那些随声附和的人也懂得这个道理，不愿意将他的前提和推论说得太明白，以便于他可以随风倒；今天刮东风他往东倒，明天刮西风他往西倒，横竖你不容易抓住他的把柄。现在许多读者说有些理论文章缺乏逻辑性，没有逻辑说服力，读后使人糊里糊涂，如坠云里雾中。

郑板桥写的"难得糊涂"横幅是件书法艺术作品，可供欣赏。但在中国历代书法中比它好的大概还有不少，不知道为什么出版社单单选中这张拓片，将它大量印刷出来，也有许多人将它买回去，张贴在墙上，是不是因为它反映了此时此景，代表了一些人的心情呢？有的人觉得难得糊涂，正可以借此浑水摸鱼，大显身手，捞点权势，谋取暴利；有的人觉得许多是非实在说不清楚，还是难得糊涂，浑浑噩噩地将日子混下去算了；也有的人想分清是非，但是不能说，不敢说，也就只能难得糊涂，聊以自慰。

我想：将"难得糊涂"当作艺术品欣赏，是可以的；但要是将它当作座右铭，作为自己的为人处世之道，那就可悲了；若是要将它再推广出去，当作"领导世界新潮流"，那就不是可喜，简直是可怕！

（本文在《读书》1993年第8期发表时，编者将题目改为《请勿难得糊涂》。现在按原标题付印。）

亚里士多德《形而上学》一书的结构
（译文）

罗斯（W. D. Ross）著

译者前记：亚里士多德的《形而上学》，是西方哲学史经典著作中最难读的书中的一本。其所以难读，除它的内容十分抽象这点以外，主要还因为这本书并不是亚里士多德生前亲自写定的一部完整的著作，而是在他死后二三百年，由后人将他已经散乱并有佚失的遗稿（其中还杂有可能是他的学生们做的笔记）加以编纂而成的。现在我们读到的十四卷本《形而上学》（依希腊字母编次，即 AαBΓΔEZHΘIKΛMN 各卷）显然不是亚里士多德原定的结构。现存的古希腊书目对它已有不同的说法，希腊注释家如亚历山大（Alexander）和阿斯克来比（Asclepius）等对本书的构成都提出过不同的种种解说。两千年来对本书所做的大量研究和注释，都没有能科学地解决这个问题。而不了解《形而上学》一书的结构，实际上就无法真正读通这本书。一直到 20 世纪初，由耶格尔开始，采用比较科学的方法（主要是将各卷间的文字、用语及内容等进行比较的研究），对《形而上学》一书形成的过程提出了一些问题并做出他自己的解释，不但对《形而上学》一书各卷间的关系做了说明，并且对亚里士多德哲学思想前后的发展变化，也开始提出了看法，打破了过去一直认为亚里士多德的思想是先后一致、一贯不变的看法。本文作者罗斯（W. D. Ross 1877—1971）是英国现代研究亚里士多德的权威学者，曾任牛津大学副校长，是牛津版《亚里士多德全集》（英译）的主编，其中的《形而上学》和《伦理学》等重要著作都是他自己翻译的。对《形而上学》，他还重新做了校勘、释义和注解，专门出版了《亚里士多德的形而上学》（Aristotle's Metaphysics）（两卷集）。在书前，他写了一篇很长的导言，导言第一部分《〈形而上学〉一书的结构》，就是我们现在翻译的这篇文章。罗斯在这篇文章中，既介绍和赞同耶格尔的许多观点，又不同意耶格尔的一些看法，提出了他自己的观点。他在本文中提出的许多结论，现在是多数亚里士多德的研究者比较同意接受的。我们翻译这篇文章，首先当然是想为研究《形而上学》一书的同志们提供一份重要的参考材料；其次也想为国内从事研究古希腊哲学史的同志们提供一点可以看出现代西方对古希腊哲学史的研究方法和水平（也包含它们的弱点，即较少地从哲学理论方面进行分析）的参考资料，因此将它的注释也几乎全部译出。从这篇文章中，读者也可以看出这个问题的复杂性，实际上还有许多问题是需要进一步研究解决的。

这篇译文原来是在1963年根据原书1924年第一版翻译的，这次则根据1953年修订本重新翻译。为了避免印刷厂排希腊字母的困难,将文中引用的希腊文都译成中文,尽可能不引原文;少数几处文字上的考证(包括几条注释)也都因此略去了。文中引用亚里士多德著作的页码(如"1076a36")是柏林贝克尔校订本(1831—1870)的标准页码。本文中所用引文与现有的《形而上学》中文译本不完全符合,读者最好能参看罗斯的英文译本。

《形而上学》这本书的结构显然是有许多难点的。从表面上看就可以明白,它不是一本单一的、已完成的著作,准备以现在这样的形式供人阅读。不仅 α、Δ、K 等卷显然是插进去的,而且其他各卷也缺乏作为一本单一的著作所应有的连续性。如果我们更多注意到它的外貌,还会以另外的方式得到同样的印象。值得注意的是:除了 H、Θ、M、N 四卷以外,所有其他各卷开始时都缺少联系语——这种现象在亚里士多德的著作中是少见的。[①]学者们因此认为《形而上学》是由一些独立的论文组合而成的,其中有些只包含一卷,有些则包含少数几卷。最近的,也是对这问题最彻底的研究者甚至认为每一卷(除掉 ZH 这组以外)都是一篇独立的论文。[②]我们看到这在一种意义下是有理由可以相信的,但要确定这种意义还必须小心从事。

在考虑各卷之间的关系时,我们应该考虑这两个方面:(一)

[①] 别的例子仅有:《分析后篇》第二卷,《物理学》第七卷,《政治学》第三、四卷;而《物理学》第二卷,《论天》第二卷,《尼科马可伦理学》第七卷,《政治学》第二、七卷,《修辞学》第三卷等各抄本有不同。当然,《政治学》和《形而上学》一样,是大有问题的。

[②] 耶格尔:《亚里士多德〈形而上学〉形成史研究》(*Studien zur Entstehungsgeschichte der Metaphysik des Aristoteles*)和《亚里士多德:他的发展的历史的基础》(*Aristoteles: Grundlegung einer Geschichte seiner Entωicklung*)。

思想上的联系；(二)这一卷明白地提到了另外一卷。这样的提及，大部分都可以认为是真的；因为在多数情况下，如果要将其中提到的语句从本文移走而不做大量文字的移动，是很困难的；而且在大多数情况中，我们也没有理由猜测这是由后人插进去的。因此，学者们认为它们是重要的，但是对它们的正当的形式，却还没有给予足够的重视。

关于各卷之间的次序，重要的是要区别两个不同的问题。一个是它们被写下的次序问题，一个是它们作为讲演被发布的次序问题。第一个问题显然是个很难回答的问题。最保险的可能是从文法上和风格上的统计得来的证据，而这样的证据现在已经收集起来的还很少。只有第二个问题，即明确的提及可以帮助我们解决问题。但这也是先假定发布的次序一般地和写的次序是相一致的。这件事情的复杂性，我们可以用《形而上学》和亚里士多德其他著作的相对的时期作为证据来说明。《形而上学》回提到《后分析篇》、《物理学》、《论天》、《论生灭》和《伦理学》，但是它没有前提到亚里士多德的其他著作。《论生灭》回提到 Δ 卷(336b29)。《物理学》有一个回指(191b29)，通常认为这个回指是提到 Θ 卷，但是，因为 Θ 卷本身回提到《物理学》(1049b36)，而《物理学》又在 192a35 处前提到《形而上学》，并且显然是提到《形而上学》中 Θ 卷所属的那一部分(ZHΘ 卷)，因此，191b29 处的回提，就像《论生灭》中的回提一样，可能是提到 Δ 卷——这一卷，正如我们将要看到的那样，可能早于《形而上学》其他各卷；这个回提可能是提到 Δ 卷 1017b1。最后，《动物的运动》(700b8)往回提到《形而上学》的 Λ 卷，但这是不是亚里士多德的著作，还是值得怀疑的。这些就是在别的著作中所有提到

《形而上学》的地方；它们表明《形而上学》是属于亚里士多德后期的著作。但另一方面，从已经收集到的用字和句法的证据[①]，表明《形而上学》不仅和可能是后期的著作《政治学》近似，而且也和可能是早期的著作《物理学》相近。

有联系的各卷

一切理由都可以认定 A 卷是亚里士多德所做的形而上学讲演的第一部分。从历史的研究开始，正是他经常采用的方式。A 卷并不预先假定其他任何各卷，它提到的唯一的一卷是 B 卷；它提到 B 卷时（993a25）是当作将要做的事情说的；而 B 卷提到 A 卷时，却是说，"我们的导论"（995b5）和"我们最初的讨论"（997b4）。

B 卷本身是《形而上学》的主要题述的绪言，它辩证地列举并讨论了 14（或 15）个问题。这些问题并不被认为是形而上学者所应讨论的全部课题，而是作为他们必须首先讨论的问题提出来的（995a25）。B 卷宣告它自己是接着 A 卷的（995b5，996b8，997b4），要注意到在第二处引文（996b8）中用的"以前"这个字，它也可以用来指同一部著作的较早的部分，如《物理学》254a16，《形而上学》Z 卷 1039a19，《政治学》（1262b29，1282a15）。进一步表示 A 卷和 B 卷之间有紧密联系迹象的，是在 A 卷 983a21（参看 982a4），B 卷 995a24，996b3 中使用的短语

---

① 倭铿（Eucken）：《论亚里士多德的用语》（*Ueber den Sprachgebrauchdes Aristoteles*）。

"我们探寻的学术",并且使用了复数第一人称,意即"我们柏拉图派的人"(A 卷 990b9、11、16、18、23,991b7,B 卷 997b3,1002b14)。

B 卷对于《形而上学》一书的结构的意义是明显的。B 卷大约是亚里士多德用来贯串他以后所有讲演的一张课程表;它大约也是他后来没有实现的一份提纲;或者可以说,它是介于这些极端之间的:他以在 B 卷中提出的问题的形式明确地讨论了其中的一些问题,而另外的一些问题他却是以新的方式或新的组合加以考虑了,还有一些问题则被他搁在一边,或者是他自己感到不能解决的。从对留下的材料我们能够做出的判断看,可以发现确实遇到了这样的情况。

前面四个问题[①]是关于形而上学的可能性和范围的:

(一)研究所有各种原因,是一种还是几种学术的任务?

(二)研究本体的第一原理的学术也应该研究论证的第一原理吗?

(三)是不是有一种学术是研究所有各种本体的?

(四)研究本体的学术是不是也同样研究它们的属性?

接着的十一个问题也是形而上学现实必需要解决的:

(五)有没有像可感觉的本体一样的不可感觉的本体?如果有,它们是不止一种吗?

(六)事物的第一原理是类("种"),还是组成它们的部分?

(七)是最高的"种",还是最接近事物的"属",才更是本体的原理?

---

① 我这里是按照 B 卷第二至第六章讨论的次序,这种安排比第一章提出问题的次序更合乎逻辑;第一章是将第五个问题摆在第四个问题以前的。

(八)是不是还有别的不同于个别事物的东西？

(九)第一原理是在数目上有限的，还是在种类上有限的？

(十)可毁灭的事物和不能毁灭的东西的原理是不是相同的？

(十一)"一"和"存在"是本体，还是属性？

(十二)第一原理是一般的，还是个别的？

(十三)第一原理是潜能地存在，还是现实地存在的？

(十四)数学的对象是不是本体？如果是，它们是和可感觉事物相分离的吗？

(十四^a)[①]相信"形式"是既不同于可感觉事物，又不同于数学对象的根据何在？

Γ卷只有一处明白地提到B卷，在1004a33提到第四个问题，但在明白地回答了这个问题以外，在Γ卷第一、二章还含蓄地回答了第一个和第三个问题（参看1005a13概括得到的结论）。相似地，第三章对于第二个问题也做了明白肯定的回答（1005a19—b8，特别是在b5—8所做的概括）。可是，亚里士多德并不满足于断言形而上学也应该研究论证的第一原理，他实际上还继续讨论这些原理，为此贡献了Γ卷的其余篇幅。这种处理方式，以B卷中多少有点形成的问题作为出发点，加以进一步的讨论，我们在别的地方还可以再遇到。可是，从这里，ABΓ三卷的统一性是可以肯定的了。剩下的是要看看其他各卷还有多少是构成这同一个整体的部分。

E卷在形式上没有提到B卷中的问题。可是，实际上，它是接着Γ卷中对第一个问题的回答的（参看Γ卷1003a31的开头

[①] 这个问题（1002b12—32）显然是前一个问题的附录；在第一章中没有和它相应的问题。

的话），并且继续去确定形而上学关于"作为存在的存在"的原理的含义。它将这点从两个方面来搞明白。（一）和形而上学是要研究"作为存在的存在"的观点相并列，它还发展了一种还没有说到过的观点，那就是，形而上学是研究一种特殊的存在——它既有分离的、本体性的存在，又是可以没有变化的，它一方面不同于数学的对象，另一方面又不同于物理学的对象。它还企图将这两个观点调和起来，说：如果这种"存在"是实在有的，它就是先于别种存在的，而研究这种"存在"的学术也就是第一的，所以这种学术是一般的、普遍的。（二）它指出在两种含义上使用的"存在"，不是由形而上学研究的，即：（a）偶性的存在，当甲是乙时，只是由于有些东西对于甲或对于乙说，乃是偶然的；（b）"作为真的存在"。第一种含义是根本无法研究的，第二种含义大概是由逻辑学研究的。

有时曾经表示出来的怀疑①，即"E 卷和 ABΓ 卷之间是否真正有联系？"，这个问题在 K 卷的第一部分中事实上已经得到了回答。K 卷当然是很老的，很可能是一个学生听亚里士多德自己讲课时所做的笔记，这一卷是将 BΓE 卷所讨论的主题继续地并列地加以处理的。

ZHΘ 三卷显然成为一组真正有连续性的著作。不仅是在 H 卷和 Θ 卷开始时都有连接语，而且 Z 卷向前提到 H 卷②，而 H 卷也

---

① 例如，那托伯（Natorp）曾经提出过怀疑，见《哲学月刊》(*Philosophische Monatshefte*)，第 24 期，第 37—65 和 540—574 页。策勒尔在《哲学史文献》(*Archiv für die Geschichte der Philosophie*) 第 2 卷第 265 页以下答复了他。那托伯企图说明 E 卷中包含的形而上学的主要内容和 Γ、Z 卷所包含的是互相矛盾的，所以是假的。他的说法是站不住的。
② 1037a20 很难说是指向几乎紧跟在它之后的 Z 卷第十一章的。它肯定是指向 H 卷第八章，1039a22 可能也是指向这一章。

是以Z卷的摘要来开头的（1042a3—22）；而且当Θ卷回指Z卷时，所用的语言就表明它们是紧密联系的[1]。在H卷和Θ卷中别的提到Z卷的地方[2]含有相对的独立性，这是真的，但那只是一个大的整体可能有的枝节上的独立性。

再有，这也是明显的，Θ卷提到Z卷时说"我们开端讨论的"[3]，这表示ZHΘ卷在一种含义下是和ABΓE卷是不同的论文。这两组论文，像勃兰第斯（Brandis）和波尼兹（Bonitz）所做的那样，通常被视作是分别合在一起的，并且构成了《形而上学》的主干。耶格尔的观点的主要特点之一，是他认为ZHΘ卷并不属于这个"主干"。[4]对他的论证必须加以讨论，他的论证如下：

（一）他认为是主要论文的一部分的M卷在论述可感觉本体时，提到的不是ZHΘ卷（它们主要是论述这个题目的），而是《物理学》（耶格尔：《亚里士多德》第97页）。耶格尔追从波尼兹，在解释1076a9的"以后"时，认为指的是后来在《物理学》中的论述。可是，这句话用了"一方面……另一方面"，就不可能做这样的解释。波尼兹做这种极不自然的解释的唯一理由是在MN卷中没有别处提到过ZHΘ卷。但是在N中有一处（1088b24）可能指的就是Θ卷，而且在Z和H中提到MN中的讨论时，是当

---

[1] 亚里士多德:《形而上学》，1045b28、31。
[2] 同上书，1043b16，1049b27（参看Z卷1037b10）。
[3] 同上书，1045b32。
[4] 以下的评论是在耶格尔《亚里士多德》一书出现之前印成的，都是指他的《亚里士多德〈形而上学〉形成史研究》书中的论证的。我自己同意他后来的观点，即《形而上学》一书最早的部分（除掉Λ卷，它原来就是一篇独立的论文）是A卷、K卷从开头到1065a26，M卷1086a21到N卷结尾，而B、Γ、E卷是后于K卷开头到1065a26的稿本，M卷开头到1086a21是后于M卷1086a21到N卷结尾的稿本。A、B、Γ、E、Z、H、Θ、M、N，以及I等十卷看来是在αΔKΛ四卷加进去以前已经被组成为一个整体了。

作某种后来要发生的事情来讲的（1037a12，1042a22）。而且即使1076a9单独成立，它也会是明白地指 ZHΘ 卷的。①

耶格尔认为 1086a23 更清楚地表明 ZHΘ 卷不是形而上学的主要论述。他以为既然这里表明 ZHΘ 卷是和可感觉的本体有关的，所以与其说它们属于形而上学，不如说它们是属于物理学的。但是 1086a23 这句话是有完全不同的意义的。它所说的乃是那些承认只有可感觉的本体的思想家（即前苏格拉底的思想家）所具有的观点，这一方面已经在《物理学》中论述过了，另一方面，也不适合于现在的探究；这就是说，他们的观点和现在的探究是无关的，因为现在所探究的，是只限于不可感觉的主体的。在 Α 卷中，当他将主题限于不可感觉的本体以前，他正是在讨论那些前苏格拉底的思想家的观点。1086a23 这句话并不是意谓讨论可感觉的本体是和形而上学不适合的，而只是说，这对现在这阶段的探究是不适合的。

（二）不但 E 卷 1026a16、19、27—32，而且 Z 卷和 Θ 卷本身（1037a10—17，1048a25—30）都认为形而上学只是和不可感觉的存在有关的，可是在事实上，ZHΘ 卷却也从事于探究可感觉的存在（耶格尔：《亚里士多德》，第 97 页）。

要回答这一点，必须指出：E 卷本身就结合了两种观点，一种观点是形而上学研究不变的实在，一种观点是它研究"作为存在的存在"的本性，而这种本性乃是一切存在所共同具有的。现在当我们问：ZHΘ 卷主要是和什么有关的？最恰当的回答是在 M 卷 1076a9 所做的："是关于可感觉的存在中的现实的或形式的

---

① 如今耶格尔（在《亚里士多德》第 212 页以下）已经这样认为了。

因素。"这三卷所研究的，主要并不是可感觉的存在的质料，而是为可感觉的存在和不可感觉的存在所共有的形式的因素，这才是"作为存在的存在"的原理。它们之所以首先按照它在可感觉的本体中的情况研究这一原理，只是因为这些可感觉的本体是公认的，而且乃是在其纯粹性中对它加以研究的预备阶段。（Z 卷 1037a13,1041a7，H 卷 1042a22—25。当将"形式"自身作为和可感觉的存在有关的东西来叙述时，ZH 卷承认它们自身是形而上学的主要对象的绪论，当然并不是说因此它们就不能是论述形而上学的部分了。同时它们也指出 MN 卷是作为这同一论述的将来的部分的（1037a13，1042a23 中的"以后"）

（三）ZHΘ 卷没有继续讨论 B 卷中系统地列举的诸问题。E 卷已经指出形而上学的对象乃是不可感觉的存在；在 ΓE 卷中讨论过的四个绪论式的问题以后，首先提出的问题即是否有不可感觉的本体（B. 997a34）。B 卷和 E 卷都引导我们去期待下一步将讨论不可感觉的本体，而不是可感觉的本体。还有 ZHΘ 卷都从未提到 B 卷中提出的问题（耶格尔：《亚里士多德》，第 101、102 页）。

必须承认，在 ZHΘ 卷中是没有明白地提到过 B 卷，在这三卷中也没有用多少篇幅来讨论 B 卷中提出的问题。ZHΘ 卷形成一个相对独立的整体。但在这三卷中出现一种情况，和 Γ 卷第三至九章的情况非常相似。在 Γ 卷中，既已表明研究公理也是形而上学的任务（这是回答第二个问题的），亚里士多德就立即着手研究公理。在 ZHΘ 卷中，既已表明形而上学要研究本体（这是回答他的第三个问题的），他就立即研究本体，而将对 B 卷中提出的问题的进一步讨论搁在一边。在 I 卷中也可以发现类似的情况。

即使 ZHΘ 卷没有提到 B 卷，也还留下这些事实：（甲）不仅

M 卷，还有 I 卷（1053b17）——这两卷都是耶格尔正确地主张是属于主要的论述的——所使用的语言都表明 ZH 卷已经先有了。[①]（乙）E 卷用"以后"这个词（1027b29）指 Θ 卷，而 Z 和 H 也用同样的词指 M 卷（1037a13，1042a23）。这样，ΑΒΓΕΖΗΘΜΝ 各卷的次序看来已经建立起来了。这里面，ZHΘ 卷成为一个分支，在其中，B 卷的问题多少有点退居为背景。

（四）Z 卷将理念论当作是还没有被反驳的（第十四章），可是在 A 卷第八、九章中，它已经被反驳了（耶格尔：《亚里士多德》，第 111 页）。

在回答这一点时，有两件事情必须说说：

（甲）MN 也是将理念论当作还没有被反驳的。而耶格尔自己认为当写 MN 卷时，A 卷第八、九章已经被从讲演中撤出，由 MN 卷中更圆满的讨论所代替了。ZHΘ 卷难道不可能也属于这个讲演的后来的形式吗？

（乙）在 Z 卷中对于理念的反驳，只是从一个特殊的观点来反驳它们的；它只是作为第十三章主张一般也是本体（参看 H 卷 1042a15）的讨论中的一个附言而提出来的。这个题目，对于亚里士多德说是如此重要，所以他要从不同的观点，一再地讨论它，这在他是很自然的。

Z 和 E 两卷之间的联系，只要比较一下 E 卷的结束语和 Z 卷的开场白，就可以容易建立起来了。虽然，如果没有 Z 卷跟在后面，E 卷的结束语就会是没有意义的；但当 Z 卷跟在后面时，这结束语又成为令人难以容忍的重复了。它们显然是后来加上去的，

[①] 还有，N 卷 1088b24 可能是指 Θ 卷 1050b7 以下。

正像在所有版本中 α 卷的结尾一样，还有，在有的版本中的 Γ、H、I 各卷的结尾也是这样的。可是，ZHΘ 和 E 卷之间的实质性的联系，清楚地表现在这事实上，即 ZH 和 Θ 都各自讨论了"存在"的两种含义，即将"存在"分类为范畴的存在和潜能与现实的存在，这正是 E 卷宣告是形而上学所要研究的主题。

耶格尔已经指出[①]：MN 包含了一个早期的和一个后期的对柏拉图学园的理论的讨论（前者指从 M 卷 1086a21 到 N 卷的结尾，后者指从 M 卷的开始到 1086a18）。早期讨论的形式是和 AB 两卷紧密相连的；耶格尔指出，从 M 卷 1086a21 至结尾中提到 AB 两卷的地方是比从 Z 到 Λ 诸卷全部提到的更多（1086a34、b2、15）。可是 1086b20—32 使我们回想起 B 卷 999b27—1000a4（第九个问题），而 1086b32—37、37—1087a4 使我们回想起 1003a13—17、7—9（第十二个问题）；问题的解决是在 1087a7—25。但是后期的讨论（1076a39、b39）也是指 B。而且 M 卷第一到九章则显然是用来解决第五个问题的（参看 1076a19 和 997a35）。

在 M 卷中出现一种非常奇怪的现象——在第四、五章（1078b34—1079b3，1079b12—1080a8）几乎是逐字逐句重复 A 卷 990b2—991b8 中反驳理念论的论证，而出现在第六到九章中对于"理念的数"的论战式的批判却又完全不顾在 A 卷 991b9—993a10 中出现过的同样的批判。无疑地，这是在亚里士多德的原稿中有两处重复出现了同样的章节，其合理的解释只能是：当亚里士多德第二次处理同一个主题时，他认为他那旧的说法已经完

---

① 耶格尔：《亚里士多德》，第 186—199 页。

满地说明了他的观点,所以他再次使用它们(参看 Δ 卷第二章和《物理学》第二卷第三章,那也是相同的)。其间有些细微的差异,使我们可以有信心来确立写作这两处稿本的相对的时期。在 A 卷中,亚里士多德几次说"我们"。那里说"我们",显然是指"我们柏拉图学派的人",就是说,写作 A 卷的时期,亚里士多德还是一个柏拉图学派里面的人,虽然是一个持批评态度的人。耶格尔猜想(《亚里士多德〈形而上学〉形成史研究》第 34 页)这一卷可能是亚里士多德于公元前 348 年至 345 年住在阿萨斯(Assos)时在柏拉图学派的圈子里宣读的,这是很有可能的。而在 M 卷中,他对柏拉图学派却使用了第三人称("他们"),而且在他的批评中,至少有一个例子是比较尖锐的[①];由此可见,这一卷属于后一时期,即他已经和柏拉图的学园破裂,自己作为一个独立的教师分离出来以后了。大概当他写 M 卷时,他已经将 A 卷第九章从他的讲演中删去了;不然,这样的重复就太没有道理了。

I 卷显然是一篇多少可以独立自存的论文,是讨论"一"和其他相似的概念的性质的。在《形而上学》其他任何一卷都没有提到过 I 卷。但是它却有一处(1053b10)提到 B 卷,不仅是简单地提到,而且在 1053b11—24 是很好地重提了 B 卷讨论"一"的部分(1001a5—24)。在那里我们可以明白地得到亚里士多德对于第十一个问题的回答。从解答在 B 卷提出的关于"一"的问题开始,

---

[①] 参看 990b4,1078b36。A 卷的语气也比《论辩篇》、《分析篇》更缓和些;参看《分析后篇》83a32。当然,这也可能是像格兰特(Grant)所猜测的,亚里士多德在一段时间强烈地反对柏拉图学派以后,采取了比较友好的态度。但更可能的是一种相反的观点 A 卷早于 M 卷、《论辩篇》和《分析篇》。在 M 卷中论及原始的"理念论"不如论及柏拉图、斯彪西浦(Speusippus)和芝诺克拉特(Xenocrates)的"数论"那样多,这个事实也可以证明它是在后的。

他接着讨论有关"一"的其他问题。所以,这一卷是以另一种方式和 B 卷相联系的。亚里士多德已经在 995b20 提出这个问题,其任务是要研究"同"、"异"、"相似"、"不相似"以及"相反的",而在 Γ 卷 1004a17 中,他又回答说这些都是形而上学家(哲学家)的任务。而真正讨论这些问题的则是在 I 卷第四到十章。我们也看到 I 卷曾回指 Z 卷(1053b17)。那么,显然这一卷也是属于《形而上学》的主要论述之中的,虽然它与其余各卷的联系比较松懈。同样明白的,I 卷从逻辑上说是在 MN 之后,而不是在它们之前的。不然的话,它就打断了在 ZHΘMN① 中对于本体的性质的讨论了。M 卷开始的话清楚地表明亚里士多德刚刚结束了他对于可感觉的本体的讨论。也可以注意到在 N 卷 1087b33 中没有提及 I 卷第一章中对于"一"的比较完满的论述,这就表示 I 卷并不是出现在 N 卷以前的。

由此看来,ABΓEZHΘMNI 等十卷形成为一部多少有连续性的著作。无疑地,这就是出现在《匿名的梅纳吉》氏(*Anonymus Menagii*)中的亚里士多德著作目录中的十卷本《形而上学》。可是,它并不是一部完整的著作。如果我们问,B 卷中提出的那些问题在以后各卷中是如何处理的,可以回答如下:

第一个问题是在 Γ 卷第一、二章回答的(虽然没有按它提出的方式精确地回答),在 E 卷中又进一步阐明。表明当作形而上学的主题的"作为存在的存在"的性质,被规定为要将"作为偶性的存在"和"作为真的存在"排斥在外,而只包含"作为范畴意义的存在"和"作为潜能与现实意义的存在",这就是在 ZH 和 Θ

---

① 要记得 HΘMN 四卷正是在各自的第一句话中有连接语的。这就是为什么我们可以认为 ZHΘMN 五卷成为一组连续的讨论的一个原因。

中所讨论的。

第二个问题是在Γ卷第三章1005a19—b8回答的，而这个题目被当作形而上学的问题是在Γ卷的其余部分考虑的。

第三个问题是在Γ卷第一、二章（特别是1004a2—9）以及E卷第一章回答的，而本体的问题在ZH卷中进一步考虑。

第四个问题是在Γ卷第二章1003b32—1005a18处理的（1004a32明显地提到这个问题）。本体的某些主要属性是在I卷第四到九章进一步考虑的。这样，关于形而上学的可能性和范围的绪论式的问题，都可以在Γ卷中找到回答。

第五个问题是在MN卷中处理的。但是在那里所做的探究，是考察毕达哥拉斯学派和柏拉图学派的观点，只能算是亚里士多德说明他自己的观点的前言。M卷1076b1和1077a1也明显地提到这个问题。

第六、第七个问题在任何一处都没有明白地处理。但是在Z卷第十三章中，亚里士多德偶然地做了回答（第六个问题参看Z卷第十章1035a24、30；第七个问题参看Z卷第十二章1038a19）。

第八个问题没有明白地回答，但是亚里士多德对它的态度，可以从Z卷第八、十三、十四章以M卷第十章集中起来看。

第九个问题在M卷第十章中回答。

第十个问题没有明显地处理，但亚里士多德的观点可以从Z卷第七到十章中集中起来看。

第十一个问题在Z卷第十六章1040b16—24和I卷第二章中回答。I卷第二章1053b10是明显地指它的。

第十二个问题是在Z卷第十三到十五章和M卷第十章回答的。M卷第十章1086b15明显地是指它的。

第十三个问题没有明白地回答，但是亚里士多德的答复可以从他的现实先于潜能的学说（Θ卷第八章）推论得出。

第十四个问题是在 M 卷第一到三、六到九章，N 卷第一到三、五、六章回答的，虽然没有明白地提出来。

第十四ᵃ个问题没有在任何地方明白地处理，但可参看 M 卷第十章。

所以，整个说来，B 卷所列的次序表是被完全好好地执行了，虽然有些问题没有能像它们开始提出来那样的形式处理。这也是很自然的，亚里士多德考虑这些形而上学的问题的方式，应该可以随同他研究它们的过程而修改。他让他的思想跟踪着"论证的翅翼"；但是他从来没有忘记在 B 卷中提出的问题，而且他使我们也时时想到它们。

另外的几卷

还留下四卷需要考虑：α，Δ，K，Λ。其中 α 卷显然是打断了 A 卷和 B 卷之间的联系。它没有提到任何其他一卷，也没有任何一卷提到它。为了要将它和 B 卷连接起来，所以在 995a19 窜插进一个在 B 卷 995b5 出现的短语，这已经被亚历山大（Alexander）明显地加以揭穿了。这一卷的题目就已经泄露了它是后来，可能是最后才加进《形而上学》全书中去的，是在其他各卷都已经排好次序以后才插进去的。①最老的一种版本（E）有一种说法，说

---

① 《形而上学》书中其他各卷都以大写的希腊字母 A、B、Γ…M、N 排列次序，唯有第 2 卷是以小写的希腊字母 α 为题，显然是后来加进去的。——译者注

许多学者认为这一卷是属于洛德人巴斯克尔（Pasicles of Rhodes）的，他是亚里士多德的一个学生，欧台谟（Eudetaus）的侄子。①而亚历山大、阿斯克来比（Asclepius）和叙利安诺（Syrianus）却都认为它是亚里士多德自己写的。亚历山大怀疑它没有被摆在本来的位置上，认为它原是一篇一般的理论哲学的导言的残篇。他们认为无论从思想或语言方面说，它都是属于亚里士多德自己的，这是正确的。但是在这一卷的三章之间缺乏联系，也有力地证实耶格尔的观点，即在它之中有些是巴斯克尔听亚里士多德讲演时所做笔记的残篇。这一卷的结束语清楚地表明这个讲演不是关于形而上学，而是关于物理学的课程的导论。所以这是那些由于在手头发现了这些材料，就将它们和《形而上学》搁在一起的人所做的错误判断造成的。

Δ卷显然没有摆在它应摆的地方，同样显然的，它是真正的亚里士多德的著作。在E、Z、Θ和I诸卷，和《物理学》、《论生灭》一样，都提到过它，只是以含糊不定的词语讲到它的。这个题目在第欧根尼·拉尔修的书目中出现过，而在那里，《形而上学》本身并没有出现。对于《形而上学》说，它是有用的绪言，但它并不是专门为《形而上学》而写的绪言。它所讨论的一些观念（如第二十七章的"截取"和第二十九章的"假"），并不适合《形而上学》，它显然是早于有关物理学的著作的，而《形而上学》的其余部分，以它们现有的形式出现的，都是在它以后的。

K卷是由两个完全不同的部分组成的，并且提出了两个不同的问题。1059a18　1065a26是对ΒΓΕ卷内容的简要的说明；

---

① 阿斯克来比说，有些学者认为A卷是巴斯克尔写的；这可能是由于将A卷和α卷混淆了。

1065a26—1069a14 则包含了一系列对《物理学》第二、三、五卷的选录。这两个部分由 E 卷第二、三章的主题"偶然的东西"转到"机遇"——它也被规定为"偶然的东西",这样被勉勉强强地连在一起。K 卷在其他各卷中都没有被提到过,但是它的第一部分却是先已假定 A 卷的存在(1059a19),而且晦涩地提到(1064a36)后来的一卷(可能是 Λ)。对第一部分进行考察,可以看出它并不是一个学生可能做的对 BΓE 三卷内容的机械地释义,而是对同一主题所做自主的处理,它省略了许多(例如,1002b32—1003a5,1007a20—b18,1008a7—b12),有许多被重新排列过了,它自己又插进去不少(例如,1059b14—21、30、38,1061a20—b3,1065a14—12)。它的思想和语言(只有一个例外)都完全是亚里士多德的。这个例外就是在 1060a5、17、20,b3、12,1061b8,1062b33 用联系词 γε μήν 来联结。但是这也并不能证明它不是亚里士多德写的。一个作家可以在他一生的某个时间内常使用一个短语,然后又将它放下,策勒尔(Zeller)指出过:δέ γε 显而易见地只在《物理学》、《形而上学》和《政治学》中使用,而 τε...τε 几乎只限于在《政治学》和《伦理学》中使用。① 但是,既然 K 的内容已被承认是亚里士多德的,它究竟是亚里士多德自己写的实际的形式,还是一个学生记下来的亚里士多德的讲演,也就无关紧要了。和 BΓE 卷相比,K 卷中同一内容的篇幅少得那么多,所以我们毋宁赞成这个观点,说 K 卷乃是一个学生记的笔记了——可是,这不是和 BΓE 卷相同的一次讲演(对于那次讲演说,它是太富于自主性了),而是在另一个时期做的一次相似

---

① 这句子里的几个希腊词,都是连接词"而、则"的意思,亚里士多德在一段时期的著作中常用这一个,另一段时期又用那一个。——译者注

的讲课的笔记。

我们甚至可以推测 K 卷是一次早于 BΓE 卷的讲稿。B 卷看来是意味着"理念论"是还没有被反驳掉；① 就是说，它是属于那么一次讲课，其中已经将 A 卷第九章撤掉，而将理念留给 M 卷去讨论了。可是另一方面，K 卷却意味着"理念论"已经被反驳了（1059b3）；就是说，它属于第九章还留在 A 卷之中，还没有被后来的 M 卷中的形式所代替的时期。②

K 卷的后一部分建立在完全不同的基础上。它几乎是逐字逐句地从《物理学》选录而成的，几乎没有什么自主的处理。这种选录是经过充分的考虑的，对它要处理的主题做了很清楚的说明。这个选录对于定义显得特别有兴趣（参看，1065a27、30、35，b1、16、22、33，1066a35、1067b21、23、1068b20、26、27、30、31，1069a1、5）。这些摘录是亚里士多德自己根据某个物理学论题的简明讲课做出的，还是他的学生做出的，看来是无法确定的。如果它是后者，也显然是已经有《物理学》的稿本摆在他们面前，并不单纯是听了亚里士多德的讲演而做的笔记。从用语上的相似直到联系词都明显支持后一种假设。在 K 卷中将这两个部分联结在一起，是个奇怪的问题。可能是这样的：有一个编者发现了一个稿本是以讨论"偶然的东西"为结尾的，而另一个稿本是以讨论"机遇"开始的，所以他将它们摆在一起，成为篇幅大小恰好相当的一卷。在任何情况下，我们都可以认为第二部分

---

① 不然的话，在 997a35 中所说的第五个问题，就变成是没有意义的了。耶格尔指出，997b3 乃是事先已经有了 A 卷第六章中对"理念论"的说明，而还没有 A 卷第九章中所做的对"理念论"的批判时的说法。
② 耶格尔在《亚里士多德》第 216—222 页中表明，亚里士多德在 K 卷第一部分中的立场，是比他在 BΓE 卷中的立场更接近于柏拉图的传统的。

乃是被窜进《形而上学》来的；因为它是完全违反亚里士多德的原则的，他总是或者单纯地讨论物理学，或者单纯地讨论形而上学，认为这样比较适当。

最后，我们讲 Λ 卷。Λ 卷没有提到《形而上学》其他任何一卷。① 在其他各卷中有三处可能是讲到 Λ 卷。E 卷 1027a19 说：是不是每个事物"大部分"或有些东西是永恒的这个问题必须在以后讨论，而这点，除了 Λ 卷第六到八章外，是没有被讨论到的。K 卷 1064a36 说得更确定："如果有一种具有这种性质的本体——分离存在的又是不变动的——我们将要证明这种本体是有的。"另一方面，Z 卷 1037a12 提到一个以后要讨论的问题："是不是在可感觉本体的质料以外还有另一种本体，而且我们是不是还必须寻找一种不同于数及其类似的东西的本体"，看来更可能是指的 MN 卷。另外，上面那两处也可能是指一个已经遗失的（或者是从来没有写下过的）论述的肯定部分，而 MN 卷则是它的批判性的预备部分（参看 M 卷 1076a10 论述的问题："是不是有一种和可感觉的本体相分离的不变而永恒的本体"）。② 所以，这些提到的地方都不能完全肯定是指 Λ 卷和《形而上学》的其余各卷的联系的。Λ 卷的一切表现都显得它是一篇独立分离的著作。它自己的开始第一句话就宣称它是讨论本体的，却没有提到这事实，即在 ZH 卷中已经完全地处理过"本体"这一主题。

---

① Λ 卷 1072a4 中的"我们曾说明"，正像波利兹所说的，并不是指 Θ 卷第八章，而是指 Λ 卷 1071b22—26；"先前"很难说是指别的任何东西，只是指在同一卷或非常接近的一卷中的在此以前的一节。

② Λ 卷本身不可能是 MN 卷的批判之后的正面的独断式的续篇；它的前后两部分之间的联系（参看第六章 1071b3 提到第一章 1069a30）否定了这种可能性。同时，1075a25 以下所讲到的那场争辩也表明，如果在先已有 MN 卷，这场争辩也就不需要了。

Λ 卷的前五章讨论可感觉本体的基本性质，涵盖了和 ZH 卷相同的领域，但是完全独立地处理这个题目，它和《形而上学》的其余部分，还不如和《物理学》更为接近，例如，它将可感觉的本体分析为形式、缺失和质料（1069b32，1070b11—29，1071a8、34），和《物理学》第一卷第六章是一样的。还要注意到：ZH 卷主要是将可感觉本体逻辑地分析为形式和质料，而 Λ 卷却是对可感觉的事物的存在从因果方面做解释，因此在一个很早的阶段就引入动力因的必要性，并且持续加以强调（1069b36，1070a21、28，b22—35，1071a14、20—24、28、34）。这样，它就为证明宇宙必然有一个单一的动因准备了道路。

所有 Λ 卷的前一部分都是非常简要的。与其说它是一篇实际的论文，不如说它是一篇论文的提要。有两句句子（1069b35，1070a4）都以"与……一起"，"想起这个以后再说"开始，就清楚地指出这点。

耶格尔从这个事实，即 Λ 卷使得形而上学的成立是以在不变的本体和物理的对象之间没有任何共同的原理为条件（1069b1），推论（《亚里士多德〈形而上学〉发展史的研究》第 122 页）说亚里士多德自己还没有确定有形而上学这样一种学术，所以 Λ 卷必然是早于 ΓΕ 卷，早于 ZHΘ 卷，而且早于《物理学》，因为在所有这些著作中，形而上学的存在都是已经明白肯定了的。Λ 卷只能属于 AB 卷的时期，在那里，形而上学还只是一种"正在被探寻的学术"。他还认为（第 123 页），这点可以从 Λ 卷中还没有任何形而上学的名称（无论"神学"或是"第一哲学"）得到证实。但是他的第一个论证是不能令人信服的，因为人们可以同样论证 E 卷也是一篇早期的著作，在它的 1026a29 中，对"第一哲学"也是用有条件的（"如果"）方式来表述的。从这几页中没有出现哲学这个名称，不能推论出任何结论，而且在事实上，"智慧"这个名称是出现了的（1075b20）。从 Λ 卷的思想方式与《物理学》相似，可以猜想它的起源是较早的，但在那里提到加里浦（Callippus）的天文学说，就可以怀疑了，因为和加里浦有关的时期是不能早于公元前 330—前 325 年的。[①]

还要再考虑克利兹（Krische）和哥代克迈尔（Goedeckemeyer）的观点，他们说 Λ 卷第一到五章和 K 卷第一到八章相联，提供了和 ZHΘ 平行的章节，正像 K 卷这几章和 BΓE 相平行一样。[②] 必须指出，在 Λ 卷第一到五章和 ZHΘ 卷之间没有任何程度的像 K 卷和 BΓE 卷之间的相似性。Λ 卷第二、三章和 Z 卷第七到九章是有一般的相似，但是但除此之外，它们二者之间很少有相近之点。Λ 卷也没有处理 K 卷第一、二章提出的问题。还要注意到 Λ 卷第一到五章的相对篇幅大小和 K 卷第一到八章是很不同的：K 卷第一到八章几乎只有 BΓE 卷的三分之一，而 Z 卷是 Λ 卷第一到五章的五倍，ZH 卷是它们的七倍，ZHΘ 卷是它们的十倍。必须认为 Λ

[①] 耶格尔在《亚里士多德》第 229 页以下提出其他有力的论证，证明 Λ 卷是属于早期的。他在该书第 366—379 页中论证 Λ 卷第八章，除了 1074a31—38 以后外，都是后来加上去的。当时欧多克索（Eudoxus）和加里浦（Callippus）对天文学的研究，使得亚里士多德相信，对于天体运动的原因，不能仅限于提出"第一动者"，还需要提出一个更加精细的学说来。

[②] 克利兹：《古代哲学领域的研究》(Forschungen auf Gebiet der alten Philosophie) 第一卷第 263 页以下；哥代克迈尔（哲学史文献）第 20 期第 521—542 页，第 21 期第 18—29 页。哥代克迈尔认为下列章节是平行的：

1069a18—b2　　　=Z 卷第一、二章，
1069b3—34　　　 =H 卷 1042a24—1044b20，
1069b35—1070a9 =Z 卷 1032a12—1034b7，
1070a9—13　　　 =Z 卷 1029a2—7 或 H 卷 1042a26—31，
1070a13—30　　　=H 卷 1043b19—23，Z 卷 1033b19—1034a8。

他认为 Λ 卷第四、五章和以前各卷没有相平行的章节。

卷是一卷完全独立的论文，它有一个主要的目的，就是为世界树立一个永恒不动的动者的存在。

插进去的片段

还要说到耶格尔已经提请注意的（并不都是他首先提出来的）关于本书的某些特征。其中之一是这种倾向，即在几卷的末尾插进一些松懈的片段，多半是在一束稿本的最后还留下一点位置，或是还可以新添一点片段进去。他强调指出的有几个这样的例子。

（1）他论证（《亚里士多德〈形而上学〉形成史研究》第14—21页）A卷第十章是A卷第七章后来的一个不同版本，它原来应该是在第一到六章中对早期的观点的说明以后，又在批判它们的第八、九章以前的。

（2）K卷1065a26至结尾，可能也是这一类的更大规模的插入（同上书，第38—41页）。

（3）Θ卷第十章（查理斯特（Christ）和那托柏（Natorp）也已经怀疑过）也是这样插进去的（同上书，第49—53页）。"作为真的存在"在E卷第四章中已经被排斥在形而上学的范围以外了，正如"偶性的存在"在E卷第二、三章中已被排斥一样。形而上学只应该讨论"作为范畴的存在"和"潜能与现实的存在"，这些都相应地在ZH卷和Θ卷第一到九章中讨论了。E卷中讨论"作为真的存在"的一节是可以被允许的，因为在那里的"真"是被理解为单一的东西的现象（是和作为判断的"真"有分别的），而被承认了（1027b25—29），它也是在《论灵魂》（430a26）的学说已经提出，Θ 卷第十章已经插入以后才插进去的。（K 卷中没有和这一节相应的文字，因为那里的稿本太短，无法再插进去了。）

（4）耶格尔以更大的或然性论证（同上书，第 53—62 页）Z 卷第十二章讨论定义的统一性和 H 卷第六章是重复的，而且它出现得非常奇怪，正是在提到这个主题要被搁到将来再讨论的时候（Z 卷第十一章 1037a20）。在像 ZH 卷这样一个严密统一的整体中，居然出现有两章讨论同一主题而又不互相提及，更是令人难以思议的。再说，Z 卷第十二章只是一个片段，因为它没有讨论由归纳得到的定义，这是亚里士多德在由分类得到定义以后说过要做的（1037b27—1038b34）。既然 Z 卷第十一章以对到此为止的 Z 卷的内容的简短提要为结束，第十三章却又宣告了一个新的起点。所以，从第一到十一章组成为这个论证的一个特定部分。耶格尔认为可能是第一到十一章和第十三到十七章分开在两卷稿本之中（要注意，Z 卷是《形而上学》中最长的一卷），因此，第十二卷这种孤立的重复可能只是为了方便而被摆进第一卷稿本的空着的篇幅中去的。

这些实例本身没有一个是完满的结论，但是它们积累起来，却为我们有力地说明了关于《形而上学》一书的排列的一些特色的真正的原因。

将 α、Δ、K、Λ 各卷插在它们现在的位置上的原因可能如下：

（1）α 卷被插在 A 卷和 B 卷之间，是因为 A 卷最后的一些话，看来似乎承诺在 B 卷提出的主要问题以前，还可以提出一些绪言性的问题。

（2）Δ 卷被插在 Γ 卷以后，是因为 Γ 卷 1004a28 提出要考察名词的各种不同的意义；也可能是因为 E 卷 1026a34 是第一次回

指到 Δ 卷的。

（3）Λ 卷与 MN 卷摆在一起，是因为它像 MN 卷一样，都是讨论永恒的、不可感觉的存在的。

（4）K 卷被摆在 Λ 卷前面，是因为从表面上看，Λ 卷可能是和 ZHΘ 卷平行的，正像 K 卷是和 BΓE 卷平行的一样。

《形而上学》的最早的版本

关于这些论文在什么时候被摆在一起，形成为《形而上学》的，我们已经很难判断了。亚历山大的意见是：有两个部分"亚里士多德是摆在一起的，但是被欧台谟分开了"。阿斯克来比则说了一个不同的故事：亚里士多德将整部著作交给欧台谟，欧台谟认为"如此巨大的作品应当被出版"是不合适的；在他死了以后，书的部分丧失了，后来的学者从亚里士多德别的著作中取来一些篇幅补足空隙，尽他们所能将它联成一整部书。策勒尔指出过：阿斯克来比的这个故事意谓有一种秘传的学说，而这是不能回溯到欧台谟的；而且事实上《形而上学》也不是从亚里士多德的其他著作中选录出来连在一起的。阿斯克来比的权威性无论如何不能估计得太高。亚历山大的猜想似乎更可靠些：欧台谟可能对形而上学做过一些编纂工作，正如他对伦理学著作做过的那样。[①]

狄奥根尼·拉尔修提出的亚里士多德著作的最古老的目录，

[①] 亚历山大所做的原因的猜测是比阿斯克来比所精心构造的故事更有意义些。阿斯克来比的故事是将 A 卷或 α 卷和欧台谟的侄子联系起来，这和认为欧台谟对《形而上学》做过一些编纂工作的观点是一致的。

大约是以海尔密浦（Hermippus，公元前200年）为根据的，其中没有包含《形而上学》，只是在"关于用词的意义或关于补充"的题目下提到 Δ 卷。在《匿名的梅纳吉》的书目中有《形而上学 K 卷》，并以《形而上学 I 卷》作为附录。这两种提法可能都是指十卷本的《形而上学》。托勒密·却诺斯（Ptolemaeus Chennus 公元100年）的书目中包括《形而上学》十三卷（没有 α 卷，或只将它当作 A 卷的附录）。《形而上学》的名称，第一次见于大马士革的尼古劳斯（Nicolaus of Damascus），那是在奥古斯多（Augustus）[①]时期；但通常都被认为是安得洛尼可（Andronicus，公元前60年）确定的，那时他刊布了篇幅巨大的亚里士多德著作的版本。但是耶格尔指出[②]，在那个时期以后，对这些经典作家的著作似乎没有再做过增添。如果是这样的话，安得洛尼可编的《形而上学》必然包含14（或13）卷，所以，十卷本的《形而上学》以及《形而上学》的书名，必然是早于安得洛尼可，虽然大约是后于海尔密浦的。但是因为我们没有别的更早于安得洛尼可的版本，这个结论还只能存疑；也同样有可能的是：说经典作家的经典著作在罗马帝国开始时期已经确定下来的通则，独有亚里士多德是个例外。

　　耶格尔已经指出，《形而上学》的外部历史有一个奇特之点，即它的每一卷都单独有一定的独立性，看来可能是每卷开始时都是写在独立的一束稿本上的（一般都缺少连接词也指出这一点）。那些束稿本的篇幅必然是很不相等的。现在，每间隔一卷即：α、Γ、E、H 和 I（而且只有在这几卷）的结尾有出现一个或全部是手抄体的字，明显地指出下一卷的开始，就像古代的书籍每一页

---

① 奥古斯多是罗马帝国第一任皇帝，公元前27年—公元14年。——译者注
② 耶格尔：《亚里士多德〈形而上学〉形成史研究》，第180页。

的第一个字总是写成前一页结尾时的那个提示字一样。从这一点，耶格尔论证说，由于商业上的目的，《形而上学》可能被安排为七束，每束包含两卷；其中单独一卷的篇幅是不相等的，可是每两卷合在一起的篇幅就是相近的了。① 这样就得出：

Aα 为 $14\frac{1}{2}$ 页（贝克尔本的页数，下同）

BΓ 为 $17\frac{1}{2}$ 页

ΔE 为 15^1 页

ZH 为 $17\frac{3}{4}$ 页

ΘI 为 $13\frac{1}{2}$ 页

KΛ 为 $16\frac{3}{4}$ 页

MN 为 $17\frac{3}{4}$ 页

Λ 卷结尾的连接短语可能是已经丢失掉了。

（原载《外国哲学》第 3 辑，商务印书馆 1983 年版）

---

① 耶格尔：《亚里士多德〈形而上学〉形成史研究》，第 181 页。

王太庆译《柏拉图对话集》*"前言"

王太庆译《柏拉图对话集》内容包括两个部分：第一部分是他的译文，计有柏拉图的对话12篇，其中两篇未译完，有一篇是节译。另有附录两篇。第二部分是太庆自己的论著，其中有他对柏拉图哲学思想的研究论述，对柏拉图和古代希腊哲学以及整个西方哲学的几个重要术语的理解和翻译问题的意见，还有对外国哲学著作汉语翻译问题的理论看法。这些论著是他多年的研究成果和长期的翻译经验的总结，对读者阅读他的译文是很有助益的。所有这些译文和论著，只有两篇论文曾在《学人》和台湾《哲学杂志》分别发表过，见到的读者大约不多，其余均为第一次公开发表。太庆对自己的著作是非常慎重的，不肯轻易发表，这些译文和论著都是他在近十几年中陆续写成的，如果他还健在，一定还要修改再修改才能问世。现在这些译著都是在他突然去世后，我们从他的遗稿中收集整理出来的。既然他已经不在，我们无权做任何改动，好在他自己写的稿子每一页都很整齐清楚，均可以按原稿付排。

---

* 王太庆译《柏拉图对话集》将由商务印书馆出版。（该书2004年已由商务印书馆出版——编者注）

一

柏拉图的对话既是哲学名著,又是文学名著,被各国人民广泛阅读,已被译成各种语文,如英、法、德、意文都有他的对话全集的译本,而且不止一种,各单篇对话的译文更多。相比之下,中文译本就显得太少,至今没有译出全集,而且有近三分之一的对话还没有翻译。①

太庆在《试论外国哲学著作的汉语翻译问题》文中概述了中国从汉唐以来翻译外国经典著作的历史,他认为近代从严复开始翻译西方哲学著作,经过"五四",尤其是在1949年以后,翻译工作有较大的进步和发展。我们可以看到,对柏拉图对话的翻译情况也是这样。

民国初年郭斌和、景昌极两位先生开始翻译柏拉图对话,陆续在《学衡》杂志发表;《学衡》是反对当时新兴的白话文运动的,所以他们也采用严复式的文言文翻译。从景先生的译序中看到,他主要根据的是 B. 乔伊特(B. Jowett)的英译本。1933年集成《柏拉图五大对话集》出版,五篇对话是:《自辩篇》(*Apology*)、《克利陀篇》(*Crito*)、《斐都篇》(*Phaedo*)、《筵话篇》(*Symposium*)和《斐德罗篇》(*Phaedrus*)。全书"序"中则说译后又取各英文译本及希腊文原本校阅,校阅者是吴宓先生。他们将柏拉图的主要术语 Idea 音译为"埃提",将 Doctrine of Ideas 译为"埃提论",景先生则译为"埋型说"。但是到了1985

---

① 写作此文时,王晓朝译的《柏拉图全集》尚未出版。

年由郭斌和先生和张竹明先生合译的《理想国》出版时，已经采用现在通行的白话文翻译，文字流畅可读，和60年前郭先生的译文对照，是完全不同了。《理想国》在1921年曾有吴献书先生的译本，也是用文言文译的，1957年为了读者需要，商务曾经重印，到1985年才有了现代语文的译本。郭、张先生的译文是根据娄卜（Loeb）古典丛书希、英文对照本和牛津版乔伊特和坎贝尔（Jowett & Campbell）的希腊原文，并参考多种英文译本译出的，他们将Idea译为通行的"理念"。由此可见，六十多年来对柏拉图对话的翻译，既发生了从文言文到白话文的变化，又有从主要根据英译本翻译到主要根据希腊原文翻译的不同。

1932年出版了由张师竹初译、张东荪改译的《柏拉图对话集六种》，虽然仍以文言文翻译，但已比较接近白话文。张东荪先生在"序"中说：张师竹先生完全根据乔伊特英译本翻译，而他自己参考各种译本，主要根据娄卜古典丛书本的英译，对原译改动处占十分之七、八，并加了许多笺注。"余於是知译事之难矣"。他认为译书"必先具备三事：一曰文字之知识，二曰学理之知识，三曰须能循守著者之思路"。所以他的译文比较严谨。他们译的六种对话是：《欧雪佛洛》（Euthyphro）、《苏格拉地之辩诉》（Apologia）、《克利托》（Crito）、《菲独》（Phaedo）、《普洛他过拉》（Protagoras）、《曼诺》（Meno）。

严群先生多年从事柏拉图对话的翻译，1963年整理旧译，出版了《泰阿泰德、智术之师》（Theaetetus, Sophista），这是柏拉图后期哲学思想的两篇重要对话，前一篇讨论认识论问题，后一篇讨论本体论问题，提出"通种论"思想。由于严先生年老多病，至1983年才又整理出版柏拉图早期的三篇对话《游叙弗伦、苏格拉底的申辩、克力同》(*Euthypron*, *Apologia*, *Criton*)。严先生是严复的后裔，他继承先祖的译风，也用文言文翻译，不过他的译文中已经掺进一些白话文词句了；而且他不像严复那样，在有些地方采用意译转述的方法，而是按照原文逐句翻译。严先生主要根据娄卜古典丛书的希腊文，并参考其他多种英文译本译出。对于希腊的人名地名，他不同意一般流行的根据从希腊文译为现代欧洲语音翻译，主张"悉从希腊原字翻音，并结合汉字四声，以求准确。"

1944年出版的陈康先生译注的柏拉图《巴曼尼得斯篇》，是一部有学术价值的翻译作品。这篇对话是柏拉图后期哲学思想的主要著作，两千多年来学者对它的内容一直有争议，被称为"最大的谜"，西方学者对这篇对话一直没有做出能前后一致贯通的解释。陈先生根据他对柏拉图和亚里士多德有关"分离"问题的深入研究，对这篇对话做了创新的解释。陈先生是根据J.伯内特（J.Burnet）校勘的希腊文《柏拉图著作集》(*Platonis Opera*)本译出的。他通过翻译详细说明他的解释观点，因此对柏拉图的原文，他采用直译，另外加写了数量上数倍于原文的注释，从文字的校勘、词句的释义，直至内容的评价，特别注重其中论证步骤的分析，将前后两个部分的关系解释清楚了。但也因此读者如果不看注释而只读直译的原文，是无法看懂的。陈先生在"序"中说明了他译注的目的和方法，并且对严复提出的译文要"信、达、雅"的原则，提出了评论。陈先生在书中对柏拉图的主要术语提出了新的译词，如将Idea译为"相"，将estin译为"是"。陈先生的这部译注对太庆影响很大，不但引发他研究柏拉图和希腊哲学的兴趣，而且他后来进行科学研究和翻译工作的态度和方法，可以说主要是遵循陈先生指引的方向的。

1963 年出版了朱光潜先生翻译的《柏拉图文艺对话集》,他译了《伊安篇》(*Ion*)、《理想国》第二至三卷和第十卷、《斐德若篇》(*Phaedrus*)、《大希庇阿斯篇》(*Hippias Maior*)、《会饮篇》(*Symposium*)、《斐利布斯篇》(*Philebus*)和《法律篇》(*Leges*)中和文艺有关的章节等,共九篇。朱先生说他自己不懂希腊文,但将英文和法文几种译本对照后,认为以由布德(Bude)学会印行的希、法文对照的法文译本《柏拉图全集》为最好,他是主要根据这个法文译本,并参考其他英、法文译本译出的。以朱先生的文笔,译文当然是精美的。

我们看到:在这将近一百年的时间里,我国翻译柏拉图对话的工作,确实有很大的发展和进步。对这几位前辈的翻译,太庆都做了研究,从中吸取经验教训。

二

更重要的是太庆在他自己的长期实践中,逐渐对翻译工作形成了一套理论看法。

1947 年太庆在北京大学哲学系毕业后,到贺麟先生主持的西洋哲学名著编译会工作。贺先生强调翻译必须以研究工作为基础,规定要在译文前撰写导言,并进行讨论。贺先生对学生要求较严,太庆文章中提到过贺先生对他的批评。后来太庆说过:"贺先生既教了我哲学,又教了我翻译哲学的办法……我的另一位老师陈康先生则从哲学翻译的理论上给了我们深刻教育,教我们把翻译看成一种严肃的事业。"(《试论外国哲学著作的汉语翻译问题》)太庆对这两位老师的教导是一直铭记在心的。

1952年院系调整,将全国各大学原有的哲学系集中到北京大学,主要进行教师的思想改造。当时的西方哲学史组没有教学任务,教师主要从事翻译工作,编译一套《西方古典哲学原著选辑》,陆续出版了《古希腊罗马哲学》、《16—18世纪西欧各国哲学》、《18世纪法国哲学》和《18世纪末—19世纪初德国哲学》。主持这项工作的洪谦先生因为太庆年轻,精通英、法、德等多种语文,工作又认真负责,所以将最后的审定稿子和编辑工作都交给他担任。太庆同时又和贺麟先生等一起翻译黑格尔的《哲学史讲演录》,也担任最后的统稿和编辑工作。在那些年里,太庆和贺麟、洪谦、任华、熊伟、方书春、王玖兴、齐良骥、苗力田、陈修斋、张世英、杨祖陶诸先生一起切磋讨论哲学著作的意义和翻译问题,往往争论不休;为了一个术语或一句话应该如何翻译,太庆常常去图书馆查找各种译本,寻求解决。在这样的条件下进行翻译工作(实际上也是研究工作),应该说是人生难得的机遇,太庆由此积累了丰富的经验,后来主持编译《西方资产阶级哲学论著选辑》、《现代西方哲学论著选辑》以及《西方哲学原著选读》等著作时,他便驾轻就熟了。

经过50年的工作,太庆逐渐形成一套翻译哲学著作的理论,在《论翻译之为再创造》这篇文章中,他概括为:

> 翻译的过程分为两个段落:第一步是从原文追索原意,也就是说,从原文的词汇和语法入手,找出原著的逻辑结构。译者如果是这门学问的外行,就必须以原文为出发点,小心

地进而追出作者立论的道理,即客观存在的逻辑(并非个人的主观遐想),从而化不懂为懂,成为内行。第二步,是这位已经弄懂道理的内行译者设法运用汉语的词汇和语法来表达这个道理,即原著的内在逻辑,让读者明白它。原文的语言跟译文的语言不一样,译文不能照搬原文;但是其中包含的逻辑必然一样,否则翻译就是不可能的事了。每一种语言都以自己的特殊形式表达那共同的逻辑,因此译者既要精通外语,以便从其中看出逻辑,又要精通汉语普通话,以便恰当地表达出这个逻辑。而且外语中的专门术语,必须求得精确的理解,这样才能在汉语词汇中选用妥善的表达办法来表达它,如果汉语词汇中还没有现成的办法,需要增造新词,那也必须按照汉语构词规律从已有词素中选择合适成分来铸造,那样说汉语的读者才有可能准确地理解。

这两个段落都是科学的活动,科学的活动是人类的创造活动。作者想出了道理之后,把它精确地表达出来,是进行科学的创造活动;译者虽然没有亲自想出这个道理,却仔细地学会了它,再把它精确地表达出来,这种科学的活动可以说是再创造。因而"信"和"达"都必须创造。

太庆认为决定翻译好坏的关键是两个,一个是逻辑,另一个是语言。译者首先必须对原著有相当的理解,了解原著所讲的道理。西方哲学著作都是重视逻辑的,一篇哲学著作有完整的逻辑结构,每个结论都是经由逻辑推理论证步骤才能得出的;译者必须分析研究,了解这些逻辑步骤,才是对原著有所理解。然后才是第二步,即将译者所理解的原著中的逻辑,用恰当的汉语将它表达出来。原著中的逻辑是客观存在的，用汉语表达的逻辑必须和原著的逻辑一致，如果译者没有很好理解，或是误解，甚至主观曲解，便不是好的翻译，因为原著的逻辑和译文所表达的逻辑在内容上应该是共同的，它们只是用不同的语言在表述形式上是不同的。所以除了重视逻辑内容以外，太庆特别注重翻译表述所用的形式——语言。他学习多种语言，对于语言学，从语法结构到语音都很有兴趣。他认为译者不但要通晓原文的语法结构，才能正确理解原作者的逻辑论证，更必须通晓现代汉语的语法结构、词汇以及习惯用法，才能将原著中的逻辑恰当地表述过来。他坚决反对那种认为译者只要懂得外语，能够将原著中的外文逐字逐句译成相应的汉语，便是翻译的看法，他将这种翻译比做小学生的"描红"。他认为一个好的译者在看懂了原著的内在逻辑以后，还必须再认真地开动一番脑筋，考虑采用什么样的汉语形式才能将原著的逻辑正确地表达，既要不违背不歪曲原著的逻辑，又要符合汉语的语法结构和习惯用法。因为西方语文和汉语之间的差别很大，而且中国传统哲学不大重视逻辑推理，所以用汉语翻译西方哲学不像将德语译成英语那么简单，译者必须花工夫选择恰当的词汇和词句才能表达原意，并让中国读者能够看懂。而这一点又是翻译工作必须做到的，否则不如不译。因此他认为翻译是一种再创造，也是一种科学活动。太庆在文章中举了若干例子，是他经常提到的。

我以为太庆这些论述，既是从哲学方面，又是从语言学方面为翻译工作提供了理论说明，对我们提高翻译工作的质量是有助益的。

三

　　太庆早期是研究笛卡尔的，我们在他的遗稿中还发现有1948年他对笛卡尔《方法谈》的法文原著的译稿，纸张早已发黄了。后来他参与翻译、统稿和编辑各种西方古典哲学原著选辑的工作，遍及从古至今西方哲学史领域。但是到20世纪70年代末，他经历了坎坷的生活，从宁夏银川回到北京后，他的兴趣已逐渐专注于古代希腊哲学。先是我和他要求商务印书馆的高崧先生，重新印行陈康先生译注的柏拉图《巴曼尼得斯篇》，在校阅全稿时，将陈先生因限于当时条件，不得已把原来的希腊字均转写为拉丁字母的，都由太庆恢复为希腊文字。后来他和我合编《陈康：论希腊哲学》一书，我想从他学习翻译工作，提出将陈先生的九篇英文著作先由我译成初稿，请他校阅。他看得很细致，纠正我不少错误，有几页错误较多，他为我重译再抄，我得益良多。

　　20世纪80年代后期，太庆准备翻译柏拉图对话全集，但刚开始译了几篇他就停下了，因为他觉得有些关于柏拉图哲学的根本问题，还需要重新研究考虑。就我所知，那是有关柏拉图用的主要术语的理解和翻译问题。其中首先是柏拉图所说的 idea 和 eidos，现在一般都译为"理念"，可是我们都记得陈先生早已说过：柏拉图时代还没有产生后来的"理"（ratio）的思想，而且它们也不是主观的"念"。在柏拉图的对话中，确有几篇曾将 idea 说成似乎是主观的概念，但更多的是将它说成是认识的客观对象，所以陈先生主张译为"相"和"型"。对陈先生这个意见，我们都是同意的，可是在我和几位同志编写《希腊哲学史》第一卷时，我总觉得"理念"这个译词已经为一般读者所习知，换成"相"容易产生不习惯，不如"约定俗成"，仍译为"理念"。我将这本书寄呈美国陈先生后，他回信中对别的没有提什么意见，但对"理念"这个译词，他一再指出是不妥当的。太庆批评我说"约定俗成"实际上是"约定错成"。他将这句话写在文章中，不过没有说明他所批评的是我。我在《希腊哲学史》第二卷论述柏拉图哲学时，下决心将"理念"改译为"相"，就是他促成的，可惜陈先生已经看不到我纠正错误了。

但是更为重要的是另一个更普遍的术语 einai（estin，on，即英文 being）。1987 年我和太庆在《陈康：论希腊哲学》的"编者的话"中说：这个术语陈先生最早按德译 Sein 音译为"洒殷"，后来有时译为"存有"、"有"或"是"；我们在陈先生写的中文论文中均保留他原来的译法，但在翻译他的英文著作时，均将 being 按通常译法译为"存在"。太庆对于这个办法是不满意的，他寻根究底，追到最初提出 estin 的巴门尼德，对照希腊原文和各种译本，发现最早将这个词译为"存在"并引起误解的，原来是他自己。1993 年他发表在《学人》第四辑上的文章《我们怎样认识西方人的"是"？》中说明了这个过程：他 20 世纪在 50 年代初翻译《古希腊罗马哲学》中的巴门尼德残篇时，"没有真的读懂，又不认得希腊文，遇到困难只能反复推敲各种译本"，将巴门尼德提出的两条认识道路译成为：

（1）一条是：存在物是存在的。

（2）另一条是：存在物是不存在的。

由此以讹传讹，造成普遍的误解和误译。后来他学会了希腊文，再将希腊文和各种译本对照，了解了巴门尼德的原意。他说，

"我现在认为这两句应改译为:

(1) 一条是:它是,它不能不是。

(2) 另一条是:它不是,它必定不是。"

他在这篇文章中既从语言学,又从哲学的角度,说明西方语文中 being 这个字有"在"、"有"、"是"的"三合一"的意思,但是在中文中这三个字的意义和用法是不同的。他认为用"有"和"存在"翻译这个词,可以引起不恰当的联想,只有用"是"来翻译,才能表达西方哲学的特色。①

(应该说明:太庆对这两个术语的译法也是有个认识发展过程的。收在本集中的译文和论著,他都没有写明写作年份,我们无法判定哪篇写作在先,哪篇在后。只能根据文字内容做大致推想,他在文章中使用"理念"和"相"、"存在"和"是"的不同译法,也是可以用来推算的一个标准。)

太庆在解决了这个术语的理解和翻译问题以后,对柏拉图的哲学就可以达到深入一步的了解了。一般哲学史上都说:柏拉图是继承巴门尼德的思想路线的,他所说的"相"就是巴门尼德的"是"的发展。但是要说明从巴门尼德的"是"如何发展为柏拉图的"相"却不是很容易的。太庆于 1997 年发表在台湾《哲学杂志》第二十一期上的文章《柏拉图关于"是"的学说》,从哲学和语义学这两个方面结合起来解释了这个问题。他认为柏拉图的"相论"(Theory of Ideas)也就是"是论"(Theory of Being),它在希腊哲学的发展中,起着继往开来的作用。他在这篇文章里讨论了:(1)柏拉图以前的是论;(2)柏拉图的早期是论;(3)柏

---

① 王太庆:《我们怎样认识西方人的"是"?》,载《学人》第四辑 1993 年。

拉图对自己早期是论的批判；（4）柏拉图的新是论。这样他对于柏拉图哲学获得了完整的、一以贯之的认识。为此他前后花费了差不多整整十年工夫，表现出一位学者探求真理的坚持精神。他得到了这个结果，正当可以继续完成翻译柏拉图对话全集的时候，却不幸与世长辞了，这是我们学术界的损失，但是我相信他的这些研究成果是可以给今后柏拉图哲学的研究者以启发的。

四

太庆原来计划在每一篇对话的译文前面写条"简介"，帮助读者了解，后来没有做成。现在我为他译出的这几篇对话做点简单的介绍：

（柏拉图写的对话，大多以主要对话人的名字作为篇名，现代欧洲英、法、德文翻译古代希腊的人名、地名时都按它们各自的文字音译，汉语译者从这些现代欧洲文字转译时，也按照它们音译。上文提到：严群先生主张按照希腊原字译音，"并结合汉字四声，以求准确"。太庆进一步提出：人名、地名从外文转写为中文的原则应该是"名从主人，这就是严格依照原文，而不仿效他种语言的译文，因为那样会走样以致造成混淆。我国过去的希腊专名译文，绝大多数是仿效他种语言转译，其中仿效得最多的是英文，甚至按照美国口音译写，以致离希腊文甚远，难以还原。"他主张应该按照希腊古音，根据国际音标译为汉字。为此他专门写了一篇《希腊专名的译法》，说明他的意见。因此太庆译文中的人名、地名以及对话篇名，与一般的译法都有不同。本文在谈到柏拉图对话各篇的译名时，写的都是译者各自的译文，因此同一篇对话出现不同的译名，在此只能附加他们各自所写的外文。太庆自己的译文和论著是在不同时期写下的，译音也略有不同，他自己没有统一，本书统按原稿。）

《欧悌甫戎篇》（$Ev\theta v\varphi\rho ov$，Euthyphron）写的是苏格拉底受到控告，说他不信神；在他出庭受审之前，和热心宗教的欧悌甫戎讨论什么是"虔诚"（hosiotes，英译 piety 或 holiness）的问题。欧悌甫戎提出几种具体的虔诚的例子，都被苏格拉底驳倒，最后以没有得出结论告终。这是一篇"苏格拉底式的对话"。《苏格拉底的申辩篇》（$A\pi o\lambda o\gamma\iota\alpha$，Apologia）写的是苏格拉底在审判庭上侃侃而谈，为自己辩护。这是一篇著名的文辞并茂、为世人传诵的文字。《格黎东篇》（$K\rho\iota\tau ov$，Criton）写的是苏格拉底被投入监狱后，他的挚友、雅典巨富格黎东去狱中，再三说服苏格拉底越狱逃生，苏格拉底认为任何公民都不能违背法律，坚决拒绝。这三篇对话描述的都是苏格拉底最后一段生活的情况，大体符合历史实际，可能是在苏格拉底死后不久，柏拉图为了纪念他这位老师而写的。学者们认为是柏拉图最早写成的对话，它们被列入柏拉图对话的最前列，上列许多中文译本都译了这三篇对话，读者如果对照阅读，便可以看到译文的不同和它们的发展变化。

柏拉图早期写的对话被称为"苏格拉底式的对话"：苏格拉底和青年人讨论伦理问题，问"什么是某某品德？"他要得到的回答是这种品德的普遍定义，但是对话者都以这种品德的特殊事例来回答他；虽经苏格拉底一再诱导，仍以不能得到普遍定义而告终。这种情况大体符合苏格拉底当时与人论辩的实际情况，所以学者们认为这些对话可以代表苏格拉底本人的思想。《卡尔弥德篇》(Χαρμιδης, Charmides)、《拉刻篇》(Λαχης, Laches)和《吕锡篇》(Λυσις, Lysis)是同一组的三篇对话,就是这种苏格拉底式的对话的典范。这些对话可以说是为柏拉图的相论做准备的,因为对于"什么是某某?"的问题,能够并应该做出的回答也就是这个品德的普遍定义,即这个品德的"相",也就是它的"是"。《卡尔弥德篇》讨论的品德是"明智"(sophrosyne,一般英译为temperance,中译"节制"或"自制"),《拉刻篇》讨论的品德是"勇敢",《吕锡篇》讨论的品德是"友情"(philia),太庆未译完。

《枚农篇》(Μενων, Menon)可以说是柏拉图从早期苏格拉底式的对话转入开始提出"相论"的一篇重要对话。苏格拉底提出的问题是:品德是不是可以传授的?先必须弄清楚什么是品德?枚农提出了各种各样具体的美德,却没有得出美德的普遍定义。但对话并不就此以无结论告终,而是由苏格拉底提出:这些美德必须有一个同一的"型"(eidos),才成其为美德。于是又问道:人是如何认识这个同一的"型"的?柏拉图提出了他著名的"回忆说"。

《裴洞篇》(Φαιδων, Phaidon)是叙述苏格拉底在狱中临刑服毒以前和学生们最后一次对话,讨论哲学家如何对待生和死的问题。苏格拉底认为死亡不过是灵魂从肉体中分离解放出来,得到净化。由此论述了灵魂不灭和回忆说,不过这篇中的回忆说和《枚农篇》的回忆说已经有所不同。在这篇对话中,柏拉图比较系统地论述了"相"的特征,"相"和众多具体事物的不同以及它们之间的关系,所以是柏拉图早期相论的一篇重要对话。

《会饮篇》(Συμποσιον, Symposium)也是柏拉图早期相论的一篇重要对话,它描写在一次宴会上,参加者每人致一篇对爱神

Εροs（Eros）的颂辞。六篇颂辞都是优美的文学作品，它们的共同主题是颂扬真、美、善的统一。柏拉图提出肉体的爱不如精神上对智慧和美德的爱，这就是著名的"柏拉图式的爱情"。这样的爱就是至善。如何才能认识这个"美"？柏拉图不再用回忆说，而是描述了认识"美"的过程：从认识美的形体到美的道理、美的制度等等，一级一级逐步上升，经过飞跃最后认识了美自身，即"美的相"。他又说明了这种"相"的特征：它是永恒的、不生不灭的、绝对的、单一的（一类中只有一个），以及有生灭的具体事物"分沾相"。一般都将这几点说成是柏拉图早期所说的"相"的基本特征。

《治国篇》（Πολιτεια，Politeia）（一般译为《国家篇》，因为古代拉丁文将它译为Respublica，英文译为Republic，早期有人译为《共和国》，一般将它意译为《理想国》）当然是柏拉图早期相论的一篇最系统、最重要的对话，但是太庆只译了其中第三卷的开始部分，是讨论在培养公民的品德上，诗歌所起的教育作用的。他攻击荷马史诗中的许多描绘，认为它们是不适宜于教育青年的。太庆没有译完，突然中断了。还有第十卷，主要是柏拉图关于艺术的摹仿说。

《巴门尼德篇》（Παρμενιδης，Parmenides）分两部分：前一部分是柏拉图对他自己早期相论的批判，认为由于早期所说的"相"和个别事物是分离的，"相"和"相"也是相互分离的，所以产生了困难。后一部分则以八组虚拟的推论，说明只有以"一"为代表的"相"不是孤立的分离的，而是和"是"相结合的，是"是的一"，才能和"其他的"（即多数的事物）相结合，这个"是的一"也能和各种对立的"相"相结合。这样柏拉图建立起他后期的"是论"。太庆完全接受陈康先生对这篇对话所做的理论解释，但是他想改变陈先生直译原文、另加大量注释的翻译方法，而是按照他自己的理解，将柏拉图的论证直接翻译出来，这是一个大胆的尝试。

《智者篇》(Σοφιστης, Sophistes) 中柏拉图讨论"智者是什么？"他将智者定义为贩卖假知识的人。由此从"真"和"假"谈到"是"和"不是"。柏拉图在这篇对话里将"相"称作"种"(genos)，认为有些"种"是可以互相结合的。他论证几个主要的"种"——"是"、"静止"、"运动"、"等同"、"殊异"之间是可以相通的，而"殊异"与"是"结合，便成为"不是"。这就是柏拉图的"通种论"。它对柏拉图在《巴门尼德篇》中的后期"是论"做了积极的正面论证。太庆没有译出全篇对话，但是将"通种论"的全部逻辑论证都译出来了。关于柏拉图的早期相论，以及他自己批判这种相论，转为后期是论的思想发展过程，太庆在《柏拉图关于"是"的学说》文中说清楚了。

太庆翻译柏拉图对话主要根据的是 J. 伯内特的校勘本希腊文《柏拉图著作集》(Scriptorum Classicorum Bibiotheca Oxoniensis, *Platonis Opera*) 1984 年重印本。他翻译时喜欢参考各种英、法、德文和中文的译本，用来和自己的理解对照，吸收别人的长处，避免其缺点。他认为在各种外文译本中，法文译本比较接近希腊文原义。

太庆翻译这些对话的文字和一般译文有所不同。在《柏拉图关于"是"的学说》文章中，他讲到他的翻译深受贺麟和陈康两位先生的影响。他说："陈先生和贺先生在学习西方哲学思想这一点上是志同道合的，但是在介绍和翻译西方思想时所采取的办法却不相同，贺先生主张会同中国固有思想，陈先生主张清除翻译中的不纯因素，以外国原有思想为归依。我受这两位老师的影响很深：在遣词造句方面我力求像贺先生那样通达，合乎中国人的习惯；在义理和术语方面我力求像陈先生那样忠于原义，一丝不苟。"在翻译这些对话时，太庆就是"力图以陈先生的'信'配上贺先生的'达'"。尤其因为柏拉图原来写的是几个人之间的谈话，太庆译成的中文，更加要显示谈话时的口语语气。他自己说："这样做也很吃力，常常顾此失彼。"但是我想太庆这些努力是不会白费的，他为后人提供了一个值得学习的翻译样版。

在这些对话以外还有两篇译文，是太庆原来打算作为对话全集的附录的。一篇是《苏格拉底、柏拉图传》，译自公元三世纪的传记作家第欧根尼·拉尔修的《著名哲学家的生平和学说》，这部书是专门辑录古代希腊哲学家（从泰勒斯到伊壁鸠鲁）每人的有关记载和传说的。另一篇是《亚里士多德论柏拉图》，翻译《形而上学》第一卷（A）第六和第九章，前一章介绍和论述柏拉图早期的相论，以及当时柏拉图学园内斯彪西波等以"数"为"相"的理论；后一章是对这些相论的批判。这是很重要的一章，太庆在《柏拉图关于"是"的学说》文中做过介绍论述。后来发现太庆还有一份译稿《亚里士多德论苏格拉底、柏拉图》，是辑译在亚里士多德著作中评论苏格拉底和柏拉图思想的一些章节片段。其中主要有：第一，《形而上学》A卷第六章的部分，却没有第九章，另加了M卷第四和第九章中对柏拉图"相论"的批评片段。第二，《尼科马可伦理学》、《大伦理学》、《欧德谟伦理学》中对苏格拉底主张"美德即知识"学说的批评，认为他忽略了情感和激情也是构成美德的因素。亚里士多德在《大伦理学》中提到"老苏格拉底",表示他批评的是苏格拉底自己的思想,因为柏拉图在后期对话《斐莱布篇》中是强调快乐、痛苦等情感在形成品德中所起的作用的。第三,《政治学》中批评柏拉图在《治国篇》中借苏格拉底之口提出的共有财产、妇女、儿童的共产思想。这些都是在亚里士多德著作中对柏拉图和苏格拉底提出的重要批评。从内容看,这组译稿显然不如前一篇《亚里士多德论柏拉图》重要,大约是太庆较早译成的,所以附在前一篇后面。

*　*　*

太庆去世以后,他的夫人杨学菁女士整理他的遗稿,发现有许多尚未发表的译文和论文,应予发表。杨适和我协助她将有关柏拉图对话的稿件整理编成这部文集,我做简单说明如上。对于北京大学哲学系支持和商务印书馆接受出版这部文集,谨致谢忱。

1999 年 4 月

王晓朝译《柏拉图全集》"序"

继苗力田主持翻译的《亚里士多德全集》出版以后,由王晓朝翻译的《柏拉图全集》又将陆续出版,对于我国学习和研究古代希腊思想史,这是值得庆幸的好事。

柏拉图的对话是古代希腊留给我们的,最早由哲学家亲自写定的完整的著作。苏格拉底以前的哲学家留下的只是一些残篇,苏格拉底自己没有写过什么著作,他的思想活动,主要只能从柏拉图的对话中才能窥见。在近代,西方曾经有些研究者怀疑柏拉图对话的真伪问题,但现在学者们几乎公认为极大多数对话确实出自这位哲学家的手笔。

柏拉图的对话无疑是希腊文化留下的瑰宝。它不但为我们展示了一个在西方哲学史上最早的,也是两千多年来影响最大的理性主义的哲学体系;而且在文学史上也是极其优美的杰作,尤其是在他的早中期对话中,既充满了机智幽默的谈话,又穿插了许多动人的神话故事和寓言。他的对话可以与希腊古代的史诗、著名的悲剧和喜剧比美,是世界上不朽的文学名著。因此不但为学习哲学和文学的人所必读,而且是世界各国许多人所喜读。我国从20世纪20年代起就有人翻译柏拉图对话了，但直到现在，可能还有柏拉图全部著作的将近一半左右篇幅尚未翻译出版，所以这部全集的出版是十分必要的、及时的。

一

关于柏拉图的生平和著作的情况，译者在导言中已经做了必要的介绍，我在这里只想补充谈几点自己的体会。

柏拉图是苏格拉底的学生，他们生活的时代已经是雅典的民主政治从兴盛繁荣走向衰落。一些政治野心家在公民会议上靠着蛊惑人心的演说煽动群众，夺取政权，成为专制独裁者，使人民从主人沦为群氓；雅典终于在伯罗奔尼撒战争中失败了，政治和经济遭受重创，国内道德沦丧。当时活跃在思想界的是一批自命为青年导师的智者，他们虽然提出了"人是万物的尺度"，用以反对旧有的"神是万物的尺度"，突出了人的尊严和地位，起了重要的启蒙和革命的作用；但是他们又将"人"解释为只是个别的个人，我感觉是甜的就是甜的，陷入了主观主义和感觉主义，否认有客观的真理，甚至提出只有维护强者的利益才是正义。正是在这种情况下，苏格拉底挺身而出，以螫刺、惊醒雅典的"牛虻"自居。他经常和智者、青年们讨论什么是正义、什么是勇敢等伦理问题，他们都以某一具体的实例作为回答，苏格拉底挑出其中的矛盾，迫使他们承认自己的无知。这就是苏格拉底使用的辩证法，也是"辩证法"一词的原始含义。柏拉图的早期对话几乎全是这种苏格拉底式的辩证法的具体运用和精彩的表述。

原来苏格拉底所要探求的并不是某一特殊的可以称为正义或勇敢的道德行为，而是正义作为正义或勇敢作为勇敢的普遍的本质定义，它不是依某个人或某些人的爱好，也不是应时应地而有所不同；它应该是普遍适用的，在同类事物中只有一个，它是纯粹的，是永恒不变的，是绝对的。这样的正义或勇敢（的本质），是只有理性才能认识，感觉无法认知的。人从感觉产生意见，它是不确定的，甚至是虚幻的；只有从理性才能产生确定的真正的知识，才能认识客观真理。柏拉图发展了苏格拉底的思想，将理性提高到最崇高的位置，可以说他将"人是万物的尺度"又提到"只有人类理性才是认识和评价万物的最高准则"的高度。

柏拉图将每一同类事物的本质定名为 Idea，一般译为"理念"。柏拉图在有些对话中是将它解释为思想中主观的"念"的，但在更多处却说它是理性认识的对象，是客观的存在，所以有人主张译为"型"或"相"，本书均译为"相"。对于苏格拉底提出的什么是正义或勇敢的问题，柏拉图认为正确的回答应该是正义有"正义的相"勇敢有"勇敢的相"。他由此创立了被称为"相论"的理性主义的哲学体系，主要见于他的中期对话《斐多篇》和《国家篇》。这在西方哲学史上，是现在能够见到的最早提出的完整的哲学体系。两千多年来，它在西方哲学史上的影响几乎是无与伦比的，对世界哲学的发展也产生了深远的影响。

在柏拉图的相论中出现了两个世界：一个是相的世界，另一个是现实的世界；前者是真实的，后者是变幻的。这样便发生了这两个世界的关系问题：它们是不是相互分离的？这就是说，相的世界是不是也和现实世界一样，是独立自存的？早在柏拉图的学园内部，在他的学生们中间就已经为这个问题发生争论，他的弟子亚里士多德在《形而上学》中便有两处批评柏拉图将"相"和具体事物分离的学说，他认为普遍只能存在于具体事物之中，而不能在具体事物之外独立自存。这个问题是在哲学史上著名的所谓分离问题，两千多年来许多哲学家一直围绕这个问题争辩不休。

这个相和具体事物的关系，从本体论说，就是普遍和个别的关系；从认识论说，就是理性认识和感性认识的关系；从政治和伦理生活说，也就是理想和现实的关系。这些都是历代哲学家、思想家永恒讨论的话题。

柏拉图既是哲学家，又是文学家、诗人，同时又是热衷于政治的思想家。他很想将他那套应该根据理性标准建立的政治体制在现实世界中实现，为当时混乱纷争的希腊城邦树立一个样板。为此他三次远赴西西里，希望那里的叙拉古城邦的执政者能够接受他的教导，按照理性治理城邦。结果是一次次都失败了，他只能返回雅典，在他创立的学园中著书立说。他最负盛名的对话《国家篇》大概是他返回雅典之后写成的，比较完整地论述了他理想的政治制度。他认为一个城邦是由三部分人分工组成的：一部分是统治者，他们必须具有最高的知识，表现人的理性，智慧是他们的美德，由此柏拉图提出了所谓"哲学王"的想法；第二部分是保卫城邦的武士，表现人的激情，他们的美德是勇敢；除此以外的一般公民，表现人的欲望，接受理性的指导和武士的保卫；如果这三部分人都能正确地负起各自的职责，和谐共处，便是节制的美德。一个城邦如果能够达到这样的程度，便是实现了城邦的正义。这样，柏拉图对"正义的相"做了一个具体的说明，使它不再只是一个空洞的名称了。

在当时希腊诸城邦中，柏拉图比较服膺斯巴达。斯巴达在社会政治经济制度方面虽然比较落后，还保留了原始公社的不少残迹，比如没有私有制，财物由全体公民共享（农牧业劳动是由被他们征服的异族奴隶承担的），婴儿也由公社共养等；但是斯巴达崇奉尚武精神，养成精锐善战的军队，在伯罗奔尼撒战争中大获全胜，战败了雅典，夺取了希腊城邦盟主的地位。柏拉图因此设想在他的理想城邦中男女间可以任意相处，产生的婴儿应该共同抚养和教育；没有私有财产，尤其是担任行政职务的统治者更不应该有私人的房屋和土地，他们只能从公民那里得到作为服务报酬的工资，大家一起消费。这就是柏拉图提出的共产、共妻、共子的主张。（他的弟子亚里士多德批评他，说这种主张是违背人的固有天性的。）人们已经从仰望神话中的天国，转变为要开始设计地上人间的乐园了。柏拉图是这种理想主义在西方的最早创始者。

柏拉图的思想是有发展变化的，现在公认他的对话可以分为早期、中期和后期。早期对话主要表现苏格拉底式的辩证法，中期对话建立柏拉图自己的相论，这些是清楚的，是学术界比较一致的看法。但是后期对话的主要特点是什么呢？在学者中就有各种不同的解释：有的说是他原有相论的发展和扩大，但是不少学者指出：在较前的后期对话《巴门尼德篇》的第一部分中，巴门尼德对少年苏格拉底的相论提出了严格的批评，在这些批评论证中有一些和后来亚里士多德对柏拉图相论的批评是一致的。这是不是表示柏拉图已经发现了自己相论中存在问题，因此加以批评？他是要否定原来的相论呢，还是仅仅要做一些修正？

如果我们将他后期对话中的一些论点和中期对话中的论点做比较，确实可以发现它们有许多不同之点。比如：在他的相论中，从感觉得到的意见和由理性得到的知识是绝对对立的，但是在《泰阿泰德篇》中，他却认为由意见也可以产生真的知识。他原来强调只有智慧才能得到真正的善和幸福，感情和欲望只能服从理性知识，但在《斐莱布篇》中，他却论证善是智慧和快乐的结合。在他的相论中，更多注意的是伦理和政治方面的问题，有关抽象的概念和范畴的讨论不多，但在后期对话中，对于抽象的范畴或"种"，如 on（英文 Being，一般译为"存在"，有人主张译为"是"）、"一"、"动"和"静"、"同"和"异"等，几乎经常成为思辨讨论的重要题目。又如在他的相论中，主要讨论的几乎都是涉及人和社会方面的问题，对于早期希腊哲学集中讨论的关于万物的本原即自然哲学的问题很少提到，但在后期对话《蒂迈欧篇》中，他却提出了一个完整的宇宙论体系，由创世者（Demiurgos）创造宇宙的学说。它在历史上起了很大作用，被早期基督教哲学家奉为理论基础。在政治思想上，柏拉图在理想国中提出哲学王，主张贤人政制（aristocracy 这个字，希腊文是指由出身好的人担任统治，这个"出身好"既可以理解为出身于高贵的家族，便可以译为贵族政制，柏拉图便被说成是一个"反动的奴隶主贵族的哲学家"；但也可以理解为赋有好的品格，便可以译为贤人或好人政制；统观全文，柏拉图显然是在后一意义上使用这个词的），他主张实行人治。但在实践中一再失败以后，他大概认识到这样的贤人是可想而不可得的，在后期对话《政治家篇》中表现出从人治转向法治的思想，到他最后也是最长的对话《法律篇》中，他批评斯巴达只崇尚武力和战争，不知道城邦最好的状态是和平；认为不能给统治者以过分强大的权力，必须对他们进行监督和限制，因此城邦必须制定详尽的法律。《法律篇》为理想城邦的政治、经济、社会、文化各个方面规定了法律条款，成为后来罗马法的蓝本。柏拉图的政治思想已经从人治转为法治。

柏拉图的后期对话不仅在内容上和他的早、中期对话有很大不同，而且在写作的文字形式上也发生了很大的变化。在早、中期著作中，对话形式非常明显，一问一答均简明扼要，生动活泼，富有文学色彩；而在后期著作中却常常从简短的对话变成冗长的独白，如《蒂迈欧篇》便通篇由主要发言人蒂迈欧长篇大论地申述他的宇宙论学说，是一篇具有深刻思辨的、却又有点干燥乏味的哲学论文，失去了对话的文学意味，《法律篇》也有类似的情况。再有，便是苏格拉底在对话中的地位也有了明显的改变。在早、中期对话中，苏格拉底是其中的主角，领导主宰谈话的进程；但在后期著作中，他的地位改变了：在《巴门尼德篇》中，少年苏格拉底是被爱利亚学派的老哲学家巴门尼德批判的对象；在《智者篇》和《政治家篇》中，主宰对话的是一位由爱利亚来的客人，少年苏格拉底成为被追询的对象；在《蒂迈欧篇》中，苏格拉底仅在开始时作为主持人出现，指定蒂迈欧发言，接着便全部由蒂迈欧讲述；到最后的《法律篇》中，在对话者的名单中便根本见不到苏格拉底的名字了。从这个对话名单中，我们可以设想柏拉图的哲学兴趣似乎已经从以继承和发展苏格拉底的思想为主，转向爱利亚学派的思想了。

在我国过去对柏拉图哲学的翻译、介绍和研究，一直集中于他的早、中期对话，尤其是被称为"理想国"的《国家篇》；对他的后期对话中的思想，很少被提及和重视。但是他的后期思想在古代希腊思想的发展史上，以至在整个西方思想的发展史上都起过重要的作用，因此我在这里多讲了一些，希望能够引起研究柏拉图的学者的兴趣和重视。虽然这些后期对话的译文在《柏拉图全集》第一卷中是看不到的，要在以后几卷中才能读到。

二

在我国，将柏拉图的对话译为中文还是开始得比较早的，20世纪二三十年代就有吴献书先生译的《理想国》（即国家篇）、郭斌和、景昌极先生译的《柏拉图五大对话集》、张师竹先生初译、张东荪先生改译的《柏拉图对话集六种》相继出版。他们译的都是柏拉图的早、中期对话，并且都是用文言文翻译的。其中除郭斌和先生用希腊文译校外，其余均根据英译文转译，主要是乔伊特（Jowett）的译本和娄卜丛书的希、英文对照的《柏拉图文集》中的英译文。

我国近代翻译界先驱严复先生的后裔严群先生精通希腊文，是本书译者王晓朝的尊师。他早在20世纪40年代便已译有柏拉图对话多种，新中国成立后一再修改润色，于1963年出版后期对话《泰阿泰德》和《智术之师》（即智者篇），1983年出版早期对话三种，1985年严先生去世后，经学生整理，于1993年又出版对话三种，其中包括后期对话《费雷泊士》（即斐莱布篇）。严先生的译文也使用严复的文言文体。译文以希腊原文为基准，根据娄卜丛书的《柏拉图文集》，参考公认的权威英译本。

我国的哲学翻译工作在20世纪50年代有很大的发展。1957年以后陆续出版的由北京大学哲学系外国哲学史教研室编译的一套《西方古典哲学原著选辑》完全用白话文翻译，在《古希腊罗马哲学》中，将柏拉图对话中的许多重要论点分别做了摘译，译者是任华先生，主要根据的也是娄卜丛书本。

1986年郭斌和先生和他的学生张竹明先生用白话文翻译《理想国》全文出版，他们根据的是娄卜丛书本和牛津版乔伊特和坎贝尔的希腊原文，并参考了多种英译文。

1963年出版了朱光潜先生翻译的《柏拉图文艺对话集》，他将柏拉图前后期七篇对话中有关文学艺术的论述全文或部分地译出。2000年又出版了杨绛先生翻译的《斐多》。这两位文学大师虽然是根据英、法译文转译的，但他们的中译文当然是非常精美的，表现了柏拉图著作的文学风采。

此外还应当指出，1995年由苗力田主编，作为高等学校文科教材的《古希腊哲学》选译本中，对柏拉图的中、后期的重要对话中的重要内容，都做了选译，这部分负责编译者是余纪元，他根据的主要是娄卜丛书的希腊原文。

从以上并不完备的介绍中，可以看到柏拉图对话的中文翻译虽然至今还不够完全，但是不断有所前进：译文从文言转为白话，向更有规范的现代汉语发展；翻译从英、德、法文转译趋向根据希腊原文；翻译的范围也从早、中期对话扩大到后期对话。这些变化为现在翻译《柏拉图全集》开辟了途径。

在以上介绍前辈学者的译著中，我没有提到1943年出版的陈康先生译注的《柏拉图〈巴曼尼得斯篇〉》，因为我认为陈先生这部著作并不是一般的翻译作品，应该说它是用中文写出的、对柏拉图《巴门尼德篇》做出创造性阐释的研究性专著。柏拉图的这篇对话，两千多年来被学术界认为是一个最大的谜。它分为两个部分：第一部分是老年哲学家巴门尼德批评少年苏格拉底的相论，第二部分是巴门尼德引导少年苏格拉底进行思想训练，提出八组假设的逻辑推论，得出不同的结果。从古至今学者们一直在争辩：被批评的少年苏格拉底的相论是不是柏拉图自己的相论？第二部分的八组逻辑推论是什么意思？它和第一部分又有什么联系？许多学者做出各种猜想，都没有能解开这个谜。当代哲学史家 W. K. C. 格思里在他著名的《希腊哲学史》第四、五卷中对柏拉图的每篇对话都做了详细的论述，但他认为要理解《巴门尼德篇》的目的，实在是很困难的，因此对它的第二部分只写了短短三页，没有做认真的解释。王晓朝翻译这部《柏拉图全集》主要参考用的英译本《柏拉图对话全集》的编者 E. 汉密尔顿为《巴门尼德篇》写的提要中也说：这篇对话给读者带来极大的困难，它那些不断在字面上变动的论证实在令人难以理解，例如他说的"'一'在时间中变得比自己年老些时，也就比它自己年轻些"等。对于这篇几乎令所有学者感到困惑的对话，陈先生提出了他自己的解释。

　　陈先生认为了解这篇对话的关键就是所谓分离问题，哲学史一般都认为在柏拉图的相论中，相和具体事物是相互分离的。1940 年陈先生在德国柏林大学做的博士论文《亚里士多德论分离问题》对此做了深入的研究，他将柏拉图和亚里士多德著作中所有关于分离的论述全部集中整理、分类研究，发现分离问题的实质是自足，像两个具体事物甲和乙可以彼此分开，在空间中独立自存，才是所说的分离。而柏拉图的相乃是事物追求的目的，它和事物只在尊荣和价值上有高低程度的不同，彼此间有距离，而不是空间上的分离。陈先生以这个观点分析《巴门尼德篇》中少年苏格拉底的相论，认为少年苏格拉底是明确主张相和具体事物之间是互相分离的,他将相看成和具体事物一样,也是在空间中独立自存的,这就是将抽象的相也物体化了,因此无法说明相和具体事物的联系和结合,他的相论只能被巴门尼德驳倒。陈先生认为少年苏格拉底的相论并不是柏拉图自己的相论,它们是有根本区别的。他还专文考证少年苏格拉底的相论大约是当时柏拉图学园中某些人提出的主张。

这样,问题便集中到分离和结合的关系上:相和具体事物是分离还是结合的?在什么情况下它们相互分离,什么情况下可以结合?《巴门尼德篇》的第二部分中的思想训练,便是以八组虚拟的逻辑推论形式研究这个问题。它是从第一部分中引申出来的,所以这两个部分有密切联系,由它们组成的这篇对话成为一个统一的整体。但是在这八组推论中,柏拉图首先提出的却不是相和个别事物的结合和分离,而是抽象的相和相之间的结合和分离问题。因为在柏拉图原来的相论中,每一类事物的同名的相如"人的相"和"大的相",也是彼此独立的,柏拉图并没有专门讨论它们之间的关系。不过在《巴门尼德篇》中,柏拉图将同一类事物的普遍的相改为最普遍的范畴,如"是"(Being)、"一"、整体和部分、动和静、同和异、大和小等等,讨论它们之间的结合和分离问题。他先选择两个最普遍的范畴——"一"和"是"作为虚拟推论的前提。第一组推论的前提是:如果一和是不结合,只是孤立的一,那么它便不能和许多对立的范畴如整体和部分、动和静等等相结合,它便什么都不是,甚至也不是一自己。第二组推论的前提与之相反:如果一和是互相结合,那么它便可以和许多对立的范畴相结合,甚至它既是知识,又是感觉,又是意见。以后的推论实际上说明了:具体事物就是这些普遍范畴的集合体。

这些结论都是经过复杂的逻辑推论才得出的,上述汉密尔顿提出的年龄问题,便是第二组推论中的第十三个推论。柏拉图以相当复杂的逻辑步骤论证:一和是相结合,便也可以和"年老些"与"年少些"这对相反的范畴相结合。①陈先生不但为这个推论中的每一逻辑判断做了详细的注释,而且还写了一篇专文《柏拉图年龄论研究》②。

陈先生对《巴门尼德篇》所做的解释,在柏拉图其他后期对话中可以得到佐证。其一是在《智者篇》中的"通种论"。柏拉图选取了在《巴门尼德篇》中出现过的三对对立的范畴(他称为"种"):是和不是、动和静、同和异(这些都是在其他后期对话中也经常提到,作为重要讨论对象的),用详细的逻辑论证,证明它们是彼此相通,即可以互相结合的。在《巴门尼德篇》中,这种结合还只是虚拟的可能性,到《智者篇》中,"通种论"已经变为正面的证明了。佐证之二是在《斐莱布篇》中,柏拉图将"划分"和"结合"的方法提高到"辩证法"的高度。在柏拉图的对话中,关于辩证法有三种不同的说法:在早期对话中,他说的辩证法就是这个字的最初词义,即苏格拉底的对话问答法。在中期对话《国家篇》中,他认为辩证法是高于其他一切学科的学问,它能认知"相"以至最高的"善",相当于后来亚里士多德所说的"第一哲学",不过他不称为哲学而称为辩证法。但对于这门学问的具体内容,他没有做深入的探讨。到后期对话《智者篇》和《政治家篇》中,爱利亚的来客要少年苏格拉底为智者和政治家下定义,定义的方法叫二分法,即将事物不断划分(分析),如《智

---

① 柏拉图:《巴门尼德篇》,152A—155C。
② 《陈康:论希腊哲学》,商务印书馆1990年版,第127—142页。

者篇》中将事物分为生物和无生物，生物又分为动物和植物，动物又分为两足的和四足的；将这些分析的结果综合起来，"两足的动物"便是"人"的定义。在《政治家篇》中对此加以纠正，说只有在合适的点（即"种"）上划分，才能得出正确的结果。如果只将动物分为两足的和四足的，并不能显示人的特征，反而将鸟和人分到同一类去了；再必须将两足动物丙分为有翼和无翼的，只有"无翼的两足动物"才是人的定义。（这就是人类最初认识的科学分类法，后来亚里士多德经常举这个例子。）作为政治家，他具有的知识应当和工人和农民、医生的实践知识不同，是理论性的；但他的理论知识又不是评论性的，而是指导性的；政治家是统治人的，但统治又可以分为"依靠暴力"和"根据自愿"两种，依靠暴力统治的是暴君，只有根据公民自愿统治的才是真正的政治家。柏拉图认为只有这样，既从相似事物中分析它们的差别，又能综合把握它们的共同性；即既能从一中看到多，又能从多中把握一，能够将一和多统一起来的，才是"真正的辩证法，它能够使人更好地通过理性发现真理"。①

  柏拉图在后期对话中所说的这第三种辩证法，实际上就是分析与综合的辩证法，也就是寻求一和多的辩证关系的方法，是哲学研究的重要方法。自从柏拉图提出以后，首先为亚里士多德所接受，成为他进行哲学研究的重要方法。

  古希腊爱利亚学派的巴门尼德首创 Being（希腊文 on）的一元论，提出"是"和"不是"是辨别命题的真和假的标准。柏拉图在早、中期对话中对此没有专门重视，直到后期对话《巴门

---

① 柏拉图：《政治家篇》，287A。参看汪子嵩《柏拉图谈辩证法》，载《会通集》，生活·读书·新知三联书店 1993 年版。

尼德篇》开始，将 Being 和"一"作为最普遍的范畴，讨论它们和其他普遍范畴的分离和结合的问题；在其他后期对话中更不断深入讨论普遍范畴间的分析和综合的问题，认为这是最高的哲学——辩证法。柏拉图的后期思想对亚里士多德哲学的形成和发展起了很大的影响作用。亚里士多德专门研究 Being 的问题，提出研究最普遍最纯粹的 Being as Being（希腊文 to on hei on）即是"第一哲学"的任务，从而在西方哲学史上开创了 Ontology（一般译为"本体论"，现在也有人主张译为"存在论"或"是论"）。他的主要研究方法就是对 Being 做了各种分析和综合，比如将它分析为本体（实体）及其属性——性质、数量、关系等十个范畴，分析为形式与质料、本质与偶性、潜能与现实等等，然后又将它们综合起来，研究它们相互之间的关系。不过柏拉图的分析与综合和亚里士多德的分析与综合有一点重要的区别：柏拉图对它们主要是做抽象的逻辑推理，亚里士多德特别重视根据经验事实对它们做推理论证。柏拉图在《巴门尼德篇》第二部分所做的抽象范畴间的逻辑推理，可以说是后来黑格尔的《逻辑学》的先河；而亚里士多德的本体论学说，可以说是为当时哲学和科学的研究提供了科学的方法论。

当我们仔细阅读柏拉图和亚里士多德的著作时，可以发现亚里士多德的思想，无论是形而上学、自然哲学、逻辑学以至伦理学和政治学，都深受柏拉图后期对话的思想影响，其中有些是对柏拉图思想的继承和发展，有些则是批评和修正。这是符合历史事实的，因为当代西方学者们的研究已经证明：当青年亚里士多德到雅典进柏拉图学园学习时，进入老年的柏拉图已经在开始撰写他的后期对话了。因此我们必须研究柏拉图的后期对话，才能理解从柏拉图哲学向亚里士多德哲学的发展过程,才能理清从巴门尼德开始的,经过柏拉图到亚里士多德思想的发展线索,才能说明西方哲学中本体论的开创和形成。

陈康先生一贯认为:学术研究的内容是会变动的,随着新资料的发现或观点的发展,研究的结论先后会有所不同。他认为重要的乃是研究的方法。他将他的研究方法概述为:"每一结论,无论肯定与否定,皆从论证推来。论证皆循步骤,不做跳跃式的进行。分析务必求其精详,以免混淆和遗漏。无论分析、推论或下结论,皆以其对象为依归,各有它的客观基础,不做广泛空洞的断语,更避免玄虚到使人不能捉摸其意义的冥想,来'饰智惊愚'。研究前人思想时,一切皆以此人著作为根据,不以其与事理或有不符,加以曲解(不混逻辑与历史为一谈)。研究问题时,皆以事物的实况为准,不顾及任何被认为圣经贤训。总之,人我不混,物我分清。一切皆取决于研究的对象,不自作聪明,随意论断。"[①]六十年前,陈先生将当时欧洲大陆流行的这种严格的学术研究方法介绍进中国,他用这种方法研究译注了这部柏拉图的《巴门尼德篇》。

王晓朝告诉我:在翻译这部《柏拉图全集》以后,他们几位年轻的学者还将对柏拉图的对话,分篇进行研究注释。我想,这将是大大推动我国希腊哲学史研究的好事。翻译和研究本来是相辅相成,相互促进的。翻译必须先对原著的逻辑有所研究和理解,所以是以研究为基础;研究既然用中文写出,也就必须对原著有所翻译。现代西方学术界对于研究古典著作又提出了新的研究方

---

① 江日新、关子尹编:《陈康哲学论文集》"作者自序",台北联经出版事业公司1985年版。

法，如分析法、解释法等。现在中西方学术交流日益频繁，我国的年轻学者们既可直接接受西方的学术训练，又经常参加国际学术活动，当然可能以新的研究方法创造出新的研究成果，既参考借鉴前辈学者的经验，又超过前辈学者的成就。

* * *

从70年代我们开始编写《希腊哲学史》起，王晓朝就参加了我们的工作，并为该书第一卷编写"译名对照表"。他在原杭州大学攻读硕士学位期间，便已从严群先生修习古希腊文；后来在英国攻读博士学位期间，又专攻古希腊文两年。他的希腊文根底，应该说是比较着实的，但他还谦虚地说："译者至今仍未能达到抛开辞典和各种已有西文译本，仅依据希腊原文进行翻译的水准。"他以娄卜丛书《柏拉图文集》的希腊原文为基准，参考了学术界公认的权威英译本。这种态度是实事求是的。我只读了其中之一短篇对话，对他的译文不能妄加评说。好在译者以极为诚挚的态度，欢迎读者的批评。我认为要使我国的学术研究繁荣起来，学术批评是必不可少的。不过学术评论必须建立在正确的态度上，应该是经过读书研究，采取平等的切磋讨论的方式；而不应该是盛气凌人、毫无根据地扣大帽子的"大批判"的方式。

（原载王晓朝译《柏拉图全集》，人民出版社2002年版）

亚里士多德——陈康——苗力田
——兼论西方哲学的研究方法和翻译方法

从研讨苗力田学术思想中探讨西方哲学的研究方法，是很有意义的。我想以"亚里士多德——陈康——苗力田"为题，来谈谈我对这个问题的想法。因为陈康先生是苗公和我的老师，苗公的学术思想当然有受陈先生思想，从而也因陈先生而受亚里士多德思想影响的主要方面；又因为陈康先生的思想在国内了解的人不多，以致产生一些误解，所以我想借此机会对陈先生的学术思想多讲几句。

亚里士多德

在西方哲学史中，一般都认为是苏格拉底——柏拉图——亚里士多德开创了理性主义的传统。苏格拉底和人讨论什么是正义、什么是勇敢、什么是爱等等问题时，别人以个别的具体实例来回答，都被苏格拉底反驳掉，因为他要求的是说出正义、勇敢、爱的普遍本质，而不是它们的具体实例，普遍本质是只有通过理性才能认知的。柏拉图提出 Idea（这个术语的中文翻译有不同意见，故用英文，以下有的术语同），它是多中之"一"，是不变的、纯粹的、永恒的，因此不是感觉的对象，只能是理性的对象。柏拉图认为正义、勇敢、爱的 Idea 就是它们各自的本质，以此回答苏格拉底的问题。柏拉图将普遍和特殊、本质和现象区分开来了。但是亚里士多德不满于柏拉图的回答，他批评柏拉图所说的 Idea 只是一个空洞的名词，只是说了一个同名的 Idea 或"它自身"（"正义的 Idea"或"正义自身"）而已，并没有能说明事物的本质实在是什么的问题。他认为要认识一个东西的本质，还必须从有关它的经验事实中去分析寻求。他是第一位将经验引作哲学范畴，说它是人类认识的一个重要阶段的哲学家。他在伦理学和政治学中分析经验事实得出：社会的正义应该是在贫和富之间寻求中道，国家最好由中产阶层当权；勇敢是在鲁莽和怯懦之间的中道。这样的本质定义虽然比较简单、粗浅，但却是人类最初探求科学本质的尝试。亚里士多德还在不同的研究范围内提出不同的定义，如作为人，他和其他动物的根本区别即本质定义是"人是理性的动物"，但亚里士多德也常从动物分类角度说"人是两足的动物"或"人是两足无羽的动物"，在《伦理学》中则定义为"人是政治的动物"，这是说个人是不能离开城邦社会独立自存的。这样的定义一直到现在还被人沿用。

亚里士多德的思想既重视理性的分析，又重视经验的归纳，将二者有机地结合在一起。他审查以往哲学家们有关本原的学说，将它们归纳为四因说，认为目的、动因同属于形式，从而认为事物都是由形式和质料组合而成的，事物的形式就是它的定义，也就是它的本质。他分析事物的生成和运动，认为它们都是由潜能向现实的转化。他研究人类认识的过程，比较细致地说明了从感觉上升到理性的各个阶段。他认为哲学的目的是求真，而要判别对象的真和假，必须经由语言的命题、判断和论证，从而创立了逻辑学。这些都是亚里士多德的主要哲学贡献，它们既是哲学理论，同时也可以说它们又是研究科学和哲学的方法论。这些理论既不深奥，更不神秘，是一般具有常识理性的人都能理解和接受的。但是在人类文明发展史上，它们是由亚里士多德第一个提出来的，它开始了西方文化重视分析、重视逻辑，同时又重视经验的科学传统，对它的历史意义是无论如何不应忽视和低估的。

陈　　康

在西方著名哲学家中，亚里士多德是最早被介绍进中国来的，明代末年利玛窦来中国传教时，李之藻就翻译了亚里士多德的著作。但是因为亚里士多德的思想和中国传统思想格格不入，所以没有引起注意。从20世纪20年代起，我国学术界开始介绍和研究西方哲学，初期虽然曾有学者介绍过亚里士多德哲学的纲要，但一直到现在，和其他西方著名哲学家如康德、黑格尔、柏拉图等相比，亚里士多德在中国是最少被学者重视和研究的。至今国内能称为亚里士多德专家的，大概只有陈康先生一人。陈先生在德国留学十年，师承批判实在论哲学家 N. 哈特曼（N. Hartmann），主要从事亚里士多德哲学的学习和研究；40年代初期回国任教，将西方对希腊哲学，尤其是亚里士多德哲学研究的成果和方法介绍进来。只是因为40年代末期陈先生离开大陆，不久移居美国，他的著作多以外文在国外出版,学术论文则大多在国际著名的古典杂志上发表,所以在国内影响不多。

陈先生是十分重视研究学问的方法的,1984年他为《陈康哲学论文集》(台湾出版)所写的"自序"中讲述了他的方法:

> 这本小册子里的每一结论,无论肯定与否定,皆从论证推来。论证皆循步骤,不做跳跃式的进行。分析务必求其精详,以免混淆和遗漏。无论分析、推论或下结论,皆以其对象为依归,各有它的客观基础。不做广泛空洞的断语,更避免玄虚到使人不能捉摸其意义的冥想,来"饰智惊愚"。研究前人思想时,一切皆以此人著作为根据,不以其与事理或有不符,加以曲解(不混逻辑与历史为一谈)。研究问题时,皆以事物的实况为准,不顾及任何被认为圣经贤训。总之,人我不混,物我分清。一切皆取决于研究的对象,不自作聪明,随意论断。

陈先生所用的方法,我以为也可以说是继承了亚里士多德使用的方法:我们读亚里士多德著作时,常常被他那细致周密的分析,一步一步严格论证的逻辑力量所吸引。

陈先生以这样严格的方法研究亚里士多德的思想,就我所知,他得出以下几项重要的研究成果:

(一)一般哲学史都认为:柏拉图的 Idea 是和具体事物相互分离的,亚里士多德正是在这点上批评柏拉图,认为 Idea 不是和事物分离的、在外的,而是在事物之中的,这就是哲学史上著名的所谓"分离问题"。1940年陈先生在柏林大学写博士论文《亚里士多德论分离问题》,对此做了深入的探讨。他将亚里士多德和柏拉图所有关于分离的论述全部集中整理研究,加以分析、分类,发现分离问题的实质是"自足",即甲和乙的分离是以彼此能独立存在为标志的。在柏拉图哲学中,这还是一个笼统的问题,亚里士多德的论述却可以分析为 16 种分离,各有不同的含义。陈先生从这些研究中得出结论:柏拉图所讲的 Idea,乃是事物的目的,它和具体事物之间只有程度高低的差别,并不是在空间中相互分离的、自足的;只有在一种意义上可以说它们是分离的,即在思想上可以将 Idea 从具体事物中抽象出来,独立存在。陈先生认为亚里士多德是这样论述柏拉图的哲学的,而他所批评的那些认为 Idea 是和具体事物分离的、是独立自足于具体事物以外的主张,并不是柏拉图自己的,乃是柏拉图学园中其他人的意见。陈先生对于这个分离问题提出了新的解释。

(二)1941 年陈先生回国以后,着手柏拉图《巴曼尼得斯篇》[①]的翻译和注释,这原来就是他的博士论文中的一个部分。《巴曼尼得斯篇》全文分为两个部分,第一部分是爱利亚学派哲学家巴曼尼得斯批评"少年苏格拉底"的 Idea 理论,第二部分是八组逻辑推论,讨论一和多、同和异等普遍范畴之间的关系。两千多年来西方学术界中一直将这篇对话看作是柏拉图哲学中最大的谜:其中第一部分所批评的少年苏格拉底的理论是不是柏拉图自己的理论?而且第一部分和第二部分间究竟有什么联系?对此各种意见争论不休。陈先生根据他对分离问题的研究结果,提出了新的看法,他认为这篇对话主要是讨论分离和结合的问题的,对话中少年苏格拉底的理论是将 Idea 说成是自足的,在具体事物之外独立分离存在的,所以它不是柏拉图自己的理论,而是学园中其他人

---

① 参看本书第 182 页注释 1。

的主张。第二部分的推论是要证明：如果这些普遍范畴之间是相互分离的，则它们什么也不是，甚至不是它自身；只有它们之间的相互结合才是有意义的，具体事物就是由这些普遍范畴的结合而成的。陈先生的这项意见可以从柏拉图的其他后期对话尤其是《智者篇》中的"通种论"得到证明。所以陈先生的这篇翻译不是一般意义的翻译，而是通过翻译对这篇对话做出了新的解释。因此他以数倍于译文的注释，从文字的校勘、词句的释义、历史的考证、义理的研究等方面做了详细的说明。

（三）陈先生对亚里士多德哲学中的一对重要范畴——潜能与现实做了专门的研究。他分析 Dynamis 有三种含义：能和能力、可能、潜能。而 Energeia 和 Entelecheia 却有动态意义的"实现"和静态意义的"现实（达到了目的）"的区别；细致地分析说明了它们之间的关系。

（四）从 40 年代开始陈先生接受耶格尔提出的发生的方法来研究亚里士多德，将这种历史的方法和哈特曼的哲学训练结合起来。陈先生用这种方法首先研究亚里士多德关于 Substance（ousia）的学说。Substance 是亚里士多德哲学中最重要的范畴之一，但是在亚里士多德的著作中对它却有不同的相互矛盾的说法。在《范畴篇》、《物理学》以及《形而上学》的若干篇章中，亚里士多德所说的 Substance 是指具体事物，"这一个"个体。（这样的 Substance 译为"实体"是恰当的。）可是在《形而上学》第七卷（Z）中，亚里士多德论证了具体事物是由形式和质料组合而成的，在形式、质料和由这二者组合而成的事物中，他认为形式才是最根本的、第一位的 Substance。（这形式显然是抽象的，不是具体实在的，再将它译为"实体"便不恰当，不如译为"本体"。）陈先生将亚里士多德的这些著作联系起来进行研究，说明了亚里士多德关于 Substance 思想的变化发展过程。

（五）从 20 世纪 50 年代至 70 年代陈先生在美国各大学任教期间，主要从事亚里士多德的形而上学中的本体论和神学的关系问题的系统研究。大家都知道：自从巴门尼德提出 Being（希腊文 on）这个西方哲学最重要的范畴以后，亚里士多德首先提出哲学是一门研究 on 的学问，称为 ontology，一般译为本体论。他将哲学的对象称为 Being as Being。但是关于这个问题，他在《形而上学》一书中却出现了两种不同的、互相矛盾的说法：在第四卷（Γ）中，他指出别的任何学科都是截取 Being 某个特殊部分进行研究，比如数学是研究作为数的 Being，物理学研究作为运动变化的自然物的 Being，只有哲学不以这些特殊的 Being 为对象，而是普遍地研究 Being as Being，即单纯的没有分化的 Being。所以哲学和其他各种科学的关系，是普遍和特殊的关系，一般将他的这部分理论称为本体论，即是普遍地研究 Being 的学说。但是在第六卷（E）中他却提出了另外一种不同的理论。这一卷是讨论事物运动变化的原因问题的，他认为任何运动的事物都可以找到推动它运动的原因，而这个原因又是由另一个原因推动的，在这个因果锁链中，任何一个环节都既是推动者又是被推动者。但是这个系列不能无穷推下去，终究有一个最后的原因，它是所有运动的最后推动者，而它自己是不再被别的东西所推动的。这就是著名的所谓"不动的动者"，是事物的最后因，也是第一因，亚里士多德说它就是"神"。这个神不是宗教意义的人格神，希腊哲学已经完成了从原始神向理性神学的转化，这个神是 Nous，就是理性，也就是思辨。亚里士多德主要是从考察经验事实得出这个结论的：世界上一切自然物的生灭和运动都是由日月星辰有规律的运动变化造成的，日月星辰为什么会这样永恒有规律地运动呢？当时人们不可能做出科学的解释，只能归之于理性和神，认为神和理性是最高的主宰，是一切运动的最后因。在这个理论基础上，亚里士多德在 E 卷中将所有的学科分为理论的、实践的、创制的三类，在理论学科中又分为神学、数学和物理学三种。他说物理学研究的 Being 是不能和它的质料分离的，数学研究的 Being 是只有在思想上可以将它和质料分离的，唯有神学研究的对象才是和质料真正完全分离的，是无质料的纯形式，他明确地说这是一种特殊的 Being，他说这是最高的第一哲学。这样，亚里士多德在 Γ 卷中说第一哲学是研究普遍的 Being as Being 的，而在 E 卷中却说第一哲学是研究一种特殊的 Being，即不动的动者、神、理性的。这是明显的矛盾。究竟亚里士多德的形而上学主要是研究普遍 Being 的本体论，还是研究一种特殊的 Being——不动的动者即"神"的神学？这个矛盾在古代亚里士多德著作的注释研究者中已经发现，两千多年来学者们对此有过多次争论。到近代，J. 欧义斯（J. Owens）在他的专著 *The Dotrine of Being in the Aristotelian Meta-physics* 中又提出这个问题，他用亚里士多德常用的术语"核心意义"主张：所有 Being 都可以归为其核心——Substance，而所有 Substance 又都可以归为其核心——不动的动者"神"。他以这两重还原，论证亚里士多德的形而上学只能是神学。他的意见受到一些学者的反驳，他们以不同的方法论证亚里士多德的形而上学主要应该是本体论，不是神学。陈康先生也不能同意欧文斯的主张，他认为必须将亚里士多德的本体论和神学结合起来进行全面的研究。他还是运用耶格尔的发生的历史方法，从亚里士多德的早期著作《论哲学》开始,经《范畴篇》、《物理学》和《形而上学》中不同时期写成的各卷章,以及《论灵魂》、《伦理学》等有关论述,说明亚里士多德的思想发展过程。陈先生认为亚里士多德是从两个不同的角度和方面,论证推出这两个矛盾的理论,即他的本体论和神学。亚里士多德自己已经发现了这个矛盾,几度提出企图调和这个矛盾的理论,但是陈先生得到的结论是:亚里士多德这种努力并没有成功,因此在他的著作中,无论用那一种解释都可以找到相反的证明。陈先生认为任何企图将亚里士多德的思想系统化,否认其中的矛盾因素,一定会引起争议。只要是企图将那自身不能系统化的思想,一定要使其系统化时,这种争议是不会终止的。20世纪70年代在美国出版的陈先生的著作 *Sophia. The Science Aristotle Sought* 是一部对《形而上学》做了这样全面总结性研究的著作。

陈先生认为在哲学和科学研究的结论和方法之间,方法是主要的,因为个人的思想是会变化的,一旦发现新的资料或根据时便会修改结论,而方法是比较固定的。陈先生研究亚里士多德的方法便是主张所有一切分析、论证都要以亚里士多德的著作为根据,不自作聪明,随意论断。陈先生为此还说:那些纵横不羁人士看到这个论断,将会大笑说"陈康笨拙得可怜,智力卑劣到这样的地步,竟然在构思和写作时,处处甘受束缚,以至吐不出一句自由解说的话来。"陈先生回答说:"这个判语不但符合实情,也正是我的理想,只怕不能完全做到。"在哲学史研究中,陈先生提倡的是这样一种严格的实事求是的方法。

苗 力 田

　　苗公和我都是陈康先生的研究生，他于 1943 年在重庆中央大学开始，我于 1945 年在昆明西南联大开始，他是我的师兄，但一直到 1952 年院系调整时我们才第一次见面相识。院系调整将全国旧大学的哲学系都集中到北大，教师们的任务不是教课，而是学习改造思想。直到 1955 年才由教师自己开讲几门基础课，苗公是第一批担任讲授西方哲学史课程的。后来人民大学开设哲学系，要北大支援讲授中国哲学史和西方哲学史的教师，苗公和石峻先生调到人大。苗公开始创建西方哲学史教研室，亲自讲授从古希腊哲学直至现代西方哲学的许多课程，并培养研究生，造就了大批西方哲学的教学和研究人才，不少享誉国内外，真是桃李满天下。苗公在多方面的成就和他的学术思想，今天会上一定会有许多精彩的发言，我只想谈谈他对亚里士多德哲学研究的贡献。

　　20 世纪 70 年代末，我国学术研究重新恢复，当时在西方哲学领域中，对古希腊哲学的研究实在太少，因此我们敦劝苗公集中精力，主导希腊哲学的研究。苗公接受了，立即开始招收希腊哲学的研究生，亲自教他们学习希腊文，奠定坚实的基础。在首批研究生毕业后，他决定亲自和他们一起，担负起翻译《亚里士多德全集》的任务。在我国学术界，翻译工作一直不受重视，甚至不能参与评职、评薪和评奖；但是从现实情况考虑，我国学术机构中收藏外文书籍很少，如亚里士多德的著作更是难找，没有必需的资料如何能希望人们进行学习研究呢？所以苗公选定这项翻译任务是真正具有远见的。

苗公为自己定下严格的目标：要在十年期间完成《亚里士多德全集》十卷本的翻译任务。我们多以为这个要求太高了，亚里士多德的著作出于它自身的原因，翻译具有很大的难度，世界上无论它的阿拉伯文、拉丁文以及现代的英、德、法文译本都是经过几十年甚至几个世纪的努力才能完成全集的翻译的。但是苗公却以惊人的毅力完成了他自己的目标。据我所知，他自己翻译的《形而上学》和《伦理学》，译成初稿后交学生校阅，要求尽量发现错误，加以修正；对于学生的译文，他都一字一句地亲自审阅修改。这期间他还多种疾病缠身，几次在医院治疗时他趴在病床上还认真地修改译稿。这几百万字的译稿是他这样以血和汗挤出来的，他为译本的主编人做出了真正的榜样。

苗公以长达十年的时间，集中力量孜孜不倦地从事这项吃力不讨好的翻译工作，是为了什么呢？他自己没有直接谈到这个问题，但是在他为《亚里士多德全集》写的"序"中，以精炼的文字介绍亚里士多德的著作和思想时，也可以说他是用亚里士多德的思想间接他说明了他自己的抱负：

> 哲学起源于好奇，不论是在现在，还是在最初，人们都是由于好奇而开始哲学思考的。在开始，人们对身边所不懂的事情感到好奇，如关于月象的盈亏，太阳和星辰的变化，关于万物的生成。一个感到困惑和好奇的人，就感到了自己的无知。所以，人们是为了摆脱无知而进行哲学思考的。很显然，这是为了知识而去追求知识，而不是为了其他的效益。正如我们把为了自身而存在，而不是为了他人而存在的人称为自由人一样，那么，这种为知识自身而存在的科学，也是

唯一自由的科学，是高尚的科学，神圣的科学。

这段话出自《形而上学》第一卷第二章982b12—28，亚里士多德说哲学源自人们的好奇和无知，它是为知识而知识，也就是为学术而学术，并不是为了其他实用的效益。正像是一个为自身而不为他人而存在的人才是自由人一样，所以哲学应该是自由的学问。亚里士多德提倡的这种自由地为知识而知识的精神，为西方历代许多哲学家所服膺，他们为了学术自由，不惜甘居清贫，甚至以身相殉，成为知识分子的传统美德。苗公在晚年时期选择以翻译《亚里士多德全集》作为最重要的工作，只能说他是接受了亚里士多德的思想影响，纯粹是为了知识和学术的目的：为中国学术界提供了解和研究亚里士多德的思想，从而可以了解希腊哲学，以至可以进一步了解西方文化传统，开拓我们自己的文化前途，提供必需的精神资料。我以为这是从翻译《亚里士多德全集》的工作中体现出来的苗力田的学术思想和精神。

正是由于苗公及其弟子们的共同努力，在西方著名哲学家中第一个被介绍进中国来的，可是他的思想又被我国学术界长期忽视的亚里士多德，他的著作全集却又是在所有西方哲学家中，第一个被全部译成中文正式出版的。这份贡献，在我国研究西方哲学的发展史上，应该是永垂史册的。

当然，应该承认这部具有开创性的《亚里士多德全集》的翻译工作并不能说是尽善尽美的，因为在这样短促的时间内完成这样艰巨的翻译任务，而其译者除苗公外都是刚学了希腊文的年轻学者，译文中出现一些缺点和问题是难免的。苗公自己早已发现了这一点，就我所知，他在《亚里士多德全集》尚未全部出齐时，就已经筹划将全文重加校改，出第二版的工作；并且不顾自己年老体衰多病，已经着手开始这项工作，直到他去世前几小时还在努力审稿。他为我们树立了献身学术事业的一个值得尊敬的榜样。

苗公在这一方面的工作，也可以用他在"序"中说到的亚里士多德的另一个论点来说明，那是亚里士多德用来解释他的神学中所谓"神"的：

> 神不过是一种以思想为实体的东西，神的生命就是思想的现实活动，它就是现实性，是就其自身的现实性，它的生命是至善和永恒。如若它是至善，那就是思想它自己，思想就是对思想的思想。这样看来，神不过是一种不懈追询、无穷探索的别名。亚里士多德就是爱智慧、尚思辨的希腊哲学精神的化身。

这里前半段的引文出自《形而上学》第十二卷（Λ）第七章1072b 28—31。亚里士多德认为至善的神就是思想的永恒的现实活动，人的思想是不会有止境的。任何思想家的思想都会变化发展，由新的取代旧的；前一代思想家又为后一代人的思想所接替。因此苗公说：真理本身不过是一种不懈追询、无穷探索的别名，亚里士多德就是爱智慧、尚思辨的希腊哲学精神的化身。苗公在"序"的结尾处说："古代外国典籍的翻译，是一个民族为开拓自己的文化前途，丰富精神营养所经常采取的有效手段。这同样是一个不懈追询、无穷探索、永远前进的过程，求知是人之本性。"我们可以说，苗公翻译《亚里士多德全集》的工作，就是亚里士多德爱智慧、尚思辨精神的具体体现。

要研究哲学著作的翻译方法

既然古代外国学术著作的翻译,也是一个不懈追询、无穷探索、永远前进的过程,它和学术研究一样,也有一个方法论的问题。实际上,苗公写的这篇"序"的后面一半就是讲的翻译亚里士多德著作的方法问题。他提出了一些重要的意见和问题,但一直没有引起重视,我是近几年才开始认识翻译方法的重要意义的,想在这里对苗公的意见做点简要的介绍和讨论。

苗公对自己的译文提出的要求是:确切、简洁、清通可读,这和严复提出的信、达、雅相似,但苗公的重点是在前面两点。

关于确切,苗公认为:现代汉语中哲学词汇已相当丰富并日益完备,用来对译亚里士多德的古希腊词汇,当然方便流畅得多。但他认为这样的译文是不确切的,因为古代希腊哲学处于幼年时期,正在艰难探索如何回答令人困惑的问题,以及这种回答的表述方式,亚里士多德往往从日常生活语言中撷取一个词组或短句来完整地表达自己的思想。对这种词组或短句,如果只用一个现代术语如"本质"来对译,虽然轻便,但会失去亚里士多德语汇中所包含的许多意蕴。苗公指出:近现代西方哲学的各种语汇和概念,大多是通过亚里士多德流传下来的,我们要从历史上去把握它们的最素朴,也就是最本质和核心的意义时,如若把它们全部以现代词汇代替,就会使古代典籍失去其认识的历史功能,不成其为古籍。所以苗公认为确切的翻译应该是:既忠实地传达彼时、彼地、原作的本意,又能使此时、此地的我们能无误地把握其本意。

关于简洁，苗公认为，现存亚里士多德的著作大多是提纲摘要，其内容语意简赅，往往是容许进一步铺陈和发挥的。但经过发挥的译文便不是用汉语来转达亚里士多德的希腊语，而是随意地用译者自己的话来表达译者自己所想说的话，于是将翻译变成为一种引申。在这种引申的译文里，本文里的一个词变成了一串词，一句话变成了几行话，完全失去了亚里士多德语言简洁、行文严密的风貌。因此苗公严格限制自己的译文不做这样的发挥，除非是在不增加一个词或一句话就词意不全的情况下，才做增加，更严禁任意引申铺陈，要求尽力保持亚里士多德原来的文风。

苗公强调确切和简洁这两条标准，目的都是为了使译文更加接近亚里士多德的原意。正如上文提到陈康先生认为研究前人的思想时，一切应以此人的著作为根据，所以在译文的信、达、雅三者中，陈先生认为信是最主要的。苗公所要求的主要也是这个信字，不仅在词义上要确切可信，而且在文风上也要简洁可信。对译文做这样的要求，应该说是合理的。

但是苗公却对译文提出了更高的要求，他要求用现代汉语的译文忠实地传达古代希腊亚里士多德著作的原意，甚至要求能传达亚里士多德当时从日常生活用语中选取哲学术语的原意。在文字风貌上，苗公要求现代汉语的译文严格地保持古代希腊语的语意简赅，不要将一个词变成一串词，一句话变成几行话。我以为苗公的这些要求，如果作为翻译工作不断追求前进的目标，也许是可以的；如果对现在实际上只是才开始不久的汉语翻译提出这样的要求，可能是艰难的、过高的。因为在现代汉语和古希腊语的翻译之间，至少还有几个无法逾越的客观因素：

第一，从时间上说，从亚里士多德时代到现在有两千多年，人类的思想和语言总是不断前进发展变化的，从简单到复杂，从一个概念分化为不同的概念，从含混的概念和思想变成比较清晰确定的概念和思想。因此用现代语言去翻译古代语言便不可能做到完全像古代语文那样言简意赅。即使是同一种语言，如中国古典著作的今译，《论语》、《老子》的译者也不可能逐字逐句地依照原文，不增添为现代读者理解所必需的其他字句的。

第二，从语言文字本身说，希腊语有严密的语法规则，变化很多，苗公曾说过"因此希腊语是一种适宜于哲学的用语"，而无论古代或现代汉语都缺少这种语法变化，因此增加了翻译的难度。无论哪种语文的任何概念或范畴、术语、往往都包含有几种不同的含义；在两种不同语文中的同一概念或范畴，其所包含的不同含义，却往往是不一样的，因此也增加了翻译中的困难。比如亚里士多德在《形而上学》第五卷（Δ）所谓"哲学辞典"中，分析了30个最普遍的范畴各自的不同歧义。他指出Being这个范畴的主要含义有二，一个是Substance，另一个是"真"。这是因为在西方语文中，无论希腊、拉丁以及英、德、法文中，相当于英文的Being的这个词，都既有实质的含义，又可作联系词用，即"S是P"中的"是"。从巴门尼德开始，就提出这个"是"和"不是"是辨别"真"和"假"的关键；亚里士多德在《范畴篇》和《形而上学》中更为此提供了详细的论证和学说。近几十年来西方学术界为这个希腊术语究竟是实义词还是联系词争议不休。而在中国，近五十年来一直将Being译为"存在"，可是在汉语中，"存在"只能作实义词用，从来没有用作联系词的，因此它不能表达亚里士多德所说的"真"的含义，为此国内有些学者提出要将"存在"改译为"是"，至少要增添"是"的译法。王太庆和我合写过一篇文章，谈了我们对这个问题的意见，苗公看到以后给我写信，谈了他的看法。我正在向他进一步请教时，不幸太庆和苗公先后去世。好在这个问题在中国学术界中已经有人注意并展开讨论了。在用现代汉语翻译古希腊语时，这类问题是常有发生的，为翻译工作造成了困难。

第三，从翻译的主体说，作为现代人的翻译者终究不是两千多年前的亚里士多德本人，译者通过翻译传达给读者的亚里士多德的思想，乃是他经过学习研究所了解的亚里士多德的思想，其中必然有由他的经验学识等掺进的主观成分，不可能完全是当年曾经客观存在过的亚里士多德思想自身。虽然苗公非常自谦地说："我们生也鲁钝，对于自己的发挥会在多大程度上合乎斯它吉拉哲人的原意，没有多大的把握，所以谨约严守本文，宁愿把本文所涵容的广大思辨空间保留下来，奉献给捷思敏求的读者，去思考、去想象、去填充。"但是我想任何一个阅读苗公的译文，想从中学习了解亚里士多德思想的读者，一定会认为这就是苗公所翻译、所介绍的亚里士多德的思想；他可以将苗公的译文和其他译者的同样译文去对照思考，但他绝不可能撇开译文去凭空思考想象和填充。因为翻译工作绝不是像电脑的翻译那样，是将这种语文中的这个字、这句句子机械地翻译成另一种语文中对应的字和句子；而是要在各种字和句子的组合中，译者选择他认为最适合表达作者原意的方式进行翻译，这就是亚里士多德所说的"实践智慧"（phronesis，苗公译为"明智"）的工作，翻译和写作一样，是人的创造性活动，不是机械的运动。所以我认为无论将来电脑翻译发展到如何先进，也不可能有一天人们能够利用电脑将亚里士多德的思想百分之百地、完全准确无误地翻译出来。

以上谈的这几方面，其实苗公自己已经提出，他说："古代语言和现代语言的表达方式是不同的，外国语言和中国语言的表达方式是不同的。而且每个著作家还有自己独特的写作习惯和表达方式。如若机械地把现代汉语和亚里士多德的希腊语的表达方式相对译，譬如被动语态，那么就会引起歧义和误解，使现代的中国读者不能确切地理解原意。"我不过是将此做了点引申发挥而已。

我以为学术上的翻译工作和研究工作是密切结合、不可分离的。翻译者是根据他对原著的学习研究得到的理解，才能进行翻译的。研究者当然首先应研究原著，但也得参考各种有价值的译本；尤其是研究成果是要用汉语写出的，便要求研究者必须将原著的文字译为汉语，也必须参考已有的有价值的中文译本。研究方法和翻译方法是有所不同的，但二者又有很密切的联系，甚至可以将翻译方法看作是研究方法的一个组成部分。今天举行的是"西方哲学研究方法与苗力田学术思想研讨会"，我想乘此机会提出：希望学术界在重视研究方法的同时也能重视对西方哲学的翻译方法，尤其是古代希腊哲学的翻译方法的研究和讨论。

我在这里谈的只是古代希腊哲学，主要是亚里士多德哲学的翻译问题，对于西方近现代哲学的翻译，我没有发言权。但是我想介绍一点王太庆的思想。从20世纪40年代开始，太庆就从事西方哲学的翻译工作，五十多年中，从古代希腊一直到近现代西方哲学，他不仅自己翻译，还校阅和编辑过许多部译稿，是著名的翻译家。在他去世后，在遗稿中发现一篇未曾发表过的文章《论翻译之为再创造》，比较系统地阐述了他对哲学翻译的理论。他认为决定翻译好坏的关键有两个：一个是逻辑，另一个是语言。译者必须对原著有相当的理解，了解它所讲的道理。西方哲学著作都是重视逻辑分析的，一篇著作有完整的逻辑结构，每个结论都是经由逻辑推理论证步骤才得出的，译者必须对这些有所研究和理解。然后才是第二步，即将原著中的逻辑用恰当的汉语表达出来。原著中的逻辑是客观存在的，用汉语表达的逻辑必须和它一致；如果译者没有很好理解，或是误解，甚至主观曲解，便不是好的翻译。因为原著和译文所表达的逻辑，在内容上应该是共同的，它们只是用不同的语言，在表述形式上是不同的。因此他认为译者不但要通晓原文的语法结构，才能正确理解原作者的逻辑论证，更必须通晓现代汉语的语法结构、词汇以及习惯用法，才能将原著中的逻辑用中文恰当地表达过来。他坚决反对那种认为译者只要懂得外语，能够将原著中的外文逐字逐句译成相应的汉语，便是翻译的看法，他将这种翻译比作小学生的"描红"。他认为一个好的译者在看懂了原著的内在逻辑以后，还必须再认真地开动一番脑筋，考虑采用什么样的汉语形式才能将原著的逻辑正确地表达，既不违背和歪曲原著的逻辑，又要符合汉语的语法结构和习惯用法。因此他认为翻译工作是一番再创造。

我认为太庆的这种意见是有道理的，所以介绍出来，提供研究翻译方法的参考。

(本文中直接或间接引用苗公的论述，均出自他所写的《亚里士多德全集》的"序"。)

2001 年 5 月

(2001 年，中国人民大学哲学系举办"苗力田学术思想及西方哲学研究方法讨论会",这是我提交的论文,在《中国人民大学学报》2001年第4期发表时,改题为《陈康、苗力田与亚里士多德哲学研究——兼论西方哲学的研究方法和翻译方法》,并略有删节,现按原稿发表。)

要重视对亚里士多德的研究

在新世纪开始之际，回顾 20 世纪我国对古希腊哲学的研究情况，既有一些成绩，也存在问题。我以为对亚里士多德的研究不够重视，是一个比较重要的问题。因此我想就以下三点谈点意见，敬请批评指正。

第一，亚里士多德在古代希腊哲学以及在整个西方哲学和文化发展中所起的作用；

第二，我国对亚里士多德哲学和思想的研究状况；

第三，我们可以从亚里士多德哲学和思想中学习借鉴些什么？

一

在亚里士多德以前，古代希腊只有一门统一的学科，称之为"智慧"，毕达哥拉斯将它称为"爱智学"（philo-sophia）。不论宇宙自然或是人文社会的各种问题，都包罗在它的研究范围之内，是亚里士多德才开始将各种学科分门别类地区别开来的。他首先区分了哲学和科学。他接受了爱利亚学派巴门尼德提出的 Being 一元论的学说，认为一切研究对象都是 Being；但是有一门学问专门研究 Being 的总体，他称为 Being as Being，即最普遍的、纯粹的 Being。它研究最普遍的范畴（如本体和属性、本质和现象、一和多也就是普遍和个别、原因和结果、形式和质料等等）和最普遍的公理（如矛盾律、排中律）。而其他每种特殊的学科都只截取 Being 的一部分即某种特殊的 Being 作为自己研究的对象，如数学只研究作为数的 Being，动物学只研究作为动物的 Being。任何特殊的学科在其研究和论述时，都离不开以上所说的那些普遍的范畴和公理，它们是任何学科的前提和基础；但是任何一门特殊的学科都不研究这些普遍的范畴和公理，只有哲学才研究它们。这就是亚里士多德最早提出来的哲学和其他科学的区别，以及它们之间的关系：哲学和科学是普遍和特殊的关系，哲学是科学的前提和基础。（亚里士多德自己并没有做这样明白的概括，这是我的理解）亚里士多德倡导建立的这门专门研究 Being as Being 的学问，他自己称为"第一哲学"，也简称"哲学"；后人因为 Being 的希腊原文为 on，便将研究它的学问称为 Ontology，一般译为"本体论"；但是亚里士多德遗稿的编纂者将他的这部分稿子编在一起，列在《物理学》以后，定名为 *Meta-physics*，被译为中文《形而上学》，所以亚里士多德的这部分学说也被称为"形而上学"。就亚里士多德的哲学说，哲学和本体论、形而上学这三个名词几乎是可以通用的。亚里士多德开始将它和其他学科区别开来，成为一门独立的学科。

巴门尼德认为 Being 是永恒不变的，是只有思想即理性才能认知的，依着它才能认识事物的"真"；而 Non-being 却是变动的、虚幻的，是感性的意见认识的结果，它只能引向假。他将知识和意见、理性和感性绝对对立起来。苏格拉底和智者的争辩就是起因于理性和感性的对立。他们讨论伦理问题，苏格拉底问"什么是正义？""什么是勇敢？"智者根据他们自己的意见，以某个正义或勇敢的特殊实例作为答复，都被苏格拉底提出其中内在的矛盾，迫使他们承认自己的无知。这就是苏格拉底的辩证法，也是"辩证法"这个词的原义。原来苏格拉底在问正义是什么的时候，他希望得到的是正义的普遍定义，它能够表明所有正义行为的本质，这是只有理性才能认识到的。柏拉图将这种普遍的本质定义称为 Idea，并构筑起西方第一个讲 Idea 的哲学体系。从巴门尼德开始，由苏格拉底和柏拉图奠定了西方哲学的理性主义传统。亚里士多德继承和发展了这传统，他批评柏拉图的 Idea 只是一个空洞的名词，认为必须研究其实质，因而提出了定义、形式、本质这些概念，做了细致的分析研究，成为他的形而上学本体论的主要内容。但同时又因为亚里士多德出生于医生世家，从小便接受科学技术的训练，对经验十分重视。所以他不同意巴门尼德和柏拉图那样将理性和感性绝对对立起来，他认为认识都开始于感觉，他首创了"经验"这个概念，认为它是在认识的发展上升过程中，联系感觉和理性的必要的中间环节。他十分重视经验事实的作用，在作哲学研究时，不像柏拉图那样只是对 Idea 做抽象的逻辑论证；而是以经验事实为根据，进行细致的分析，才得出结论。他在做科学研究时，更是广为吸集经验事实，作为素材，比如他做动物学研究时，对当时各种动物的调查的广泛和深入，令后人叹为观止；在做政治学研究时，他让学生分赴各个城邦，收集了一百五十多种城邦政制的历史沿革情况。这些为后来西方经验科学的形成，树立了榜样。亚里士多德在他的著作中，不止一处地将人的认识过程，从感觉开始，经过经验，达到理智和最高的理性，做了系统的论述。为西方哲学的认识论（知识论）奠定了基础。他既尊崇理性，又重视经验，我想将他称为"经验论的理性主义者"。近代西方哲学中经验派和理性派的争论，各自都可以从亚里士多德的思想中找到根据。

亚里士多德既然对感觉经验和理性给予同样的重视，他当然不会像柏拉图那样区分两个对立的世界，将变动的现实世界认为是虚幻的。相反，他认为现实的自然界中形形色色的具体的个别事物正是要首先研究的对象。在他许多较早的著作如《范畴篇》、《物理学》等中，都将个别事物定为"第一本（实）体"，它们的抽象的"属"（希腊文 eidos）和"种"则是"第二本体"；直到后来他发现个别的具体事物是由"形式"和"质料（物质）"组合而成的，在《形而上学》第七卷（Z）中，他认为形式（eidos，它和"属"是同一个词，柏拉图的 Idea 有时也称为 eidos）是先于质料的，因此也先于具体的个别事物；由此论证只有形式才是第一本体，形式就是事物的定义和本质，给柏拉图的 Idea 加上实质的内容。亚里士多德重视对自然物的研究，他评述古希腊早期自然哲学家的思想，认为他们主要只是讨论了组成宇宙自然的本原（元素）以及宇宙的生成和演化等方面的问题，这是不够的；他要研究"自然"的"本性"（这两个词的希腊文都是 physis）即"运动"的问题。在现在被称为《物理学》（Physike，也可以译为"自然学"）这部著作中，亚里士多德讨论了事物的本原、运动的原因、运动和静止、有限和无限、空间和时间、运动的分类、推动和被推动等问题。亚里士多德将它称为"第二哲学"，实际上是他的自然哲学。他所讨论的这些问题中，有许多是直到现在，科学哲学或自然哲学还在研究的问题。

亚里士多德在讨论推动和被推动时，认为凡是运动的事物总是既推动又被推动，有推动它的原因；但如果不断追问动因，便将是一个无穷尽的过程；因此他认为必然有一个最后的动因，它自己推动别的东西，却不被其他任何东西所推动，这就是所谓"不动的动者"。它是万物运动的最后因，也可以说是第一因，他说这就是"神"。古代希腊哲学本来是从宗教神话中发展出来的，在哲学发展中，原来的宗教的人格神已经逐渐演变为哲学的理性神。亚里士多德说这个"神"就是无质料的纯形式，是永恒的现实性，他认为这就是理性（Nous）。这部分学说被称为亚里士多德的神学，虽然他只有在《物理学》第八章和《形而上学》第十二卷等少数几处做了简短的论述，但在《形而上学》第六卷（E）中，亚里士多德将所有学科分为理论的、实践的、创制的三类，在理论学科中他列举了神学、数学、物理学三种，以神学居于一切学科的首位，替代了哲学的地位。因此，亚里士多德的哲学和神学究竟是什么关系，成为两千多年来西方学者一直争论，直到现在还在争辩的问题。尤其是在中世纪，从阿奎那开始用亚里士多德的神学解释基督教义，使它成为基督教哲学的理论基础；亚里士多德的思想进入西方人的宗教生活，也就融入普通西方人的日常生活之中了。

亚里士多德是逻辑学的创始人。在他以前，古希腊哲学家使用的术语、范畴、命题和推理证明都没有严格的规范；尤其是智者们的论辩中更是充满偷换概念、强词夺理的诡辩，这些是促使亚里士多德进行逻辑研究的直接原因。亚里士多德自己并没有使用"逻辑"这个名称，他用的是"分析"。在《范畴篇》中他从分析语言的词项开始，将语词分为非组合词和组合词，再将非组合词分析为实（本）体、性质、数量、关系等十个范畴等等。他以这种分析的方法，对命题、推理证明做了细致的研究，他对三段论各种格式的缜密的分析研究是一个典范。这样，他为辨别命题和推理的真和假，提供了客观的标准，为论辩制定了规范。亚里士多德的六种逻辑著作被后人定名为《工具篇》，它为人们进行思维活动提供了正确的方法和工具。但是我们也不能将亚里士多德的逻辑著作看成仅仅是提供了正确的思维方法，在他做许多逻辑分析的时候实际上也就为他的许多哲学范畴和理论提供了基础。比如他在《论辩篇》中提出的四谓词理论，便为他在《形而上学》中分析确定"本质定义"提供了理论基础。我国有的学者曾经提出说：西方的文化是分析的文化，东方的文化是综合的文化；现在分析的文化衰落了，21世纪将是综合文化的世纪。对这种看法我不能苟同。分析和综合是一对相互联系的范畴，谁也离不开谁；没有分析的综合，只能是一种糊里糊涂的混合，什么问题都说不清楚；只有经过严密细致的分析，才能得出正确的科学结论。我以为西方文化是比较重视分析、重视逻辑，从而也重视科学的，这可以说是西方文化的传统。这种传统应该说是由亚里士多德奠定的，读他的著作，可以看到他处处都在不断地进行分析。例如在《形而上学》第五卷（Δ）中，他对30个常用的哲学概念如本原、原因、元素、本性等，逐个分析它的各种不同歧义，说明它的不同含义的不同用法，因此这一卷被人称为"哲学辞典"。亚里士多德倡导的这种分析理性，在西方文化发展中起了十分重要的作用。

亚里士多德研究的兴趣和范围非常广泛，在哲学和逻辑以外，几乎对当时他所能涉及的各种学科都做过研究。从他现存的著作目录，以及在古代有记载现已佚失的书目，可以看到他研究过天文学、宇宙天体、气象学、心理学、生理学、动物学、植物学、机械学、甚至光学和声学等自然学科；在人文学科方面，他主要研究了伦理学、政治学，也开始研究经济学；还有修辞学和诗学（美学）等，只有数学，他似乎没有进行过专门的研究。他是古代希腊最博学的人，所以被称为"百科全书式的哲学家"。他的研究，有的只是短篇论文，但也有一些长篇专门著作，为这些学科的建立奠定了基础，成为它的创始人。我想以动物学和伦理学、政治学为例，做点简略的介绍。

现存亚里士多德的动物学著作篇幅很多，几乎占全部现存著作的六分之一。分成五部著作，《动物志》是最长的，是他对各种动物调查研究的总论。从人到蚂蚁，对各种兽类、鸟类、鱼类，从它们的构成器官、生成习性到生殖，都做了细致的观察，许多是实际解剖得到的成果；对其中许多问题，亚里士多德尽可能做出理论性的解释。除这部总论以外，他还写了《动物的器官》、《动物的运动》、《动物的行进》（运动的器官）、《动物的生殖》，对这些方面做了专门的论述。由此可见，说他是动物学的创始人是当之无愧的。他所收集的动物资料也是惊人的，除了他本人在各地旅游收集外，还到处向猎人、渔夫等有实际经验的人请教，更重要的是他的学生亚历山大大帝在远征欧、亚、非三洲时，命令他的部下为他这位老师收集研究资料，在亚里士多德的著作中居然谈到印度大象的情况。因此亚里士多德的著作也是研究古代动物史的重要资料。可以说他的动物学研究为后来自然科学的研究树立了榜样。

亚里士多德将伦理学和政治学列为实践学科，它和理论学科的区别是：理论学科主要是理性的活动，目的是求"真"：实践学科研究的是人的活动，除了理性以外，人的情感和欲望也起重要作用，要求做到对人来说是好的事情，目的是求"善"。理性要求的真是永恒的，实践要求的善是由人的情感意志选择决定的，所以只能是相对的，有时间性的。这种实践的选择也需要智慧，它和纯粹理性的智慧（Sophia）不同，亚里士多德将它称为Phronesis（苗力田译为"明智"，罗斯译为"实践智慧"）。这大概是后来康德划分纯粹理性和实践理性的最初起源。

伦理问题虽然是古代希腊哲学一直在讨论的问题，但直到亚里士多德才将它定为一门独立的专门的学科，他定名为Ethica，希腊文原义是"习惯"，可见亚里士多德认为人的品德并不完全是天赋的，主要是由后天的生活习惯培育而成的。《政治学》（Politeia）这个名称却是从柏拉图继承下来的，柏拉图的《国家篇》原名就是Politeia。古代希腊城邦称为Polis，Politeia就是城邦的治理。亚里士多德认为伦理学和政治学是密切相关的，在《大伦理学》开卷时甚至说它们是同一门学问，他说：关于道德的讨论不仅是政治学的部分，而且是政治学的起点。从整体上说，它应该被公正地称为政治学，而不是伦理学。[①]在古希腊当时，个人和国家（集体）的矛盾已经相当突出，智者提出"人是万物的尺度"，强调个人利益，可以置国家利益于不顾。苏格拉底、柏拉图和亚里士多德反对他们，认为个人应该重视集体的利益。亚里士多德说"人

---

① 亚里士多德：《大伦理学》，1181b25—29。

是政治的动物",意思是：人是不能离开城邦而存在的,只能是置身于集体之中的动物。因为人不是可以离开集体的独立的个人,而是城邦中的公民,个人的品德只有在城邦中才能实现,所以不应该忽视集体的利益。但是亚里士多德也从另一方面指出：城邦的美德应该是使它的公民普遍得到幸福,所以决不能忽视它的公民的个人利益。我以为亚里士多德对于个人和集体的关系,做了比较全面的正确的论述,所以现代西方有关伦理问题的争辩中,有些学者主张回到亚里士多德的观点。

亚里士多德将他的实践哲学叫作"人的哲学",在《尼科马可伦理学》的最后一章中他将伦理学和政治学结合起来,做了简单的论述,然后说："这样我们就尽可能地完全了关于人的哲学的研究。"[①]这大约是最早提出的"人学"。不过亚里士多德对于人和人之间的关系,是主张和谐合作,而反对进行你死我活的斗争的。所以他的伦理原则是反对过分和不及,主张只有适当的中度才是美德,比如勇敢是鲁莽和怯懦之间的中道,节制是放荡和冷漠之间的中道,友爱是谄媚和傲慢之间的中道,等等。在《政治学》中,他也主张在各种矛盾关系中采取和谐合作的中道。他看出当时城邦社会中最大的矛盾是穷人和富人的对立,当时现实城邦主要有两种,即僭主政制和民主政制,他认为专制独裁的僭主政制是保护富人的利益的,而民主政制则保护穷人的利益；他以为二者各走极端,容易引起冲突,因此他主张最好由中产阶级掌握统治权,可以兼顾贫富双方的利益。不过他也承认穷人的人数终究多于富人,因此民主政制比僭主政制合理。在统治者和被统治的人民群

---

① 亚里士多德：《尼科马可伦理学》,1181b15。

众之间,他提出要合理分配利益:统治者既然已经享有荣誉,在经济上便应该少得利益。他认为统治者谋求权势的欲望总是无休止的,因此必须多方加以限制,公民大会及其制定的法律必须对统治者进行监督,必须有权罢免他们。亚里士多德从当时的公民大会、行政官吏、审判法庭看到议事、行政、司法应该各自独立,以限制统治者的权力,他已经开始有了三权分立的思想。亚里士多德在《伦理学》和《政治学》中提出的许多理论和原则,被后来西方思想家接受、继承和发展。

这里还需要说明:亚里士多德反对将哲学变成为政治的附庸,但他并不是要哲学脱离政治;他认为政治也是哲学研究的对象,哲学家应该以学者(科学家)的态度,以独立的人格去研究政治。在他的《政治学》中,讨论了各种理想的和现实的政治制度,在第五卷中,他专门研究当时希腊的僭主制和民主制为什么产生变革动乱的问题。他认为根本问题在于他们都错误曲解了正义和平等的原则。民主政治认为人们既然在政治方面是平等的,便应该在一切方面都绝对平等;既然大家都平等地生为自由人,便进而要求在各方面平等地分享一切权利。而僭主寡头政治则认为人们在某一方面是不平等的,便应该在任何方面都不平等;既然他们在权力或财富方面超越别人,便进而要求在其他方面也超越别人。如果他们不能得到自己想望的权利,就会起来要求变革。[①]这个正义和平等的问题,直到现在还是西方伦理学和政治学在不断讨论的问题。亚里士多德还指出:在民主政治中,最容易产生的弊端是被少数野心家操纵,变民主为独裁专制。而在僭主专制政治中,

---

① 亚里士多德:《政治学》,1301a26—39。

最容易产生的弊端是在统治层内部发生激烈的争夺权力的斗争。亚里士多德像医生诊治病人那样，以科学家的客观态度对待所研究的问题。西方许多知识分子、学者继承了这个传统。

　　亚里士多德在雅典创立的吕克昂学院有一套独特的教学方法，主要是由他们师生共同漫步，讨论学问，所以被称为漫步（或译逍遥）学派。古代记载说他在上午是和一群有学问的朋友和学生共同讨论一些深奥的问题，称为 akroterion（译为深奥或秘传的学说），下午则对初学和旁听者做公开的讲演，称为 exoterikos（译为公开的或通俗的学说）。亚里士多德还由于他的学生亚历山大大帝及其部属（占领雅典的统治者）的资助，大量收购各种学术著作及研究资料，在学院中建立了当时收藏最丰富的图书馆和博物馆。他的学院是后来西方建立大学的雏形；他所收藏的图书和资料，后来被罗马占领者掠夺，成为罗马时期在地中海南岸建立的世界著名的亚历山大里亚图书馆中主要的藏品。

　　从以上列举的这些并不完备的事实，是不是可以得出这样的结论：亚里士多德是西方文化传统的一位重要的奠基人。

　　亚里士多德在亚历山大大帝突然逝世以后，雅典发生反对马其顿斗争时逃离雅典，不久去世。他的主要遗稿被密藏在地窖里一百多年，所以他的思想在晚期希腊和罗马时期影响不大。罗马帝国灭亡后，欧洲陷入长达八百多年的黑暗时期，亚里士多德的著作完全绝迹。而在东方阿拉伯世界中，亚里士多德的著作却得到重视，广为研究和翻译。到公元12世纪又开始传回欧洲，引起广泛的兴趣和研究流传。当时欧洲的统治者基督教会是尊崇柏拉图哲学的，下令禁止亚里士多德思想的传播，但也阻止不住群众的喜爱。阿奎那发现亚里士多德的神学可以为基督教哲学所用，最终将它捧上教会哲学的最高权威宝座，亚里士多德成为唯一的"这位哲学家"（The Philosopher）。文艺复兴是要推翻教会的权威，同时也就批判了亚里士多德的权威；但实际上只是批判了被教会哲学歪曲了的错误的亚里士多德的思想，恢复了亚里士多德哲学的本来面目。近代欧洲哲学无论理性论还是经验论以及德国古典哲学，它们之中都有深厚的亚里士多德思想的根源。黑格尔在《哲学史讲演录》中说："假使一个人真想从事哲学工作，那就没有什么比讲述亚里士多德这件事更值得去做的了。"① 靳希平在《亚里士多德传》中有一段话："亚里士多德的这些思想与概念已经融化到欧洲人的日常生活和科学研究活动之中，成为他们思想和语言的基本成分，以至于大部分西方人天天在亚里士多德的灵魂之中生活，却对此毫无知觉。"② 我以为是说出了实在情况的。

二

在西方著名哲学家中，亚里士多德是最早（第一位）被介绍到中国来的。

有学者提出：早在唐代中西文化交流的时候，亚里士多德思想已经随着景教的传人而介绍进中国了。这种说法还没有明确的资料可以证实。但最迟也在17世纪明朝末年，利玛窦等来中国传教，将西方文化和科学技术输入中国的时候，亚里士多德的思想开始介绍到中国来了。当时由李之藻翻译的《名理探》和《寰有

---

① 黑格尔：《哲学史讲演录》中译本第2卷，商务印书馆1956年版，第284页。
② 靳希平：《亚里士多德传》，河北人民出版社1997年版，第18页。

诠》就是论述亚里士多德的逻辑学和物理学天体思想的。因为那时亚里士多德是基督教哲学的权威，所以他的思想早于西方其他著名哲学家思想传入中国。但是这次传教潮流到清朝乾隆年间便被遏止，亚里士多德思想因为和中国传统思想格格不入，并没有引起人们的注意便湮没无闻了。以后直到19世纪末，中国打破闭关锁国的局面，开始向西方学习，严复在翻译介绍西方学术思想时，在他译述亚里士多德逻辑学的《名学浅说》中，对中国缺乏逻辑（名学）和分析思想深有感触，他说："中国文字中有歧义者十居七八"，"有时所用之名之字，有虽欲求其定义，万万无从者。""若'心'字、'天'字、'道'字、'仁'字、'义'字，诸如此等，虽皆古书中极大极重要之立名，而意义歧混百出，廓清指实，皆有待于后贤也。""出言用字如此，欲使治精深严确之科学哲学，庸有当乎？"①其后王国维、胡适、汤用彤、贺麟、张岱年等先生都谈到缺少逻辑的科学的思维方式是中国传统文化的一大缺点。

我国对西方哲学的介绍研究主要是从20世纪的20年代开始的，在二三十年代对亚里士多德的翻译和研究还是比较多的，由焦树安等辑录的《外国哲学中文译作、著作书目提要》②中列举有：范寿康著《亚里士多德》、严群著《亚里士多德之伦理思想》以及由刘国钧、詹文浒各自翻译的《亚里士多德》和向达节译《亚里士多德伦理学》等多种。在20世纪一二十年代，我国才开始有去西方专门学习哲学的留学生，他们在西方接受亚里士多德思想的教育还是比较多的。我的老师汤用彤先生是专门研究中国哲学和

---

① 严复译述：《名学浅说》（重印本），商务印书馆1981年版，第17—19页。
② 参看蒋永福等主编：《东西方哲学大辞典》"附录"，江西人民出版社2000年版。

印度哲学的，但他回国以后翻译了 E. 华莱士（E. Wallace）的《亚里士多德哲学大纲》，在《学衡》杂志发表；在他对魏晋玄学的研究中，可以看到他常用亚里士多德的分析方法，甚至将玄学的基本概念和亚里士多德的范畴做比较。他的学生历史学家向达先生翻译《亚里士多德伦理学》大约是汤先生促进的；他的另一位学生陈康先生去西方学习希腊哲学主要是亚里士多德哲学，大约也是受了汤先生的影响。我的另一位老师金岳霖先生在欧美原是学习政治学的，后来对逻辑发生兴趣，成为逻辑学大师。他的名著《逻辑》主要是介绍当时西方新兴的符号（数理）逻辑的，但书中第一部分传统逻辑，主要论述的还是亚里士多德创立的形式逻辑。金先生直接讲到亚里士多德的好像不多，但就以他在《论道》书中的几个最主要的范畴——道、式、能，大约相当于希腊文 logos, eidos, dynamis，也可以看到他受亚里士多德的影响了。就我所知，由金先生指导出来的学生，还是比较重视读亚里士多德的书的。

但是从我国对希腊哲学的研究方面看，对柏拉图的兴趣总是高于对亚里士多德的兴趣的，二三十年代如此，一直到现在还是如此。我想，这不仅是因为柏拉图著作文笔优美，容易读，而且是因为柏拉图思想（尤其是他的前、中期对话）和中国传统思想比较接近，容易为我国学者接受。而亚里士多德的著作却大多是干巴巴的，分析之后还是分析，论证以后又是论证，如果不仔细阅读，往往念了半天还不知所云。我们的传统思想方法不容易接受亚里士多德的那一套。

西方思想的传入总是以当时流行的近代尤其是现代思想为主的。从 20 世纪 20 年代开始，杜威、罗素相继来华，他们的思想流行了一阵。三四十年代尼采、叔本华的意志论哲学成为时髦的思想。和他们相比，对古希腊哲学尤其是亚里士多德哲学的研究，当然显得很少。从50年代开始，主要由于政治的原因，在西方哲学史的研究领域中，德国古典哲学尤其是黑格尔哲学的研究成为重中之重；对黑格尔著作的翻译以及研究专著，蔚为大观。不过也由此带动了对西方近代哲学从理性派和经验派、法国哲学，以及康德哲学的研究，成绩是应该肯定的。但是对于这些哲学的最初根源——古代希腊哲学却被置于另册，柏拉图和亚里士多德被扣上"反动的奴隶主贵族的思想代表"的帽子，即使在翻译出版他们的著作时，也必须加上批判的序言。

从20世纪70年代末改革开放开始，我国再一次打开闭关锁国的局面，中外学术界的交流迅速发展起来，大批学者去西方留学访问，许多西方新的哲学思想介绍进中国来。我们要了解学习西方的思想，当然不能老是停留在一二百年前的近代哲学上，介绍当今的现代哲学是必要的，是好事。我已经老了，余下的这点精力只能应用在继续研究古代希腊哲学上，对西方现代哲学已经无力去学习研究。但是在和亚里士多德哲学研究有关的问题上，我对目前国内的现代西方哲学研究有两点不成熟的看法，提出来供参考，希望得到批评指教。

第一，我看到有些学者往往是在研读现代西方哲学家的著作中遇到亚里士多德，从而对他的哲学发生兴趣。现代西方哲学的有些流派的思想，如果追本溯源，往往可以归到古代希腊哲学，较多的是亚里士多德。例如被称为"存在主义"的著名哲学家海德格尔，因为他的哲学是对Sein做出新的解释，所以在他的著作中讲到许多亚里士多德。我是在20世纪50年代第一次听熊伟先生讲海德格尔，听到他的结论是海德格尔哲学"不可说"；十多年前读到海德格尔的《存在和时间》的中文译本，实在读不懂，有点望而生畏。直到前两年我开始考虑这个 Sein 译为"存在"是否完全合适时，才感到海德格尔的哲学大概还是可说的，不过我自己是不可能弄清楚了。我记得 70 年代曾有学者提出：哲学家研究哲学应该是"六经注我"；我当时主张，要将哲学家和哲学史家区别开来：哲学家要创立自己的哲学体系，可以将别人的思想任意摘取过来，为我所用，这是"六经注我"；而哲学史家是要研究某位哲学家的思想，所做的解释应该尽可能地忠实于这位哲学家的原著，因而只能"我注六经"。哲学家论述哲学史的情况可以黑格尔为例：他在《哲学史讲演录》中虽然也推崇亚里士多德，但在他论述亚里士多德的形而上学思想时，实际上只是重视他的神学，他说："神是纯粹的活动性，是那自在自为的东西；神不需要任何质料，——再没有比这个更高的唯心论了。"[①] 他只是主要发挥那个 Nous 即理性和思辨、没有质料的纯形式、永远在自我运动的现实性即"隐德来希"，为他的《精神现象学》和《逻辑学》提供理论根据，对《形而上学》书中的其他重要内容，他根本不屑一提。如果想从黑格尔的书中去学习理解亚里士多德的哲学，至少也可以说是不完全、不可靠的。我以为只有认真读亚里士多德自己的著作，才能学习理解他的思想。

第二，西方社会的学术领域是完全自由的，没有禁忌，任何思想理论都可以发表。喜欢标新立异的学者创立了许多新的学派，往往被留学归国的学者介绍进国内来；这本来是学术交流的好事，但是个是也应该考虑到现在西方社会和当前中国社会还有

---

① 黑格尔：《哲学史讲演录》中译本第 2 卷，商务印书馆 1956 年版，第 295 页。

相当的差距，以及中国读者的理解和接受能力。前些年我第一次听到"后现代主义"这个名词时，很使我感到迷惑了一阵，因为现代就是现在，现在以后的就是将来、未来，为什么不直接说未来而要说"后现代"呢？后来多少了解了一点，知道后现代是针对当前的世界现代化中出现了许多弊病，如环境污染、生态危机、贫富差距扩大、道德危机、核恐怖等，认为这种情况严重地影响了人类自身的生存，正在将现代世界引向全面崩溃的边缘。因此他们认为必须超越现代，走向后现代，为此他们设想了许多政治的、经济的、思想的进入后现代世界的方案。（不知道我这样的理解是否正确？）我觉得他们在目前世界上进行现代化的活动中看到了问题，提出批评，指出必须加以修正，这是完全正确的。但我认为这至多只能说是要以一种新的更为合理的现代化去代替现存的有不少毛病的现代化，因为目标总还是要使世界现代化，只是要求更好的现代化，这种现代化是我们希望达到的未来的目标，但将它说成"后现代"，在中文习惯中是不大容易理解的。可是在西方思想家提出的种种后现代方案中，我发现有一些似乎是要走和现代化根本相反的路，比如"反科学主义"、"反本质主义"。我实在无法理解这些名词的内涵，我觉得这是在反对西方的、可以说是由亚里士多德奠定的理性主义传统。人类正是通过理性，认识事物的本质，产生了科学，才不断进步的。现代化必须依靠科学，如果反对科学，离开了科学，人类将依靠什么来发展进步？上面指出的现代化中出现的种种弊端，确实是由科学造成的；但只能说是由于科学发展到一定的阶段，它在某些方面已经造成了进步，但同时在另一些方面却还没有认识到，从而产生了错误的结果。所以要解决这些问题，主要还是要依靠科学，依靠人的理性认识不断进步。即使是有关道德方面的问题，也还是需要理性，才能取得人类共同的认识。听说西方有些学者从在中国曾经发生过的人民公社和"文化大革命"中找到了"公平"原则，认为是理想的社会制度；有些年轻的中国学者将这种思想也带回国内传播。这使我们这些亲身经历过那些运动的人感到不寒而栗，因为我们知道那些表面高唱的"公平"掩盖的是最落后的独裁专制，我们总不能依靠这样极端落后的制度去实现现代化吧！

三

我以为亚里士多德之所以是亚里士多德，成为西方文化传统的重要奠基人，主要是由于以下三点：

第一，他主张哲学是一门为知识而知识的、进行自由研究的学问。

亚里士多德在《形而上学》第一卷第二章讲了哲学是最高尚、最神圣的学问以后，接着讲到哲学的超源。他说：

> 最初人们是由于好奇而开始哲学思考的，先是对身边困惑的事情感到惊讶，然后逐渐对那些重大的现象如月亮、太阳和星辰的变化，以及万物的生成产生疑问。一个感到疑难和惊奇的人会觉得自己无知。人们是为了摆脱无知而进行哲学思考的，显然他们是为了知识而追求知识，并不是为了其他有用的目的。事实可以证明，只有当种种生活必需品全都具备以后，人们才会去进行这样的思考。我们追求它并不是

为了其他的用处，正如我们将一个为自己而不是为他人活着的人称为自由人一样，在各种知识中唯有这种知识才是自由的，只有它才是为它自身，才是自由的。①

亚里士多德说，哲学的产生是由于人们对身边许多事情感到惊奇，认识到自己的无知，因而是为知识而知识，而不是为了其他实用的目的。在他的伦理学中，他认为人的最大幸福便是进行沉思，思辨是最高的善，是人生最高的目的和境界。他特别指出，只有当各种生活必需品具备以后，人们才会去进行这样的哲学思考；这就是说，人们不是为了某种生活需要，无论是最低的生存需要，或是政治的、经济的需要，而去进行哲学研究的。如果是为了这些其他的目的，哲学研究便不能真正自由了。他又进一步将这种自由比作一个为自己而不是为他人活着的人，只有这样的人才能称为自由人一样。这是从当时奴隶社会的情况讲的，奴隶是为主人，而不是为自己活着的；只有自由民才是为自己，而不是为他人活着。可见他提倡的是：研究哲学的人应该有自己独立的见解，而不应盲目地屈从他人，屈从于某种权威，只有这样，哲学才能说是自由的。他反对屈从于权威，所谓权威大概有两种，一种是学术权威，一种是政治权威，亚里士多德反对屈从于这两种权威，既有言论，也有实际行为。

《形而上学》第一卷从第三章到第九章，亚里士多德对他以前的哲学（这是当时唯一的包罗一切的学问）家，从泰勒斯开始，逐一加以评述。他对每一位哲学家，在介绍他的思想的时候，既

---

① 亚里士多德：《形而上学》，982b12—18。

说出他的成就，同时也指出他的缺点。他的这部分著作，是西方最早写出的哲学史，是后来研究古代希腊哲学的最重要最可靠的资料。在这些论述中，对他的老师柏拉图的批评最多，其中第六章是专门介绍柏拉图及其学派的 Idea 学说的，在第九章中对这个学说提出严厉的批评，提出十个论证，几乎将它批得体无完肤；其中许多论证在第十三卷（M）中又重新出现。亚里士多德在其他著作中对柏拉图思想的批评也随处可见，如在《政治学》中指名批评柏拉图的共产、共妻、共子的学说等。在《尼科马可伦理学》第一卷第六章讨论普遍的"善"时，他说："最好先讨论普遍的善，看看争论到底在哪里。尽管这种讨论有点使人为难，因为'型（eidos）'的学说是我们尊敬的人提出来的。不过作为一个哲学家，较好的选择应该是维护真理而牺牲个人的友情，二者都是我们所珍爱的，但人的责任却要我们更尊重真理。"①这段话在中世纪的拉丁文亚里士多德传记中被浓缩为"柏拉图是朋友，更大的朋友却是真理"。这句话又被早期的中国学者按中国习惯意译为"吾爱吾师，吾尤爱真理"，成为哲学家应当遵守的座右铭了。

当时政治上最大的权威是马其顿王亚历山大大帝，他征服了全部希腊，又向东西方远征，建立起横跨欧、亚、非三洲的大帝。他是亚里士多德的学生，因为亚里士多德的父亲是马其顿王室的御医，当亚里士多德离开柏拉图学园在希腊北部漫游时，亚历山大的父王聘请他担任亚历山大的教师；当时亚历山大才 13 岁，在他 20 岁时父王去世，他继承王位便开始远征了。亚里士多德担任他的教师大约有八年时间，他和亚历山大之间的关系从古以来

---

① 亚里士多德：《尼科马可伦理学》，1096a11—17。

便是一个说不清楚的问题。亚里士多德离开马其顿回到雅典建立吕克昂学院,亚历山大及其部属在物质上曾给予很多资助,这是无疑的。在亚里士多德现存的著作中,有两个短篇《论宇宙》和《亚历山大修辞学》据说是亚里士多德为亚历山大写的教材,但许多学者考证认为是后人的伪作。在现存的亚里士多德著作中仅仅有一处提到亚历山大,即《家政学》(经济学)中说亚历山大命令在法罗斯附近建造城市①。古代历史记载亚历山大的部下争权夺利的斗争很激烈,亚里士多德似乎也被卷入其中,属于比较不得势的那一派。亚里士多德的著作中虽然没有直接谈论过亚历山大的事业,但从他的基本政治理论看,还是可以看出他对亚历山大的行为是持明显的批评态度的。首先,他多次明确表示反对大国以武力欺压侵略小国的强权政治,认为这是违反正义的。其次,在他讨论现实的希腊城邦政制,将专制的僭主政制和民主政制进行比较时,他也是明显地反对由个人独裁的专制制度的。再有,当时希腊的政治形势已经是从原来分散独立的众多小城邦向统一的大帝国发展,亚里士多德对此却视而不见,在他的《政治学》中讨论的仍旧是小的城邦政治。不但如此,他还描述了他的理想城邦,应该是人数极少,只有几千至多上万人,由于彼此熟识,可以共商国是,才能实现真正民主;这样的城邦疆域也不能大,只能是可以望到,便于守卫。可见他理想的是小国寡民,人民能和平地安居乐业而已。这和亚历山大正在建立的庞大帝国当然是针锋相对的。

亚里士多德主张哲学研究应该是自由的,是不受学术权威和

---

① 亚里士多德:《家政学》,1352a29。

政治权威的束缚，不盲目屈从他们，而应该是有独立自主的精神，用自己的理性，自己的头脑进行思考的。

第二，他认为哲学的目的是求真。

《形而上学》第二卷（α）是论述哲学是探求事物的原因的，其中第一章结尾有一段话：

> 将哲学称作寻求真的知识是正确的。思辨（理论）知识以求真为目的，实践知识以行动为目的；尽管实践的人也考虑事物是什么，但他们不从永恒方面去研究，只考虑和当前有关的事情。我们认知真是离不开原因的；必须知道在一类具有相同特性的东西中，那个能赋予其他东西以这种共同性的东西是最高的。例如火是最热的，它是其他热的东西是热的原因；使其他真的东西成为真的原因就是最真的。所以那些构成"永远是的"的本原必然是永远最真的，因为它们不只是有时是真的；也没有任何东西是它们是什么的原因，它们是其他东西之所以"是"的原因。因此，是的和真的是一致的。①

在这段话中，有两个译词要说明一下；一个是"真"和"真理"。我们常将英文 truth 译为"真理"，但在这段话中，亚里士多德说哲学即思辨知识是求真，将它和实践知识区别开来；实践知识的目的是行动，是求"善（好的或对的）"，按我们的说法，这也是一种真理，不过是实践的真理。只有认为思辨知识的目的是

---

① 亚里士多德：《形而上学》，993b19—31。

辨别真和假，才能和实践知识的目的是辨别善和恶、好和不好区别开来。另一个是"存在"和"是"，这个词的译法现在正在讨论中，我只想指出这段话的最后一句，我们总不能说"存在"和"真"是一致的，也不能说"存在"就是真理罢。

什么是"真"，怎样才能识别真和假？亚里士多德对此有明确的说法。他在《范畴篇》开始便区分非组合的单个的词和组合的词，他说：单个的词自身并不能产生任何肯定或否定，只有将这样的词结合起来时，才产生肯定或否定；而每个肯定或否定，都或者是真的，或者是假的。可是非组合词如人、跑、胜利等，却既没有真，也没有假。①他认为只有由几个词组合起来的命题、判断，而且是肯定的或否定的命题，才有真或假的问题；单个词是不发生真或假的问题的。在西方语文中，"是"、"在"、"有"是个三合一的词，他们不产生要将是和存在区分的问题；但在中文里，是和存在的意义和用法是完全不同的。"是"一般作系词用，联结主词和宾词，说"苏格拉底是人"，这个肯定命题是真的，如果说"苏格拉底不是人"，这个否定命题是假的。而"存在"却不能作系词用，作为一个单个的词，它和人、胜利一样，是无所谓真或假的。当然我们也可以说"苏格拉底存在"，是个肯定命题，说"苏格拉底不存在"，是个否定命题；但这种肯定或否定，只是肯定或否定了事实的实在或不实在，而不是肯定或否定这两个命题的真或假。我们常用的说法是"真实"或"不真实"，其实仔细分析一下，"真"和"实"的意义是不同的，说"苏格拉底存在"只能表示它的实，并不表示它的真。

---

① 亚里士多德：《范畴篇》，2a4—10。

在上引亚里士多德的这段话中,他还提到"永远是的"和"永远真的",认为只有永远是的东西才能是永远真的。说"苏格拉底是人",苏格拉底是个人的名字,不管他现在存在或不存在,但他总是人,因此这个命题总永远是真的。这就是他所说的,永远是的东西是永远的真的本原。亚里士多德将"真"和"是"联结在一起。可是说"苏格拉底存在"却不能永远是真的,因为他只在两千多年前存在,现在却不存在。

亚里士多德所说的哲学,主要指理论的、思辨的学问,它所求的真,是永远的真,永远是真的。他说实践的学问是只考虑与目前有关的事情,而不从永恒方面去研究,因而它不是也不能求永恒的真。前面我们提到,实践智慧除了理性以外,还受人的情感和欲望的影响,所以达到的目标只能是善,不能是真。用我们现在常用的话说:有关伦理、政治这些人类实践的知识,总是受个人、阶级、民族、宗教等等的影响,因而有各自不同的真理,这样的真理还是会不断变化发展的;至少在目前以及相当长的时期内,是不可能求什么普遍、永恒的真的。

所以我以为,至少就亚里士多德主张哲学的目的是求真这方面的思想和有关的文句说,希腊文 on 这个词只能译为"是",不能译为"存在"。

怎么样求真?亚里士多德常用的说法是要探求事物的"是什么"和"为什么",前者是寻求事物的本质,后者是探索事物的原因。为了寻求事物的本质,亚里士多德的逻辑著作和《形而上学》做了细致反复的分析讨论,从对许多重要的哲学范畴,分析它们的各种不同歧义,从明确概念的意义开始,直到将具体事物分析为形式和质料的组合体,形式先于质料,是第一本体,从而认定形式是事物的定义,也就是事物的本质。他为探讨本质的科学和哲学提供了方法论,而它本身也就是亚里士多德的重要的哲学理论。亚里士多德所说的原因是广义的,除了我们通常说的促成事物运动的动因外,他将事物所从以产生的质料,决定事物的本质,以及事物要达到的目的都说成是事物的原因,成为他的四因说。他不但要说明事物的是什么,还要说明事物的为什么,即说明它的原因、根据和理由,为此便必须对事物的这些方方面面做出详细的分析论证,这也是哲学和各种科学都要做的理论论证工作。亚里士多德在《物理学》和《形而上学》中反复讨论了四因说,在他的逻辑著作中则对理论论证做了细致的分析,提出了进行论证必须遵循的规则。这也既是哲学和科学的方法论,又是重要的基本理论。

由此可见,亚里士多德主张哲学要寻求永恒的真的知识,这样的知识首先是只能通过逻辑才能得到,只有符合逻辑而不违背逻辑的知识,才是永恒的真的知识。其次,只有自然科学的知识才有可能是永恒真的知识,比如2+2=4,氢和氧合成水等是永远真的。社会科学属于人类实践活动的知识,是不可能永远真的。因此我以为可以说亚里士多德提出哲学的目的是求真的思想,确定了逻辑和科学(主要是自然科学)的重要地位,形成了西方文化中重视逻辑分析、重视科学的传统。

第三,他是真理的探索者。

亚里士多德不是独断论者,他对于许多重要的,尤其是由他开创的理论问题,往往采取探索的态度。他或者从以前的哲学家对这个问题做出的不同的相反的意见,或者从对这个问题可能提出的不同的相反的思想中,进行比较和探索,寻求比较合理的正确的回答。这种探索有些可以得出确定的结论,有些却得不出明确的结论,他便在矛盾的意见中徘徊,因而我们可以在他的著作中发现明显的矛盾,甚至在一些很重要的哲学问题上,他自己便有矛盾的说法。这种情在《形而上学》书中表现得最为突出。

亚里士多德在《形而上学》第三卷(B)中提出了十几个问题,他认为是研究哲学必须解决的关键问题。他提出每个问题时,都列举正、反双方的理由,这些理由或者是他从别的哲学家的论述中引用来的,或者是他自己设想的。他在这卷中只提出问题,没有做任何回答。有些研究者认为亚里士多德提出这些问题是作为全书的提纲,《形而上学》便是要逐个研究解决这些问题的。在我们现在看到的《形而上学》这本书中,对其中许多问题是做了讨论,有些做了明确的答复,有些则在反复详细讨论以后,并没有得出统一的结果,反而加深了矛盾;有些甚至没有认真讨论,只是顺便带过了。因为《形而上学》这本书是由后人将他的若干有关遗稿编纂而成的,出现这种情况不足为奇;因此许多亚里士多德研究者对这一卷往往个加重视,甚至根本不提到它。但是我以为这一卷还是很重要的,从它这里我们可以了解亚里士多德思想为什么产生变化和发展,以及为什么发生矛盾的根源。以下简单举几个例子。

他提出的第一个问题是关于四因说的,他问:这四种原因是由一门还是多门学问研究的?从正面说,许多东西有四因,而有的不动的东西如数学,它既没有动因也没有目的因,所以不能由同一门学问来研究它们。但是从反面说,如果由不同的学问研究它们,则那一种原因是最高的智慧即哲学研究的任务呢?如果认为目的和善具有最高的权威性,其他知识只能像婢女那样依从它；或者如果从最初的原因即要知道事物是什么，那就只有本质因才是最高的；而对于生成、运动和变化的事物说，只有认识动因才能认识它们。[①]这里已经可以看到亚里士多德对于究竟是神学还是本体论才是最高的哲学智慧，所产生的踌躇矛盾的心情和理论了。

他提出的第五个问题是：只有感性的实体呢，还是有别的本体？像有些人所说的，在可感的实体外，还有 Idea 和中间体即数学对象（点、线、面、体），也是本体。这是柏拉图及其学派中人的主张，亚里士多德对此是持批评态度的，所以正面的意见是：说在现实的感性事物以外还存在另外一种东西，它们和感性事物一样，不过它们是永恒的而感性事物是要消灭的。正像那些将神说成是人形的东西一样，人的 Idea 不过就是永恒的人。亚里士多德说"没有比这种说法更为荒唐的了"，他常以这点理由批评柏拉图。但是他在这里又列出反面的理由：如果认为在可感的实体以外没有别的本体，也有问题。比如天文学作为一种知识，确是既不涉及可感的量度也不涉及我们头上的天的，因为可感的线和几何学上的线并不一样。正像毕达哥拉斯嘲笑几何学家所说的：现实的圆圈和直杆并不相交于一点；天的运转和天文学家推出的理论也不完全一样，几何学上的点和天上的星也不相同。[②]亚里士多德在这里提出的就是具体和抽象的问题，他批评柏拉图的错误是将抽象的 Idea 说成和感性事物一样，也是实在存在的；可是他也认为在感性实在的事物以外，还应该承认有抽象的本体，如天文学上所讲的本体。由此可见将抽象和具体、一般和个别混淆起来

---

① 亚里士多德：《形而上学》，996a18—b26。
② 亚里士多德：《形而上学》，997a34—998b9。

的，并不是亚里士多德（过去我们常根据列宁的话说"亚里士多德就是弄不清一般和个别的关系"，我自己也曾多次说过），而是柏拉图；正是亚里士多德才开始将抽象和具体区分开来的，正是因为他做这种区分，才发现其中的矛盾。

他提出的第六个问题是问：事物的本原究竟是它们的种呢，还是构成它们的原初部分即元素。可见这个问题实际上就是问：事物的本原究竟是抽象的原理呢，还是物质性的元素？亚里士多德所说的"种"（genos），是指一类事物共同的概念，也就是普遍的定义，"种"和"形式"可以通用。这种普遍性的本原，英文常译为 principle 即抽象的原理。他所说的"元素"，主要就是自然哲学家所说的水、火等物质性的元素。对此他也提出正反两面的理由：一面是如果你是要考察构成事物的部分，如要知道床是由哪些部分构成的，便必须知道它的元素，床是由木材构造成的。反之，如果你要认识它是什么，要知道它的本质定义，便必须知道它的种，比如床是用作睡觉的工具。他说，这两种下的定义是不同的。[①] 由此可见他对于唯物还是唯心的问题，是认为应该根据问题的不同角度来考虑的。

第七个问题是：如果认为种是真正的本原，那么应该将最高的种呢，还是将那直接表述个体的东西叫作本原？因为种是普遍的，而普遍性的东西是有高低程度不同的，如人可归为动物，动物可归为生物，由此不断上推，亚里士多德认为最高的普遍只能是"一"和"是（存在）"。可是一和是却是不能往下再分的，因为将一划分下去还是一，将是划分下去还是是，不能是别的东西。

---

① 亚里士多德：《形而上学》，998a21—b14。

亚里士多德由此得出正面理由：因此最普遍的一和是不能是个别事物的本原，只有直接表述个体的"属（eidos，即形式）"才是事物的本原。但他又提出反面的理由：为什么说属是事物的本原呢？因为它是普遍地表述同一类个体的。但如果根据这个理由，便应该承认越普遍的东西越是本原，所以最高的种应是本原了。[①]这是关于普遍性程度高低的问题，其实还是有关普遍和个别的问题。

第八个问题是亚里士多德认为最困难而又在理论上必须考察的问题；实际上是最基本的认识论的问题。他问：如果在个别事物以外没有别的东西，而个体是无限多的，我们如何能够获得关于无限多的个体的知识呢？对此，他提出的正面理由是：如果我们能认识这些个体，必须它们是"一"，即它们有同一性；因此必须在这些个体以外有一个普遍的种，或者是最高的，或者是最接近个体的种，可是上一个问题中刚说过这两种情况都是有困难的。但是如果在个别事物以外没有别的东西，则第一，我们的认识便没有思想的对象，因为具体的事物都只是感觉的对象，不是思想的对象。第二，也没有不变动的永恒的东西，因为所有可感觉的对象都是在变动中有生灭的。这里亚里士多德是在论证：如果我们要认识作为感觉对象的众多的变动的具体事物，必须有一个普遍同一的、永恒不变的理性的知识。但接着他提出反面的理由：如果认为在具体事物以外还有别的本体，也会发生困难。因为第一，显然并不是所有情况都是这样，我们不能设想在具体的房屋以外，还有另一所房屋存在。（列宁在《哲学笔记》中引用了这句话，却没有提到上下文，曲解了亚里士多德的原意。）第二，是不

[①] 亚里士多德：《形而上学》，998b14—999a23。

是众多个体只有一个本体呢？如所有的个别的人只能有一个本体"人"。这也是荒谬的，因为其本体为一的东西只能是一，说它既是一又彼此不同，是矛盾的。① 这里亚里士多德指出了哲学认识论的基本矛盾，即对于众多的、变动的、只能是感性认识对象的具体事物，如何能用单一的、普遍的、不变的理性认识去认识它？这就是说：对于现实中众多而又不断变动的复杂的具体事物，人们只能用静止的抽象的概念和理论去认识它；但即使你抽象得到的是正确的本质定义，而抽象本身及是从复杂的事物中舍弃了其他的种种方面，只取其某一点，至少是将那个原来是复杂的东西简单化，原来是生动变化的东西静止化了，因此，用抽象的理性知识去认识复杂的具体事物，终究不可能全面地完整地说明它。正如现在，如果只用"社会主义"、"资本主义"这种抽象的概念，要去解释当前现实的世界，必然会遇到许多说不清楚的问题一样。在现实生活中，这样的问题很多；许多理论上发生争论的问题，往往可以从这点上找到它的认识论根源。

　　亚里士多德提出的其他问题也大多是和一与多、普遍与个别有关的。所以在最后一个问题，他总结起来，又回到古代希腊哲学开始讨论的本原问题。他说：在这些难题以后，还必须讨论本原到底是普遍的呢，还是如我们所说，是个别的？他认为我们直接研究的对象是具体事物，是"这个东西"，它是个别的实体。因此他提出的正面理由是：如果本原是普遍的，它便不是实体。因为每个普遍共同的东西所表示的，并不是"这个"(tode ti)，而是"这样"(toionde)，而实体是"这个"。如果我们将那普遍的表述

---

① 亚里士多德：《形而上学》，999a24—b22。

也说它是"这个",是单一的个体,那就会有几个苏格拉底,既是他自己,又是"人",又是"动物",它们每一个都是"这个"单一的个体。可是他立即又举出反面的理由:如果本原不是普遍的而是个别的,那么它们就是不可知的。因为任何东西的知识都是普遍的,所以如果要有本原的知识,就必须有先于它们的别的本原,是那些能够普遍地表述个别事物的东西。① 这里亚里士多德提出的本原是什么的问题,本来是个本体论的问题,但是他举出的反面理由,又回到认识论上去,可以和以上第八个问题联系起来。

以上我不嫌烦琐地介绍了亚里士多德提出的几个问题,目的是想请读者注意他思考哲学问题的方法:他不是独断地只认定了一个方面,依此进行推理思索,而是在想到这一面的时候同时也想到它的反面理由,对正反两面进行比较研究。这种方法很可能是从苏格拉底进行问答的"辩证法"和柏拉图的对话发展出来的,但亚里士多德和他们有一点根本的不同:苏格拉底和柏拉图虽然在和别人进行问题讨论,但是他们自己心里实际上早已有了肯定的答案,在讨论中只是批驳对方的不同意见,迫使他接受自己的结论。而亚里士多德却并不是先已有了自己肯定的意见,他是将两种相反的意见摆在同等的位置上,然后来研究选择,究竟哪一种意见比较合理。这两种思考方法显然是不同的,用现在最流行的术语说,前者是没有竞争,或者是以势压人,进行不正当的竞争;而亚里士多德的方法是要进行平等的竞争。在经济上,只有进行平等的竞争才能促进市场的繁荣;我以为在理论问题上,也只有进行自由平等的竞争,才能繁荣。亚里士多德主张哲学应该

---

① 亚里士多德:《形而上学》,1003a5—17。

是一门自由研究的学问，在他考虑每一个理论问题时，他也让不同的意见有平等竞争的机会，然后由他进行比较研究，加以选择。我以为亚里士多德的这种方法，才是真正的探索真理的方法，所以我认为他不是一个自认为已经掌握了绝对真理的独断论者，而是一个虚心学习的真理的探索者。

但是也正因为亚里士多德采取这样的态度，对他自己提出的问题，有的做出了选择，有明确的回答；也有一些却并没有做出肯定的答案，他还在不同的意见中徘徊，从而产生了自相矛盾的说法。这种情况在《形而上学》书中最多，从而使后来的亚里士多德研究者争论不休。就我所知，现在学者们争论的有两个重要的问题。

一个问题是：亚里士多德所讲的"形式"究竟是个别的，还是普遍的？这个问题实际上就是以上所说的最后一个问题，因为亚里士多德认为形式是事物的本质，也就是本原。不过对它的讨论方式却不像提出问题时那么简单了。他是在《形而上学》第七（Z）卷中专门讨论形式和本质的，这是全书最重要也是最长的一卷，有十七章之多。前三章是总论，在第三章确证形式是第一本体之后，第四、五、六章论证形式就是本质，这里他讲到形式时都说它是"这个"（tode ti）；在第十、十一、十二章讨论形式是本质定义的构成时，讲的形式也是"这个"，都将形式说成是个别的本体；从第十三章以后，他更进一步批评认为普遍的东西是本体的主张。在这些部分都是将形式说成是个别的"这个"。可是在第七、八、九章讨论事物的生成问题时，他却说形式是"这样"（toionde）的，就是说它是普遍的。这和全卷其他部分成为相互矛盾的说法。因此，亚里士多德所说的"形式"究竟是个别的，还是普遍的成为一直争论的问题，现在西方学者中还形成对立的两派，一派坚持形式是个别的，另一派坚持形式是普遍的。余纪元的博士论文《亚里士多德的双重形而上学》（1994年，加拿大）专门研究这个问题，认为亚里士多德是在不同的前提条件下，得出这样矛盾的结论的。亚里士多德在 Z 卷的其他章中都是从事物的静态方面研究它们的本质和形式的，唯有在七、八、九章中，却是从事物的动态方面进行研究的。他在第七章开始便说：在生成的事物中，有些是自然生成的，有些是人工制造的。凡是生成的事物总是由某个东西生成，并生成为某个东西。他说，自然生成的如动植物，它总是由一个（或两个）个体生成为另一个个体，如人生人。这是由在先的形式生成为在后的形式，是两个不同的形式，但它们的本质是共同的，所以它们的形式是普遍的、"这样的"。而人工制造的事物乃是在制造者的思想中先有这个事物的形式，然后按照这个形式制造成这个事物；尽管这两个形式，一个是在思想中，另一个是在事物中，但它们的本质是共同的，所以是普遍的形式。而且亚里士多德又强调形式本身不是生成的，按照他的原则，凡是生成的东西都是个别的具体事物，普遍的东西都不是实际生成的，只能在思想中抽象产生。形式既然不是实际生成的，它只能在思想中抽象产生，它就必然是普遍的。在事物的静止状态中，不发生这样的问题。所以产生这两个矛盾的结论，在亚里士多德那里都是具有正当的理由的。

另一个问题是：亚里士多德的形而上学即第一哲学，究竟主要是本体论呢，还是他的神学？所以会发生这个问题，是因为亚里士多德在主张第一哲学研究的对象是 Being as Being 时，在《形而上学》不同的两卷中提出了矛盾的说法。在第四卷（Γ）中他区分哲学和其他学科时说：只有哲学是研究 Being as Being 的，而各种特殊的学科却没有一种是普遍地研究它的，它们只是截取 Being 的某个部分，研究这个部分的属性，例如数学就是这样做的。[①] 他认为第一哲学是研究普遍的 Being 的，这就是 Being as Being，也就是亚里士多德的本体论学说。但是在《形而上学》第六卷（E）中，他在开始时虽然也认为哲学是研究普遍的 Being as Being 的，论证和第四卷相似；但在后面他将各种学科分类，第一步将它们分为理论的、实践的、创制的三类，然后又将理论学科分为神学、数学和物理学三种，区分的标准是看它所研究的 Being 是不是运动的，以及它是不是和质料分离的。他认为物理学研究的是运动的、不能和质料分离的 Being；数学研究不运动的、也不和质料分离，而是在质料之中的 Being；只有神学即第一哲学才是研究永恒不动（在第十二卷中他说这是"不动的动者"，是推动万物运动的最后原因）而又和质料分离的 Being，即是神。在这里，亚里士多德说神学研究的只是那种永恒不动而又和质料分离的 Being，它只是一种特殊的 Being，而不是普遍的 Being as Being 了。因此他接着提出：理论学科应该比其他学科更受重视，神学应该比其他理论学科更受重视。但人们会提出问题：第一哲学是以普遍为对象的呢，还是研究某一特殊种的 Being 的？对此他没有正面回答，只以数学为例，说几何学和天文学是各自研究某种特殊的数的，而纯数学则可以普遍应用于一切数。他说，如果在自然形成的物体以外没有别的本体，则物理学便成为第一学科了；但如果有永恒不动的本体，那么有关它的学问就是在先的，

[①] 亚里士多德：《形而上学》，1003a21—28。

是第一哲学。而且因为它是在先的、第一的，所以它是普遍的。[①] 一般对这段话做这样的理解：亚里士多德并没有否认永恒不动的 Being 只是一种特殊的 Being，从这一点说，它不是普遍的；但是因为它是首先的，是最高最完善的，所以它也是最普遍的。显然这里所说的"普遍"，分别属于两种不同的含义，一种是说它是包括一切特殊的普遍，另一种是说因为它是最高最完善的，所以说它是普遍的。前一种是从它的普遍性说的，后一种是从它的完善性（神圣性）说的。因此对于亚里士多德所说的第一哲学究竟是什么？在西方哲学史上，从古至今有两种不同的说法，一种是强调它的普遍性，认为本体论是第一哲学；另一种是强调它的完善性，便认为只有神学才是第一哲学。在中世纪时虽然都是讲神学，但唯名论者强调它的普遍性，实在论者强调它的完善性。一直到现在，这两种意见还在争辩。就我所知，有位亚里士多德学者 J. 欧文斯神父在他的名著《亚里士多德（形而上学）中 Being 的学说》中，采取了两重"核心还原"的方法，先将 Being 归为其核心即本体，再将本体归为其核心即最高的"不动的动者"。他从而得出结论说：亚里士多德的形而上学即第一哲学，就只是神学，而不是本体论。许多学者不能同意他的观点，提出相反的意见，认为亚里士多德的形而上学主要是本体论。

我想简单介绍我的老师陈康先生的专著《智慧，亚里士多德寻求的学问》，陈先生不能同意欧文斯的结论，他将亚里士多德的本体论和神学结合起来进行研究。他采用耶格尔的发生法，企图以亚里士多德在先后不同著作中思想的发展变化，说明亚里士多

[①] 亚里士多德：《形而上学》，1026a22—31。

德自己已经认识到这个矛盾,并且几次提出论点试图解决这个矛盾,最终还是失败了。陈先生说:"不能理解为什么亚里士多德的形而上学可以一方面被解释为普遍的形而上学,另一方面又被解释为特殊的形而上学?在他的著作中无论对那一种解释,都可以找到相反的证明。因此任何想将他的思想系统化,用否认这些矛盾因素,或者甚至用另一组的术语去解释这一组术语的方法,都会引起争议,并将继续争论下去。只要是将那自身不能系统化的思想,一定要使其系统化时,这种争议是不会终止的。"[①] 许多学者似乎认为凡是哲学理论都必须是系统的,前后一致没有矛盾的;遇有矛盾总要将它说成不是矛盾,或者是只讲矛盾的这一面,抛开了另一面;或者是将这一面解释成是另一面。因为《形而上学》中这类矛盾出现得不止一处,发生的矛盾也实在太明显了,因此有的学者认为它太复杂了(《形而上学》原来是由一些不同的遗稿编纂而成的),矛盾太多,难以理解,甚至说它是"多余的话"。我以为,如果亚里士多德的《形而上学》是多余的话,那就根本没什么亚里士多德的哲学了。其实,关于本体论和神学的矛盾,在上引亚里士多德提出的第一个问题中,他已经指出来了。在那里,他问什么是最高的哲学智慧?如果认为目的和善具有最高的权威性,其他知识只能像婢女那样依从它,那就是只能承认神学是最高的哲学智慧。如果是从最初的原因,即要知道事物"是什么",那就应该认为本体论才是最高的哲学智慧。亚里士多德对于这两种理论,究竟哪一种是正确的,而另一种是错误的?始终迟疑徘徊,不能做出肯定的回答;因此在《形而上学》中出现矛盾

---

① 陈康:*Sohhia. The Science Aristatle Sought*, New York, 1976, p.397。

的理论，是不足为奇的。我以为这就是一个真理探索者应该采取的态度。我们任何人在提出一种理论时，如果也能从它的反面去考虑一番，我想是能够减少错误，比较接近真理的。

我在以上所讲的这些意见，也只是提出来和大家讨论，特别希望能够听到反驳的意见。

2001 年 10 月

（2001 年 10 月清华大学哲学系主办"新世纪古希腊哲学研究国际学术研究会"，这是我提交给大会的论文。）